Oswalda Tonka
Buchengasse 100

Gefördert vom Nationalfonds der Republik Österreich für Opfer des Nationalsozialismus und vom Zukunftsfonds der Republik Österreich.

Bibliografische Information der Deutschen Bibliothek:

Die Deutsche Bibliothek verzeichnet diese Publikation in der Deutschen Nationalbibliografie; detaillierte bibliografische Daten sind im Internet über http://dnb.ddb.de abrufbar.

2., korrigierte Auflage 2016

Druck: CPI – Clausen & Bosse, Leck
Printed in Germany
ISBN: 978-3-85371-405-8

Alle Fotos in diesem Band: Privatarchiv Tonka

Fordern Sie die Kataloge unseres Verlages an:

Promedia Verlag
Wickenburggasse 5/12
A-1080 Wien

E-Mail: promedia@mediashop.at
Internet: www.mediashop.at
www.verlag-promedia.de

Oswalda Tonka

BUCHEN GASSE 100

Geschichte einer Arbeiterfamilie

PROMEDIA

Stammbaum der Familie Sokopp

Anna **Dollinger** (1834– ?) ⚭ Karl Bräuer

(3 Kinder: **Marianne**, Amalia, Josefa)

↓

Marianne Dollinger (1859–1928) ⚭

(13 Kinder)

↓

Früh verstorben:
Rosi (1876–1882)
Toni (1880–1895)
Tilde (1890–1892)
Gusti (1891–1895)
Poldi (1895–1897)

↓

1. **Hermine S.**
(1882–1962)
⚭
Florian
Blazicek
(1882–1942)

↓

1. **Herma Bl.**
(1912–1994)
2. **Hilda Bl.**
(1916–1993)
3. **Flora Bl.**
(1920–2006)

↓

2. **Robert S.**
(1884–1957)
⚭
Anna **S.**

↓

1. **Bertl S.**
(1910–1934)
2. **Willi S.**
(1916–1945)
3. **Otto S.**
(1912–1998)

↓

3. **Oswald S.**
(1886–1918)
⚭
Franziska **S.**
(Fanny)

↓

1. **Fanny S.**

Stammbaum der Familie Sokopp

Thomas **Sokopp** (1824–1856) ⚭ Marie **Odenbeck** (1826–1875)
2. Ehe (kinderlos) mit Alois Fierlinger

(4 Kinder: **Jakob**, Leonhard, Karl, August)

↓

⚭ **Jakob Sokopp** (1855–1925)

↓

4. **Jakob S.** (1888–1929) ⚭ Steffi **S.** (geb. Beran) (1896–1936)
   ↓
   1. **Oswalda S.** (1923–1999) ⚭ Adolf Tonka
   2. **Trude S.** (1926–2016) ⚭ Georg Auer

5. **Rosa S.** (1893–1971) ⚭ Peppi **Pürstinger**
   ↓
   1. **Käthe P.** (1914–1975)

6. **Hilda S.** (1897–1973)

7. **Hedwig S.** (1898–1978)

8. **Otto S.** (1899–1982) ⚭ Anna **S.**

Die Autorin

Oswalda Tonka, (1923–1999), geborene Sokopp, wuchs als Vollwaise bei ihren Tanten in der Buchengasse 100 in Wien-Favoriten auf, denen sie ihre antifaschistische Einstellung verdankt. Während des Zweiten Weltkrieges arbeitete sie im Widerstand. Kulturpolitisch engagierte sie sich u. a. im Theater in der Scala. Sie heiratete, wurde Mutter von zwei Töchtern und Großmutter dreier Enkelkinder. In der Pension begann sie, die Geschichte ihrer Familie aufzuschreiben.

Die Herausgeberin

Gitta Tonka, geboren 1952, ist die ältere Tochter von Oswalda Tonka. Als Direktorin leitete sie 17 Jahre lang eine Favoritner Volksschule. In der Pension fand sie Zeit, die Manuskripte ihrer Mutter in Buchform zu bringen. Gitta Tonka hat eine Tochter und lebt verheiratet in Wien.

Inhalt

Vorwort

In jenem Haus in der Buchengasse 100, im zehnten Wiener Gemeindebezirk, hat alles begonnen. Dort habe ich am 2. Mai 1923 das »Licht der Welt« erblickt. Es drang nur sehr spärlich durch ein Gangfenster in das kleine Kabinett, das nur von einer Petroleumlampe erhellt wurde. Der immer wieder nachwachsende Schimmelpilz an den feuchten Wänden war die Ursache meiner Augenkrankheit, an der ich während meiner ganzen Kindheit litt. Und dennoch habe ich in dieser kleinen Zimmer-Küche-Kabinett-Wohnung »sehen« gelernt. In dem Haus aus der Gründerzeit mit der denkmalgeschützten Fassade und den dahinterliegenden Elendsquartieren mit der Marienstatue im Stiegenhaus, gleich neben der »Bassena« und dem »Häusl« am Gang lebten meine Lehrmeister. Sie gaben mir jenes Licht, das meine Behausung mir vorenthielt.

Ich weiß nicht, ob ich meinen Weg allein gefunden hätte ohne die Erfahrungen, die in meiner Familie schon zwei Generationen vor mir gemacht wurden. Ich bin nicht sicher, ob ich den Einflüssen einer faschistischen Umwelt, der ich seit meinem zehnten Lebensjahr ausgesetzt war, standgehalten hätte, ohne jene Vorbilder für einen anderen Weg, einen Weg, der beinahe zwangsläufig zum Widerstand gegen den Faschismus führen musste. Ich sage »beinahe zwangsläufig«. Denn wenn ich heute rückblickend die ersten beiden Jahrzehnte meines Lebens überdenke, dann führten sie keineswegs über eine geradlinige Einbahnstraße. Es gab da viele Abzweigungen, die erst durch eigene Erfahrungen wieder zurück zum »Wegweiser« führten. Aber der Wegweiser war eben immer da, und – ich sage das nicht ohne Stolz – er wurde in meiner Familie schon vor weit mehr als hundert Jahren aufgestellt. Nicht alle Familienmitglieder folgten ihm, manche blieben auf halber Strecke stehen. Einige gingen sogar in die entgegengesetzte Richtung.

Geschichte gehörte in der Schule zu meinen Lieblingsgegenständen. Aber auch die vielen Erzählungen daheim in der Buchengasse, die ich von meinen beiden Tanten geschildert bekam, prägten mich sehr. Da wurde mir klar, dass die Suche nach meinen Wurzeln nichts mit Nostalgie zu tun hat, sondern dass die Kenntnis unserer Vergangenheit die Voraussetzung für ein Verständnis der Gegenwart ist.

Die Geschichte meines Großvaters bekam ich nicht als fortlaufende Erzählung übermittelt. Meist hat irgendein Ereignis der Gegenwart oder ein bestimmtes Gesprächsthema meine Tanten dazu gebracht, sich an Episoden aus dem Leben ihrer Eltern Jakob und Marianne zu erinnern, meinen Großeltern.

Es gibt nur ein einziges Foto von den beiden, da war Großvater 65 Jahre alt. Ich aber habe mein eigenes Erinnerungsbild von ihm, obwohl ich erst zwei Jahre alt war, als er starb. Ich sitze auf seinen Knien und schaue vertrauensvoll durch seine kleine runde Brille in gütige Augen.

1. Meine Großeltern

Großvaters Kindheit in Mähren (1855–1871)

Jakob Sokopp (sen.)
1855–1925

Mein Großvater Jakob wurde am 16. Juli 1855 in Grusbach in Mähren geboren. Er war der vierte Sohn des Schlossermeisters Thomas Sokopp. Über seinen Bruder Leonhard weiß ich wenig zu berichten. Doch Großonkel Karl und Großonkel August habe ich noch kennengelernt.

Jakobs Mutter Marie stammte aus einer bäuerlichen Familie. Ihre Eltern, Franz und Elisabeth Odenbeck, besaßen einen kleinen Bauernhof. Dass ein Jahr vor seiner Geburt die prunkvolle Hochzeit Kaiser Franz Josefs mit Prinzessin Elisabeth stattgefunden hatte, ist für das Leben meines Großvaters nicht von Belang. Doch dass zum Zeitpunkt seiner Geburt erst sieben Jahre seit der Revolution von 1848 vergangen waren, ist sicherlich für seine spätere Entwicklung von großer Bedeutung gewesen. In dieser bürgerlichen Revolution war die österreichische Arbeiterschaft zum ersten Mal als selbstständige politische Kraft aufgetreten.

Nach dieser Revolution besserten sich die Entwicklungsmöglichkeiten für Handel und Gewerbe. Der junge Schlossermeister Thomas Sokopp, konnte sich in Grusbach eine kleine Werkstatt einrichten, in welcher er sich auch als Hufschmied betätigte. Doch als Jakob ein Jahr alt war, wurde der Vater durch den Hufschlag eines störrischen

Pferdes getötet. Die Werkstatt musste verkauft werden, und die junge Witwe kehrte mit ihren vier Kindern zurück auf den väterlichen Bauernhof.

Wie alle Kleinbauern waren auch Maries Eltern, die Odenbecks, bis zur Revolution von 1848 in einem Untertänigkeitsverhältnis zu ihrem Grundherrn gestanden. Eine der ersten scheinbar sozialen Gesetze Kaiser Franz Josefs war 1849 die »Grundentlastung«. Die Großgrundbesitzer wurden dabei aber keinesfalls enteignet. Nur die Bauern waren jetzt frei und konnten den Boden von ihrem Grundherrn erwerben. Ein Drittel des vom Grundherrn festgesetzten Wertes übernahm zwar der Staat, aber ein Drittel mussten die Bauern selbst aufbringen. Auf das letzte Drittel sollten die Grundherren verzichten. Die hatten aber durch den Verkauf des Landes sehr viel Geld bekommen, von dem sie großteils Industrieaktien ankauften. Die Bauern aber, die vor Kurzem noch Leibeigene waren, hatten keine Ersparnisse und mussten daher große Schuldenlasten auf sich nehmen.

Die verwitwete Marie Sokopp suchte also 1856 Zuflucht bei ihrer ebenfalls verwitweten Mutter, Elisabeth Odenbeck, die bereits im Ausgedinge lebte. Ihr ältester Sohn hatte den verschuldeten Hof übernommen, der nun plötzlich fünf Esser mehr hatte. Wie so viele Töchter und Söhne von sogenannten »befreiten Häuslern« war auch Marie gezwungen, sich in Wien einen Arbeitsplatz zu suchen. Durch diese »Landflucht« wurden der aufstrebenden Industrie billige Arbeitskräfte zugeführt, die für einen Hungerlohn von 14 bis 16 Stunden täglich arbeiten mussten. Marie fand in einer Wiener Fabrik Arbeit und ließ ihre drei älteren Kinder nachkommen, die als Knechte oder in einer Lehre mit Kost und Logis unterkamen. Nur der kleine Jakob verblieb in der Obhut der Großmutter Elisabeth Odenbeck in Grusbach. Und da es damals noch keinen Urlaub für Arbeiter gab, hatte er seine Mutter 14 Jahre lang nicht gesehen.

Eigentlich hätte ihn seine Mutter schon bald nach Wien holen wollen, denn sie lebte mittlerweile als Hausmeisterin mit einem Dienstmann namens Fierlinger zusammen in einer eigenen kleinen Wohnung, wo auch Platz für ihren Jüngsten gewesen wäre. Als aber Marie ihrer Mutter davon schrieb, brach die streng katholische Frau alle Beziehungen zu ihr ab. Da sie selbst nicht lesen und schreiben konnte, hatte sie sich den Brief vom Pfarrer vorlesen lassen, und der hat sie wohl in der Auffassung bestärkt, dass es eine Todsünde sei, in wilder Ehe zu leben. Der Pfarrer schrieb auch den Antwortbrief, in welchem Elisabeth Odenbeck der Tochter sagen ließ, dass sie ihren Enkel Jakob nie in ein unchristliches Haus geben würde.

Karl und August waren bereits Handwerksgesellen, die hin und wieder Kartengrüße nach Grusbach schickten. Als Jakob vor dem Schulabschluss stand, ließ ihn die Großmutter einen Brief an seinen Bruder Karl schreiben. »Vielleicht kann dir der helfen«, meinte sie, »der steht sichs, hör ich, gut mit seinem Meister.«

Doch Karls Antwort machte alle Hoffnungen zunichte. Er schrieb voller Verachtung über den neuen Mann an der Seite seiner Mutter.

»Dieser Dienstmann Fierlinger ist ein Sozialist, ein Radaubruder, der schon oft mit der Polizei zu tun gehabt hat. Der liest die Zeitung ›Volksstimme‹, wo auf der Titelseite ganz groß steht: ›Proletarier aller Länder vereinigt euch!‹ Außerdem ist er Mitglied in einem sogenannten Arbeiterbildungsverein, wo sie die Leute aufhetzen und ihnen vom Kommunistischen Manifest eines gewissen Herrn Carl Marx erzählen. Dorthin darf man den Jakob auf keinen Fall lassen, denn dort landet er eines Tages im Gefängnis, wo sicher auch der Fierlinger enden wird.«

Also blieb Jakob auch nach Verlassen der Schule bei der Großmutter und verdiente nur ein wenig Geld als Taglöhner in der Landwirtschaft. In der näheren Umgebung war keine Lehrstelle zu finden, und nach Wien zog ihn nichts, obwohl ihn seine Mutter immer wieder brieflich darum bat. Er hatte jedoch keinerlei Erinnerung an sie.

Großmutters Kindheit in Mähren (1859–1871)

Die Familie Dollinger lebte auch in Grusbach, aber in noch viel ärmlicheren Verhältnissen als die Odenbecks mit ihrem Enkel Jakob Sokopp, nämlich in einer windschiefen Keusche am Ende des Dorfes. Sie waren nicht das, was man in der Gemeinde als »ordentliche Familie« bezeichnete. Sowohl die Großmutter Elisabeth als auch ihre Tochter Anna waren ledig, obwohl Anna bereits drei Kinder hatte. Das genügte, um von den übrigen Dorfbewohnern gemieden zu werden. Hinzu trat ihre Armut. Die Kinder, Marianne, Amalie und Josepha, kamen nur selten zur Schule, sie hatten keine Schuhe, und im Winter konnte man nicht barfuß gehen. Beim sonntäglichen Kirchgang, wo sich die Dörfler in ihrem Sonntagsstaat zeigten, fehlten die Dollingers. Sie hatten nichts herzuzeigen.

Mutter Anna saß vom frühen Morgen bis spät nachts an der Nähmaschine und nähte Schürzen für die Brünner Textilfabrik, der auch die Nähmaschine gehörte. Manchmal gelang es ihr, aus kleinen Stoffresten ein Kleidchen für eines ihrer Kinder zu nähen. Winterkleidung gab es allerdings keine, dafür reichte der Lohn nicht aus.

Ihre Tochter Marianne, war elf Jahre alt, als sie die Schule ganz verlassen musste, um den Haushalt und die Verpflegung der Familie samt der erkrankten Großmutter zu übernehmen. Zu ihren täglichen Arbeiten gehörte es auch, vom Brunnen am Dorfplatz Wasser zu holen. Um möglichst keinem Menschen zu begegnen, wählte sie dazu immer die späten Abendstunden. Doch sonntags traf sich abends die Dorfjugend auf dem Platz, und dazu gehörte auch Jakob Sokopp. Bei einer solchen Gelegenheit sah Jakob Marianne zum ersten Mal. Er stand in einer Gruppe halbwüchsiger Burschen, die sich stets einen Spaß daraus machten, die herumspazierenden Mädchen zu necken.

Die Geschichte dieser ersten Begegnung meiner Großeltern, er 16, sie 12 Jahre, wurde in meiner Familie immer wieder erzählt, auch der Großvater selbst erinnerte sich gerne daran:

»Da kommt a bildschönes Madel daher, mit dicke, kastanienbraune Zöpf. Auf der Schulter hat sie a Stangen trog'n, mit zwa große Wasserkannen drauf. Da hab'n die Bubn g'schrien: ›Dollinger Mariann, host ka Wasser daham, kannst dir d'Fiaß net wasch'n, hast kan Kreuzer in der Tasch'n.‹ Sie hat ka Miene verzog'n und stolz ihre Kannen ang'füllt. Ich bin aber dann hing'sprungen und hab g'sagt: ›Komm, ich hilf dir!‹ Sie fahrt mi an: ›I brauch ka Hüf, schau dass'd weiter kummst.‹ Da hab i die Stangen g'nommen und hab mirs auf die Schulter g'legt. ›Heb die Kannen rauf‹, hab i zu dem Madl g'sogt, ›und gemma!‹«

Und die Großmutter ergänzte seine Erinnerungen: »Er war der erste, der wie a Mensch mit mir g'redt hat. Net amol der Lehrer und der Katechet waren zu mir so freindlich.«

Mein Großvater fragte sich schon sehr früh, warum die Armen ihr Schicksal geduldig ertrugen, sich kaum gegen die Obrigkeit auflehnten, aber geringschätzig auf die herabblickten, die noch ärmer waren. Er erkannte bald, dass die Herrschenden und ihre Lakaien eine solche Einstellung unterstützten. Es lenkt von der eigenen Armut ab, wenn man sieht, dass es anderen noch schlechter geht. Die Kirche spielte da kräftig mit. Es galt als Schande, ein lediges Kind zu haben, oder eines zu sein. Diesen Makel musste man sein ganzes Leben lang mit sich herumtragen.

Der jugendliche Jakob, der dabei war, sich in Marianne zu verlieben, lebte damals immer noch bei seiner Großmutter, Elisabeth Odenbeck. Die war nur eine unbezahlte Magd am Hof ihres ältesten Sohnes. Sie kochte und wusch für die große Familie, hielt das Haus in Ordnung, besorgte den Hasen- und Hühnerstall, und wurde doch nur geduldet. Dennoch waren auch ihr die Dollingers zu minder, und sie sah mit Besorgnis, dass Jakob und Marianne unzertrennlich geworden waren.

So kam es, dass die strenggläubige Großmutter ihren Enkel Jakob nach Wien ziehen ließ. Alois Fierlinger, der Lebensgefährte ihrer Tochter, machte Jakob das Angebot, in der Metalldruckerei, wo auch er arbeitete, eine Lehre zu beginnen. Der Einfluss des Sozialisten auf ihren Enkel erschien ihr nun weniger gefährlich als Jakobs Umgang mit der armen Häuslerstochter. Es galt also Abschied zu nehmen, mit dem Versprechen:

»Wenn ich's zu was gebracht hab Mariann, dann hol i dich. Trag weiter dein Köpferl hoch und vergiss mi net!«

Großvaters Lehrjahre in Wien (1871–1873)

1871 wurde Wien Jakobs neue Heimat. Eine Stadt, die mittlerweile zur Großstadt geworden war. Die Stadtmauern waren schon lange abgebaut, Basteihäuser und Befestigungsanlagen abgerissen und der Stadtgraben zugeschüttet. Die Vororte zwischen Innenstadt und Linienwall waren in die Stadt eingegliedert, und die Ringstraße mit den

Bauten der berühmtesten Architekten Europas wurde zu einer wahren Prachtstraße. Der Hochadel und das Wiener Großbürgertum setzten Geld und Ehrgeiz ein, um den Glanz der Residenzstadt zu mehren. In unzähligen Liedern wird diese Phase als »die gute alte Zeit« besungen.

Gerne vergisst man dabei, dass Österreich damals vier Kriege geführt hat. 1853 den Krimkrieg, 1859 den Krieg gegen Oberitalien mit der Schlacht von Solferino, 1864 den Krieg gegen Dänemark und schließlich 1866 den Krieg gegen Preußen mit der verhängnisvollen Schlacht von Königgrätz. Der Prunksucht der Großbourgeoisie der Gründerzeit stand das Elend der Arbeiterschaft gegenüber.

Das kann man am Beispiel der Wienerberger Ziegelwerke des Heinrich Drasche deutlich sehen. Für die Errichtung des Werks ließ er ab 1830 billigste Arbeitskräfte aus Böhmen holen. Unter widrigsten Umständen eng zusammengepfercht hausten sie in eigens für seine »Ziagelbehm« aufgestellten Arbeiterbaracken, während Drasche selbst ein Ringstraßengrundstück erwarb und sich gegenüber der Oper den luxuriösen »Heinrichshof« errichten ließ. Drasche erwarb insgesamt 15 Kohlengruben mit 4000 Arbeitern, zwölf Ziegelwerke und zwei Tonwarenfabriken mit 5700 Arbeitern. Für diese »Verdienste« wurde er 1870 in den Adelsstand erhoben.

Die Arbeiterwohnungen in der Stadt bestanden meist nur aus Zimmer und Küche ohne sanitäre Einrichtungen. Durch die horrenden Mietzinse waren die Arbeiter häufig gezwungen, auch noch Untermieter und Bettgeher bei sich aufzunehmen. Die tägliche Arbeitszeit betrug nach wie vor 14 bis 16 Stunden, oft unter ärgsten hygienischen Bedingungen am Arbeitsplatz, was schließlich zur Ausbreitung der typischen Proletarierkrankheit führte, der Tuberkulose. Da es aber weder Krankenschutz noch Altersversorgung gab, musste man auch krank zur Arbeit gehen, denn für Arbeitslosigkeit war überhaupt nicht vorgesorgt.

In dieses Wien, wo sich großbürgerlicher Prunk neben ärmster Armut ausbreiten durfte, fuhr Jakob in eine ungewisse Zukunft. Alois Fierlinger holte ihn vom Bahnhof ab. Es war nicht schwer für ihn, in dem hoch aufgeschossenen, mageren Burschen, der ein wenig hilflos neben seinem unförmigen Reisekorb stand, seinen Stiefsohn zu erkennen. Jakob allerdings hatte sich den »gefährlichen Sozialisten« ganz anders vorgestellt. Nicht so klein und freundlich. Mit seinen Begrüßungsworten hatte er ihn sofort für sich eingenommen: »Wenn's dir schwer fällt, mich Vater zu nennen, sagst einfach Loisl zu mir.«

Auch die Mutter entsprach nicht seinen Vorstellungen. Die Großmutter in Grusbach hatte ihm von ihrer hübschen, blonden Tochter erzählt, die ihre Jugend an einen »Unwürdigen« verschwendet. Doch die verhärmte Frau, die ihn nun in der kleinen Wohnung in Margareten weinend in die Arme schloss, war weder blond noch hübsch. Sie war erst 45 Jahre alt, doch ihr Haar war bereits grau. Harte Arbeit und große Entbehrungen hatten tiefe Furchen in ihr Gesicht gegraben und den Rücken des einst so gesunden Landmädchens vorzeitig gebeugt. Den größten Kummer hatte ihr die Trennung von ihren Söhnen bereitet. All die aufgestaute Liebe übertrug sie nun in überreichem Maße auf ihren jüngsten Sohn. Und Jakob hatte diese nötig.

Es waren bittere Lehrjahre, die nun für ihn begannen. Täglich verließ er mit dem »Vater« um 6 Uhr morgens das Haus, um zu Fuß zur gemeinsamen Arbeitsstätte nach Erdberg zu gehen. Danach zwölf Stunden mieseste Drecksarbeit ohne Pause, denn das Mittagessen aßen sie schnell im Stehen aus dem Reindl. Danach bei jedem Wetter mit dem schwer beladenen Handwagen liefern gehen. Seine Arbeitszeit endete zwar um sieben Uhr abends, doch meistens arbeitete er bis neun Uhr, um wieder gemeinsam mit dem Vater nach Hause gehen zu können. Für diese Überzeit erhielt er einige Kreuzer, denn eine Lehrlingsentschädigung gab es nicht. Dann der lange Fußmarsch von der Werkstatt bis nach Haus. Fahrgeld konnten sie sich nicht leisten. Und am Sonntagvormittag besuchte er die Fortbildungsschule.

Er hat nie jenes Wien kennengelernt, das in der Operette als »singendes, klingendes Märchen« bezeichnet wird. Fiaker-Romantik und Heurigen-Seligkeit blieben ihm fremd. Dennoch hat Großvater Jakob nur selten mit Bitterkeit von seiner Jugendzeit gesprochen, im Gegenteil. Gerade die erste Zeit in Wien hat ihn begeistert. Die Sonntage waren für ihn das Schönste. Wenn er von der Schule heimkam, dann roch er schon im Hausflur die Schnitzeln oder den Schweinsbraten. Und in der Küche der kleinen Hausmeisterwohnung stand am Tisch sein Lieblingsgericht, der Gurkensalat.

Nach dem sonntäglichen Mittagessen führten ihn die Eltern oft in die Innere Stadt, um ihm die Prachtbauten zu zeigen. Noch besser als die Stephanskirche gefiel ihm die Karlskirche. Dorthin wäre er sogar gern in eine Messe gegangen, gestand er einmal den Eltern. Aber da traf er beim Fierlinger einen wunden Punkt:

»Der Jesus war ja recht sympathisch und fortschrittlich. Die Reichen hat er aus dem Tempel geschmissen und dafür die Armen selig gesprochen. Wer zwei Mäntel hat, soll dem einen geben, der keinen hat. Das wär ja richtig, nur hat ihm bis heute keiner gefolgt. Und der angeblich himmlische Vater, der hat ihn ganz schön in Kraut lassen, wie sie ihn ans Kreuz genagelt haben.«

Für Jakob, der von seiner gottesfürchtigen Großmutter erzogen war, waren solche Worte neu, und anfangs hatte er noch Gegenargumente:

»Er hat uns doch damit von unseren Sünden befreit, und im Himmel gibt es dann die ausgleichende Gerechtigkeit. Die Ersten werden die Letzten sein, und die Letzten die Ersten.«

Aber Fierlingers aufgeklärte Weltsicht leuchtete Jakob schnell ein: »Die Reichen glauben doch bestimmt nicht an den Himmel. Die müssten doch zittern vor Angst, weil doch eher ein Kamel durch ein Nadelöhr geht, als ein Reicher in den Himmel kommt. Den Himmel gaukeln sie uns doch nur vor, damit wir auf Erden die Goschn halten und sie uns besser ausbeuten können.«

Jakobs politischer Unterricht begann also bereits in den ersten Tagen seines Wien-Aufenthaltes, und er erfolgte auf recht unkonventionelle Weise. Mit dem Beten war es bald vorbei. Der neue Vater las ihm stattdessen Gedichte vor, die er im Arbeiter-Bildungsverein gelernt hatte.

Der erste Wiener Arbeiter-Bildungsverein hatte einerseits zum Ziel, die kulturelle Entwicklung der Arbeiter zu fördern, und andererseits durch geeintes Vorgehen bessere Arbeitsbedingungen für sie zu schaffen.

Die Zeitung »Arbeiter-Blatt« begann am 7. Juni 1868 mit der Veröffentlichung des »Kommunistischen Manifests« in Fortsetzungen. Es schlug zwar nicht ein wie eine Bombe, doch es entwickelte sich eine klassenmäßig orientierte, marxistische Richtung unter den vielen sozialistischen Strömungen.

In jenem Spätsommer 1871 stand die österreichische Arbeiterbewegung noch ganz unter dem Eindruck der Pariser Kommune, die im Frühjahr ganz Europa in Aufruhr gebracht hatte.

Die Pariser Kommune (18. März bis 28. Mai 1871)

Frankreichs Niederlage im Krieg gegen Preußen hatte zum Sturz Napoleons III. und zur Ausrufung der Republik geführt. Doch als die französische Regierung kapitulierte, ließ sich die Nationalgarde, die aus Arbeitern bestand, nicht entwaffnen. Sie entschloss sich, die preußische Besetzung von Paris zu verhindern und es kam zu offenem Aufruhr. Das Volk von Paris wählte sich seine eigene Regierung, die »Kommune«, und nahm die Verwaltung der Stadt in seine Hände.

Doch am 27. Mai siegte die Konterrevolution, ihre Rache war furchtbar: Rund 20.000 Pariser, darunter Frauen und Kinder, wurden standrechtlich erschossen, Zehntausende eingekerkert. Während der kurzen Herrschaft der Kommune wurde sie von der gesamten bürgerlichen Presse Europas verleumdet und verunglimpft. Die Zeitungen wetteiferten förmlich in der Verbreitung von Lügen über die Kommunarden.

In Österreich gab es nur eine einzige Zeitung, die täglich ausführlich und wahrheitsgetreu über die Vorgänge in Paris berichtete. Das war der in Wien erscheinende »Volkswille«. Er wurde von einem Mann geleitet, den Alois Fierlinger grenzenlos verehrte, und der auch für Jakob Sokopp, meinen Großvater, zum Vorbild werden sollte: dem Arbeiterführer und Dichter »Andreas Scheu«.

Jakob tat sich lange schwer mit dem Lesen politischer Artikel. Aber er begriff doch langsam einige Zusammenhänge. Hatte er früher den Herrgott anklagend gefragt, warum gerade seine Familie so gestraft ist, so begriff er, dass sein Schicksal das aller Arbeiter ist, und dass man es nur gemeinsam ändern kann.

Andreas Scheu verbüßte damals gerade wieder einmal eine mehrmonatige Haftstrafe, kein guter Zeitpunkt für Fierlinger zum Agitieren in der Arbeit. Seinen Kollegen durfte er mit der Pariser Kommune nicht kommen: »Was ist denn aus denen g'worden? Niedergemetzelt sind's worden. Und wenn dich der Meister agitieren hört, dann fliagst!«

Aber Fierlingers Glaube an die Kraft der Arbeiterschaft war nicht zu erschüttern. Jeden Mittwoch spätabends ging er zur Versammlung des Arbeitervereins, die allerdings unter Polizeiaufsicht stattfand. Jugendlichen und Frauen war nämlich die Teilnahme behördlich verboten. Trotzdem nahm er bald den jungen Jakob mit zu einer Arbeiter-Liedertafel, wo sich der musikalische Jakob sehr wohl fühlte. Und die Lieder, die er dort lernte, haben ihn mehr überzeugt, als die schwer zu lesenden Artikel der Zeitung.

Nicht nur im Arbeiterverein, sondern auch in der Küche der Fierlingers trafen sich politisch interessierte Arbeiter und diskutierten fast jeden Samstagabend über eine bessere Zukunft und wie man sie erreichen kann. Jakob saß bald auch dabei, hörte zwar zu, verstand aber wenig. Viele Fragen beantwortete sein Vater dann am Montag auf dem gemeinsamen Weg zur Arbeit.

»Wir Sozialisten wollen einmal durchsetzen, dass die Arbeiter wählen dürfen, dass man unsere Vereine und Zeitungen nicht dauernd verbietet, damit wir unsere Arbeiter aufklären können. Und wenn die einmal den Sozialismus begriffen haben, dann werden wir sozialistische Abgeordnete in den Reichstag wählen und dann können wir den Sozialismus aufbauen. Sozialismus bedeutet, dass kein Mensch einen anderen ausbeuten darf, dass also keiner von der Arbeit anderer leben darf. Dazu ist es notwendig, dass man die Produktionsmittel verstaatlicht. Das heißt, Fabriken, Maschinen und Werkzeuge müssen unser gemeinsames Eigentum werden. Die Diktatur des Proletariats ist nichts anderes als die Herrschaft der arbeitenden Menschen.«

Jakobs Fragen wurden genauer, die Antworten detaillierter und die Gespräche am Weg zur Arbeit zu gesellschaftspolitischen Lehrstunden. Bald besuchte auch Jakob regelmäßig die Arbeiter-Bildungsvereine, die bereits als Gesangs-, Tarockier- oder Schachvereine getarnt werden mussten. Das Wichtigste aber war, dass die beiden zusammenwuchsen wie Vater und Sohn und einander herzlich zugetan waren.

Der lange Arbeitstag und die politische Betätigung ließen Jakob nur wenig Zeit, um Marianne zu schreiben. Ihre Antwortbriefe in unbeholfener Kinderschrift und mit vielen Rechtschreibfehlern bereiteten ihm durch ihre launigen Schilderungen des Dorflebens große Freude. Aber er begann sich auch Sorgen zu machen, dass ihm ein anderer sein Mädchen wegschnappen könnte. Es würde ja noch viel Zeit vergehen, bevor er in der Lage sein würde, sie zu sich zu holen.

Jakob und seine Brüder (1873)

Dann kam das Jahr 1873, in welchem eine Katastrophe die andere jagte. Jakobs Mutter Marie hustete schon längere Zeit, im Frühjahr kam es schließlich zum Blutsturz. Der Hausmeisterposten musste aufgegeben werden, und die Familie zog in die Siedlung vor der Favoritenlinie – einem Vorort außerhalb der Stadtgrenze. Die neue Wohnung in der Inzersdorferstraße war etwas besser als die Hausmeisterei, weil die Küche immerhin ein Fenster zum Lichthof hatte. Doch man musste eine ziemlich hohe Miete dafür zahlen. Und da die Mutter nun auch nicht mehr waschen gehen konnte, wurde Schmalhans Küchenmeister.

Im April traf die Nachricht vom Tod der Großmutter Odenbeck ein, aber Jakob konnte nicht zu ihrem Begräbnis fahren. Der Umzug, der Arzt und Mutters Medikamente hatten die geringen Ersparnisse der Familie aufgebraucht. Darüber war Marie sehr unglücklich, verdankte sie ihrer Mutter doch, dass sie ihren Jüngsten aufgezogen hat, der ihr die letzten Jahre so viel Freude gemacht hatte. Ihre anderen Söhne hatten zwar den Kontakt mit ihr abgebrochen, als sie mit dem Sozialisten Fierlinger zusammenzog, aber Marie wünschte sich gerade jetzt, alle wiederzusehen.

Also zog Jakob los, um die Brüder aufzusuchen. Er kannte weder die Werkstatt noch wusste er, wie Karl und August aussahen. Das noble Gassenlokal fand er aber, in dem ein stattlicher Herr mit schwarzem Vollbart hinter einem Schreibtisch saß. Den fragte er, ob er bitte den Herrn Karl Sokopp sprechen könnte.

Da sagte der unbekannte Mann: »Der Karl Sokopp, der bin i.«

Und der jüngere drauf: »Und i bin dein Bruder, der Jakob.«

Der Ältere sah den Jüngeren erstaunt an, dann nahm er ihn weinend in die Arme: »Jakob, mein Gott, du hast ja net amal g'scheit reden können, wie i dich zum letz'n Mal g'sehn hab.«

Freudentränen flossen auf beiden Seiten, und dann lernten sie einander endlich kennen. In einem Wirtshaus bei Gulasch, »Schusterlaberln« und Bier erzählten sie einander ihr bisheriges Leben. Karl hatte die Tochter seines Meisters der Pfeifenmacherei geheiratet und lebte mit ihr bei den Schwiegereltern in einem hübschen Haus im Lichtental. August, der andere Bruder, hatte aus Agram eine Kroatin mitgebracht.

»A Krowotin, ganz a fesche Person, aber deutsch kann's halt net. Der August red holt krowotisch mit ihr.«

Beruhigend auch für Jakob, dass August und auch Leonhard beim Begräbnis der Odenbeck-Großmutter gewesen waren und alles in Grusbach geregelt haben. Aber vergeblich wartete Jakob auf Fragen seines Bruders nach ihrer gemeinsamen Mutter. Da verlor er die Geduld und warf ihm an den Kopf, wie Unrecht man dem Fierlinger tue, der der beste Mensch für ihn darstelle, wie ein richtiger Vater, und was für ein guter Mann er für die Mutter sei. Und dass die Mutter schwer krank sei, dass sie's auf der Lunge habe und zugrunde gehen müsse, wenn sie nicht diesen Mann an ihrer Seite hätte.

Und Karl gestand, dass er die Mutter schon lange besucht hätte, wenn er sich nicht so geschämt hätte.

Am nächsten Sonntag kam Karl dann im »Zweiradler« angefahren, den er selbst kutschierte. Er brachte einen großen Korb mit Lebensmitteln und Obst und eine Flasche Wein für den Fierlinger mit. Es war eine großartige Wiedersehensfeier, die am nächsten Sonntag wiederholt wurde. Denn da kam auch August mit, und Marie war überglücklich. Jakobs Hochachtung vor dem Stiefvater stieg damals noch mehr, weil er die verlorenen Söhne wie gute Bekannte behandelte und kein Wort des Vorwurfs fiel, dass sie sich nie um ihre Mutter gekümmert hätten.

Die Habseligkeiten der Odenbeck-Großmutter brachte August in einer Schachtel mit. Eine Bibel, ein Gebetbuch, ein Kopftuch, eine Schürze, ein Lavendelsäckchen, Jakobs letztes Lesebuch und die Briefe und Karten, die sie von ihren Enkeln aus Wien erhalten hatte.

»Jakob, du warst am längsten bei ihr, vielleicht willst du dir was davon behalten – zum Andenken?«

An diesen Familien-Sonntagen wurde zwar nicht politisiert. Aber bald stellte sich heraus, dass August auch Mitglied eines Arbeitervereins war. So stand bald fest, dass Fierlinger mit August einen zweiten Sohn erhalten hatte.

Schwarzer Freitag (9. Mai 1873)

Der nächste Schlag in diesem Jahr traf nicht nur Jakobs Familie sondern die gesamte Arbeiterschaft. Er erfolgte mit dem Börsenkrach vom 9. Mai 1873, der als »Schwarzer Freitag« in die Geschichte eingegangen ist.

Die maßlose Überspekulation und die chaotische Überproduktion der Gründerzeit waren die Ursache für einen rapiden Kursverfall, zu dem auch die enormen Verluste bei der Wiener Weltausstellung beigetragen haben. Innerhalb weniger Wochen mussten vierzig Banken schließen, die Sparguthaben der Menschen gingen verloren. Die mit hundert Gulden eingezahlten Aktien der Industriebank notierten nur mehr mit fünfzig Kreuzern.

48 Bau- und Industriegesellschaften wurden liquidiert, wodurch allein in Wien 35.000 Arbeiter mit einem Schlag arbeitslos wurden. Und bei den noch Beschäftigten wurden drastische Lohnkürzungen vorgenommen. In weiterer Folge kam es zur Verelendung der Gewerbetreibenden und der kleinen Geschäftsleute. Die Lebensmittelknappheit führte zu einem gigantischen Preisauftrieb. Es war die schwerste Wirtschaftskrise des Jahrhunderts, von der sich das Land sieben Jahre nicht erholen konnte.

Im Sommer wurde auch Fierlinger arbeitslos. Und als gegen Ende des Jahres der Metalldruckermeister in Konkurs ging, wurde Jakob vorzeitig freigesprochen. Er hatte nun den Gesellenbrief in der Tasche, doch Arbeit fand er keine.

Auf diesen schrecklichen Winter 1873/1874 kam mein Großvater in späteren Jahren immer wieder zu sprechen, wenn er seinen Kindern das Wesen des Kapitalismus zu erklären versuchte. Damals ist ihm vollends klar geworden, dass Wirtschaftskrisen keine zufälligen Erscheinungen sind, sondern dass sie zum Kapitalismus gehören wie der Rauch zum Feuer.

Fierlinger suchte nun wieder seine Dienstkappe heraus und zog Tag für Tag durch die Straßen der Stadt, um nach Gelegenheitsarbeit Ausschau zu halten. Auf den Bahnhöfen war nicht viel zu holen, die wenigen Reisenden trugen ihre Koffer selbst. Hin und wieder konnte er bei einem Umzug helfen, oder er durfte ein Möbelstück transportieren, das der Besitzer verkaufen musste. »Zum Leben zu wenig, zum Sterben zu viel«, war damals ein geflügeltes Wort. Doch Fierlinger meinte, dass die paar Kreuzer, die er nach Hause brachte, nicht einmal zum Sterben reichen würden.

Als der Hausherr mit der Delogierung drohte, weil die Familie mit dem Zins im Rückstand war, nahmen sie einen Bettgeher auf. Jakobs zusammenlegbares Teppichbett wurde daher in der Küche aufgestellt, und Fierlinger musste sein Bett mit Jakob teilen. Das war nicht weiter schlimm. Der Bettgeher war ein Arbeiter der Südbahnwerke und ein Gesinnungsgenosse Fierlingers. Die revolutionären Gespräche, die man abends mit ihm führen konnte, halfen Jakob und dem Vater, das Hungergefühl zu verdrängen.

Jakob ging täglich in den Laaerwald, um Holz zu klauben. Er suchte auf den Märkten nach erfrorenen Erdäpfeln, die billiger abgegeben wurden und klapperte die Bäckerläden ab, um nach altbackenem Brot zu fragen. Doch die Not wurde immer größer. Die Greißler wollten nichts borgen, die meisten konnten es gar nicht, weil sie selbst schon nichts mehr hatten.

Um die Medikamente für die Mutter kaufen zu können, versetzte Fierlinger seine Taschenuhr und seinen Ehering. Da sagte eines Tages der Bettgeher zu ihm:

»Du Loisl, i hab an Kollegen von der Nachtschicht, der sucht a billiges Quartier für den Tag. Wennst noch a übriges Bettzeug hast, hob i nix dagegen, wenn er tagsüber in meinem Bett schlaft – und dir ist vielleicht g'holfn.«

»Des einzige Bettzeug, des wir noch haben, is im Pfandl«, antwortete Fierlinger. Da borgte ihm der Genosse das Geld, um das verpfändete Bettzeug auszulösen, und das Teppichbett war nun auch tagsüber belegt.

Die kränkliche Mutter Marie musste nun jeden Morgen, sobald der erste Bettgeher das Haus verlassen hatte, die Bettüberzüge wechseln, rasch die Küche aufräumen, die Kartoffeln kochen und das harte Brot überbacken, damit der nächste Bettgeher die Küche ungestört als Schlafraum benutzen konnte. Das Mittagessen wurde dann im Zimmer auf einem Petroleumkocher aufgewärmt. Die finanzielle Lage der Familie wurde nun zwar etwas gebessert. Da der Nachtarbeiter nicht nur für das Bett, sondern auch für ein Frühstück und Abendessen zahlte, fiel auch gelegentlich ein Knochen für die Suppe oder eine Blutwurst ab. Doch der Aufenthalt in der Wohnung wurde zur Qual. Bis zum späten Nachmittag musste man sich still verhalten und auf Zehenspitzen durch die Küche schleichen, wenn man das Gangklosett aufsuchen wollte.

Das unvorstellbare Elend der Arbeitslosen wurde zusätzlich durch behördliche Schikanen verschärft. Obdachlose, die nachts in einem Hausflur oder in einem Keller schlafend aufgefunden wurden, mussten mit einer Arreststrafe oder mit der Ausweisung rechnen, denn Vagabundage war verboten. Die vielen Bettler, die man an jeder Straßenecke antreffen konnte, wurden von der Polizei verjagt. Auf der Straße herumlungernde Jugendliche steckte man in ein Arbeitshaus. Dennoch gab es zu jener Zeit fast keine gewerkschaftlichen Kämpfe, obwohl die Löhne bis zu fünfzig Prozent herabgesetzt wurden. Und in den Arbeitervereinen gaben viele ihr Mitgliedsbuch zurück. Die Menschen hatten nur mehr Angst um ihren Arbeitsplatz und zogen schlechte Arbeitsplätze der Arbeitslosigkeit vor. Doch der bewusste Teil der Arbeiterschaft, der in den Organisationen verblieb, wurde radikalisiert. Dazu gehörten Jakob und sein Stiefvater. Sie hatten nun ja auch genügend Zeit, Versammlungen zu besuchen. Jakob war nun nicht mehr bloß stiller oder lernender Zuhörer, er trat bereits häufig als Diskussionsredner auf.

Neudörfler Parteitag (5. April 1874)

Es war eine gefährliche Zeit für politisch denkende Arbeiter, alle Vereine waren ja verboten. Dementsprechend schwierig gestaltete sich daher die Vorbereitung der Tagung, die später als »Erster Parteitag der Arbeiterbewegung« in die Geschichte eingehen sollte. Andreas Scheu gelang es, die behördlichen Aufsichtsorgane hinters Licht zu führen, und so versammelten sich alle Delegierten in dem ungarischen Grenzort Neudörfl, wo die Versammlung im Geheimen abgehalten wurde. Und bei diesem wichtigen Ereignis durfte der erst 19-jährige Jakob teilnehmen. Eine abenteuerliche Geschichte, von der meine Tanten immer voll Stolz berichteten.

»Der Vater is z'Fuaß nach Baden gangen, und weil die Behörden die Tagung verboten haben, is er mit den Delegierten sogar nach Ungarn g'fahrn. Am Heimweg is er von der Polizei auf'griffen und für acht Tag in den Arrest g'steckt word'n. Aber die Strapazen haben sich gelohnt, weil er den ersten Arbeiter-Parteitag miterleben hat dürfen, wo sich die Gemäßigten endlich mit den Radikalen geeinigt haben.«

In Neudörfl hatte sich die sozialistische »Scheu-Fraktion« gegen die »Bürgerlich-Liberalen« durchgesetzt. Mit einem Programm, das bemerkenswert war:

»Die österreichische Arbeiterpartei erstrebt im Anschluss an die Arbeiterbewegung aller Länder die Befreiung des arbeitenden Volkes von der Lohnarbeit und der Klassenherrschaft durch Abschaffung der modernen privatkapitalistischen Produktionsweise. Stattdessen soll die gemeinschaftliche Produktion der Güter staatlich organisiert werden.«

Zur Verwirklichung dieses Grundsatzes wurde ein Forderungsprogramm von neun Punkten aufgestellt, unter anderem: das allgemeine Wahlrecht, Presse- und Versammlungsfreiheit, Trennung von Kirche und Staat, Reform der Schulgesetze, Reform der Steuergesetze und Einführung der Normalarbeitszeit.

In meiner Bibliothek fand ich das Lied, von Andreas Scheu getextet, das von den Delegierten des Neudörfler Parteitages gesungen wurde. Ich bin mir sicher, mein Großvater hat damals – 1874 – mitgesungen.

»Der Staat ist in Gefahr, der Staat, der noch nie sicher war.
Was fürchtet denn der Staat? Das Volk, das er betrogen hat.
's ist nicht der Staat allein. Es müssen mehr Betrüger sein.
Pfaff, Adel, Kapital, sie stehen alle auf einmal.
Die Arbeit hat kein Brot. Es hungert sich das Volk zu Tod.
Was macht die Polizei? Sie steht den hohen Lumpen bei.
Doch ach, sie ist zu schwach, es rücken die Soldaten nach.
Das wird dem Volk zu toll. Ihr Schurken, euer Maß ist voll.
Gebt Acht, der Tanz geht los. Dann sei auch uns kein Lump zu groß.
Was ist des Volks Begehr? Das Volk will sein sein eigner Herr.«
(Andreas Scheu)

Großvater Jakob völlig verarmt (1875/1876)

Das Leben der armen Leute veränderte sich aber noch lange nicht, auch nicht bei Jakob und seinen Eltern, im Gegenteil. Die Bettgeher zogen aus, als Maries Krankheit nicht mehr zu verheimlichen war. Das durfte man ihnen nicht übel nehmen. Doch nun war kein Geld mehr da, um den Arzt zu bezahlen. Fierlinger versuchte sogar bei der Armenfürsorge ein Spitalbett für seine Frau zu bekommen. Aber die Menschen starben damals wie die Fliegen. Die Leichenzüge in den Straßen gehörten zum alltäglichen Stadtbild. Auch Jakob stellte sich vor der »Suppen- und Teeanstalt« an, um wenigstens hin und wieder ein warmes Essen für die todkranke Mutter aufzutreiben. Oft war aber der Suppenkessel schon leer, wenn er an die Reihe kam. So würdelos hatte er sich noch nie in seinem Leben gefühlt.

Gegen Ende des Jahres 1875 starb Jakobs Mutter Marie mit 49 Jahren. In der Sterbeurkunde wurde als Todesursache Lungenschwindsucht angegeben. In Wahrheit, meinte Jakob, sei sie am Kapitalismus gestorben. Ein Holzsarg und ein Platz im Massengrab an der Friedhofsmauer, selbst dafür musste die Familie beim Armenrat um Hilfe bitten.

Wenige Tage nach Maries Tod fand in den Favoritensälen das Gründungsfest des zehnten Bezirkes statt, der im September 1874 der Stadt eingegliedert wurde. Kein Grund für Jakob und Fierlinger zu feiern. Sie waren wieder einmal zum Umzug gezwungen. Zum Alten Landgut, dort wo sich heute der Verteilerkreis der Schnellstraßentangente befindet. Damals waren dort nur Wiesen und Felder, und in einem der Bauernhöfe hatte Fierlinger Unterkunft und Arbeit als Stallknecht gefunden. Auf dem geborgten Handwagen lag nur mehr ihr Bettzeug. Die Möbel waren verkauft worden, um wenigstens teilweise den Zinsrückstand für die Wohnung in der Inzersdorferstraße bezahlen zu können und dadurch dem Schuldengefängnis zu entgehen. Den Rest holte sich der Hausherr danach direkt vom Dienstgeber, wodurch Fierlinger monatelang keinen Lohn erhielt.

Diesem Umstand war es zu verdanken, dass Marianne, die Jugendliebe Jakobs, die neue Adresse ausfindig machen konnte. Denn Jakob hatte ihr schon lange nicht mehr geschrieben.

Großmutter Marianne kommt nach Wien (1876)

Marianne kam ohne Einladung zu ihrem Jakob nach Wien, aber sie kam nicht ungelegen, im Gegenteil. Ihr Erscheinen half beiden, rascher über Maries Tod hinwegzukommen. Jakob erklärte ihr, warum er so lang nichts von sich hören ließ:

»Hätt ich dir schreiben soll'n, dass mei Mutter wie ein Hund krepiert und eingeschart word'n ist? I hab net amal Trauer empfinden können, weil i so voller Wut und Hass war. In den Zeitungen haben's g'schrieben: ›Wien wird Weltstadt‹, weil sie des Donauflussbett reguliert und für die Schifffahrt freigeb'n hob'n. Wir haben die Weltstadt verlassen müssen, wie die Zigeuner, mit an Handwagerl, auf dem des Ergebnis vom Vater seiner vierzigjährigen Arbeit draufgleg'n is.«

»Die taugt für dich, Jakob«, hatte Fierlinger gleich festgestellt. »Die ist resolut und traut sich was. Die wird bestimmt a gute Kampfgefährtin für dich werd'n.«

Und das wurde sie auch.

Marianne hatte bereits einen festen Arbeitsplatz als Dienstmädchen in der Josefstadt, als sie ihre Reise nach Wien antrat. Allerdings hatte sie nur jeden zweiten Sonntag Ausgang, was den beiden natürlich nicht genügen konnte. Trotz des strengen Winters, der im Jahr 1876 herrschte, und trotz seiner durchlöcherten Schuhe, wanderte Jakob jeden zweiten oder dritten Abend den weiten Weg vom Alten Landgut bis in die Josefstadt, wo Marianne aus dem Fenster ihrer Kammer nach ihm Ausschau hielt. Dann standen sie frierend im Flur des Herrschaftshauses. Von Zeit zu Zeit ging Marianne auf die Straße, um einen Blick auf ihr Kammerfenster zu werfen, in das sie eine brennende Kerze gestellt hatte. Da sie keine Uhr besaßen, zeigte das Herabbrennen der Kerze die Zeitspanne an, die sie sich für ihre Zusammenkunft zumessen durften. »Wir haben uns auf a Kerzenlänge troffen«, sagte Marianne, wenn sie sich der bitteren Zeit ihrer jungen Liebe, sie 17, er 21, erinnerte.

Nach etwa drei Monaten wurde Mariannes Dienstgeber, ein Verwaltungsbeamter, nach Meran versetzt. Und da man mit ihr sehr zufrieden war, nahm man sie mit. Es musste also wieder Abschied genommen werden, aber nicht für lange. Denn bald darauf schrieb ihm Marianne, dass sie ein Kind erwarte. Da Jakob inzwischen sowohl

Arbeit als auch eine Hausmeisterwohnung in Margareten gefunden hatte, konnte er Marianne zurück nach Wien holen. Geheiratet wurde zwar nicht, denn Jakob war noch nicht »militärfrei«. Aber ihr erstes Kind, Rosi, kam hier in der Kohlgasse zur Welt. Es war sicher für alle ein Glück, dass nebenan Jakobs Bruder August und dessen kroatische Frau Jasna wohnten.

Mariannes Arbeit als Hausbesorgerin war nicht leicht. Der Hausherr wohnte im Nebenhaus und kam täglich zur Inspektion. Sie hatte den Flur zu waschen, die Gangfenster zu putzen, den Lichthof und den Gehsteig zu kehren und im Keller Rattengift zu streuen. Im Winter musste sie Schnee schaufeln und die Armaturen der Wasserleitungen mit Fetzen umwickeln, damit das Wasser nicht fror. Auch die primitiven Klosettanlagen am Gang, die noch keine Wasserspülung besaßen, hatte sie zu reinigen und im Winter dafür zu sorgen, dass die Abflussrohre nicht vereisten. Zu diesem Zweck hatte sie den ganzen Tag einen großen Topf mit heißem Wasser auf dem Herd stehen, das sie mehrmals am Tag in alle Klosettmuscheln gießen musste. Es störte sie auch nicht, wenn sie nachts aus dem Bett geläutet wurde, um einem späten Heimkehrer das Haustor aufzuschließen, das »Sperrsechserl« war eine willkommene Nebeneinnahme. Ihre Einkäufe besorgte sie auf dem Naschmarkt. Dorthin nahm sie die kleine Rosi mit, um sie an die frische Luft zu bringen. Für Spaziergänge blieb ihr keine Zeit.

Es war sicher kein sehr lustiges Leben für eine junge Frau von 19 oder 20 Jahren. Dennoch war sie immer fröhlich und zeigte keine Müdigkeit, wenn Jakob spätabends noch seine politischen Angelegenheiten mit ihr besprach. Nur wenn er manchmal die ganze Nacht über einem Artikel saß, erhob sie Einspruch, weil sie um seine Gesundheit besorgt war. Die Metallarbeiter, zu denen Jakob gehörte, gaben damals bereits eine eigene Fachzeitschrift heraus, deren Artikel sie selber schreiben mussten. Intellektuelle gab es damals noch nicht viele in der Arbeiterbewegung.

Für Marianne war es unbegreiflich, dass man Zeitungsartikel braucht, um armen Menschen bewusst zu machen, dass sie sich gegen ihr Elend wehren müssten.

»Den Weg ins Wirtshaus finden sie allein, aber zum Arbeiterverein muss man sie an der Hand führen?«

»So is es Mariann, mich hat auch einer an der Hand g'nommen.«

Doch was aus dem Mann geworden ist, der Jakob einst bei der Hand genommen hat, weiß ich leider nicht. Ich habe vergessen zu fragen, wann und wo Alois Fierlinger gestorben ist, von dem Großvater sagte, dass er mit ihm seinen besten Freund verloren hat.

Durch seinen Bruder August, der wieder als Pfeifendrechsler arbeitete, lernte Jakob zwei Männer kennen, die sich in der Arbeiterbewegung einen großen Namen erworben haben: Karl Höger, den Vizeobmann des Buchdruckervereins, der eine eigene Fachzeitung herausgab und der Jakob in gewerkschaftlichen Fragen schulte.

Und Jakob Reumann, ein Pfeifendrechsler und später Wiener Bürgermeister, nach dem heute ein Platz in Favoriten benannt ist. Er war nur ein wenig älter als mein

Großvater, doch ihm war es bereits gelungen, einen Fachverband für Drechsler zu gründen. Die beiden Jakobs wurden bald gute Freunde, und Großvater setzte seinen ganzen Ehrgeiz ein, um auch für seine Fachkollegen eine Organisation zu schaffen. Er ist dabei oft allzu ungestüm ans Werk gegangen, wurde häufig gefeuert und auch mehrmals verhaftet.

August und Jakob Sokopp, Karl Höger und Jakob Reumann, sie gehörten zur radikalsten Gruppe der Arbeiterbewegung, in der es nach wie vor die wildesten Fraktionskämpfe gab.

Manchmal nahm Jakob seine Marianne zu heimlichen Versammlungen ins Wirtshaus mit. Während sich die Genossen um ihren Stammtisch setzten und so taten, als ob sie tarockierten, sollte Marianne den Aufpasser am Nebentisch ablenken. Auffällig warfen die Männer die Karten auf den Tisch und schrien dazu die typischen Sprüche. In Wirklichkeit aber hörten sie dem Genossen zu, der seinen Vortrag hielt. Keine leichte Aufgabe für Marianne, mit einem Aug' beim Kartentisch, mit einem beim Aufpasser.

»Von Zeit zu Zeit hab ich zum Kartentisch hing'speanzelt. Und wenn i g'merkt hob, dass sie die Kart'n z'lang in der Hand halt'n, weil's auf den Referenten aufpasst haben, dann hob i schnell recht eifrig auf den Schmier eing'redt: Dass i do auf mein Mann wartn tu, weil i ihn abpass'n muss, damit er net des ganze Geld versauft.«

Das hört sich ganz lustig an, doch illegale Arbeit ist immer riskant gewesen. Und einige Male wurde Jakob deshalb auch verhaftet, und danach musste er sich wieder auf Arbeitssuche begeben. Da es ja keine Unterstützung für Arbeitslose gab, litt auch Marianne in diesen Jahren Hunger. Dennoch machte sie nie den Versuch, ihren Mann zur Aufgabe seiner politischen Tätigkeit zu bewegen. Angst hat sie um beide Männer gehabt, um Jakob und um August. Aber der Jasna durfte sie das nicht zeigen, wenn sie zusammen in der Küche auf ihre Männer warteten.

»Die is immer dag'hockt wie a Häuferl Unglück und hat: ›O bože, bože!‹ g'rufn. Des dürft ihr Herrgott g'wesn sein. Und komische Orakeln hat sie sich g'stellt: ›Wenn Regen aufhert, dann sie kommen, wenn net aufhert...‹ ›Dann kommens a‹, hob i sie ang'schrien. Und wenn's dann endlich daherkommen san, ganz erschöpft und nass bis auf die Haut, dann hob i die Starke g'spielt. Und der Vater hat mich g'fragt: ›Hast wieder a Kreuz g'hobt mit dem Angsthas'n?‹ Auf die Idee, dass i auch a Angst um ihn g'habt hab, is der gar net kommen.«

Marianne las nicht viel, aber sie hatte ja einen gesprächigen Lehrer daheim. Und Jakobs Erkenntnisse weiterzugeben, war für sie als Hausmeisterin leicht. Viele Frauen im Haus gaben ihr recht und tratschten dann untereinander bei der Bassena alles weiter. Marianne war in jeder Hinsicht eine gute Kampfgefährtin ihres Mannes.

»Mehr Courage als zehn Männer«, so wurde Marianne von Nachbarinnen beschrieben, die sie bei den polizeilichen Hausdurchsuchungen erlebt haben. Das ganze

Haus ist zusammengerannt, wenn man ihre Stimme bis in den vierten Stock hinauf gehört hat, wenn die Polizei in ihre Wohnung wollte. »Heut führ'n sie's ab«, fürchteten viele. Dann schrie Marianne die verblüfften Polizisten an:

»Was wollts? Mei Kredenz wollts durchsuch'n? Im Namen seiner Majestät? Vor was hat denn der Kaiser Angst? Vor mein leeren Schmalztiegel? Da schauts rein, ka Deka Fett mehr drin. Dass ihr euch net schamts, bei arme Leut so a Wirtschaft z'machen. Gehst weg mit deine dreckigen Klebln! Glaubst, dass i a Kanon unter meine Lumpen versteckt hab? – Jetzt habts mir noch die Klane aufg'weckt mit eurem Krawall.«

Eine Nachbarin kam einmal, nachdem die Polizisten abgezogen waren, zu Marianne runter und sagte beruhigt: »Gott sei Dank, dass du nix daham g'habt hast.«

Und Marianne antwortete ihr ganz ruhig:

»Die Flugblattln und der Artikel, den Jakob für die Gewerkschaft g'schriebn hat, san in der Rosi ihrem Wickelpolster. I hätt dem Polizisten den Schädl samt der Blechhaubn abg'rissn, wenn er ma die Klane ang'rührt hätt.«

Die Balkankrise (1878)

Am 29. Juli 1878 marschierten die österreichisch-ungarischen Truppen in Bosnien und der Herzegowina ein. Trotz erbittertem Widerstand der Bevölkerung wurde am 19. August Sarajewo erstürmt und am 18. Oktober fiel Mostar. Danach war die Monarchie um 51.000 Quadratkilometer größer und um zwei Millionen unterdrückter Slawen reicher. Damals hatte die Zeitbombe zu ticken begonnen, deren Detonation dann 1914 erfolgte. Doch der von seinem Gottgnadentum überzeugte Kaiser Franz Joseph hörte dieses Ticken nicht – oder wollte es nicht hören.

Dagegen bezog die österreichische Arbeiterpartei von Anfang an klar Stellung. Sie wehrte sich gegen den sinnlosen Tod österreichischer Soldaten im Kampf gegen das Volk, dessen Unterdrückung die bestehenden Schwierigkeiten des Vielvölkerstaates nur noch vergrößern würde. Sie zeigte auf, dass die ungeheuren Kosten der Okkupation vom arbeitenden Volk zu tragen sind.

Das Zentralorgan der Partei »Der Sozialist« forderte daher den Rückzug der österreichischen Armee aus Bosnien. Und warnte die Arbeiter, sich nach Bosnien zur Arbeit anwerben zu lassen, wo die Kapitalisten nur neue Geschäfte der Ausbeutung machen wollten. Der Redakteur dieser Zeitschrift wurde zu einem Jahr schweren Kerkers verurteilt.

Auch Jakob, der damals 23 Jahre alt war, hat sich als Mitarbeiter des Blattes »Der Gewerkschafter« den Ruf eines Vaterlandverräters eingehandelt und wurde auf die sogenannte »Schwarze Liste« gesetzt. Diese Listen bekamen die Fabrikherren, um vor »Umstürzlern« zu warnen. Das bedeutete für Jakob wieder lange Arbeitslosigkeit, die nur durch gelegentliche Aushilfsarbeiten unterbrochen wurde.

Ein unmittelbares Opfer der Balkankrise wurde Augusts Frau Jasna. Die schwarzhaarige, dunkeläugige, schöne Frau konnte trotz ihrer Liebe zu August und ihrer herzlichen Zuneigung zu Jakob und Marianne in Wien nie heimisch werden. Sie hatte wohl einigermaßen die deutsche Sprache erlernt, doch sie blieb eine Fremde und litt sehr unter Heimweh. Und dann fielen ihre Brüder in Bosnien. Die Nachricht von ihrem Tod fesselte Jasna für viele Wochen an das Krankenbett. Anfänglich tobte sie im Fieber und schrie in unverständlicher Sprache. Danach verfiel sie in völlige Teilnahmslosigkeit und sprach überhaupt nicht mehr. Marianne übernahm ihre Pflege, wusch und kämmte sie, kleidete sie an und fütterte sie wie ein Kind. Zum Doktor gingen sie nicht mir ihr, denn der hätte sie womöglich ins gefürchtete »Narrenhaus« gesteckt.

»Sie is uns buchstäblich verwelkt und eines Tages nimmer aufg'wacht«, erinnerte sich Marianne. »Die Jasna war wie a wunderschöne, zarte Mimose, und solche Blumen soll man net verpflanzen, die vertrag'n des fremde Erdreich net.

Der August hat schwer unter ihrem Tod g'littn und hat erst nach zehn Jahr wieder g'heirat.«

Sturz der deutschliberalen Regierung (1879)

Bei den Wahlen 1879 wurde die liberale Regierung gestürzt. Mit der Ernennung des Grafen Taaffe zum Ministerpräsidenten kam für die nächsten 14 Jahre eine erzreaktionäre, konservative Regierung an die Macht, deren brutales Vorgehen gegen die Arbeiterbewegung alles Bisherige übertraf.

Das Wahlprivileg stand – nach Kurienrecht – nur jenen Männern zu, die mindestens zehn Gulden an direkten Steuern abgaben. Das heißt, 353 Abgeordnete des Reichstages wurden von 1.730.000 Wahlberechtigten gewählt. Das waren weniger als sechs Prozent der Gesamtbevölkerung der österreichischen Reichshälfte. Die Millionen Arbeiter und Kleinbauern hatten lediglich die Aufgabe, jenen Reichtum zu schaffen, der den Besitzenden das Recht gab, die Gesetzgeber zu wählen, unter deren Gesetzen die kleinen Leute dann weiterhin rechtlos bleiben durften. Dass Frauen vom Wahlrecht ausgeschlossen waren, versteht sich in dieser feudalkapitalistischen Ordnung von selbst.

In den folgenden Jahren kam es in Österreich zu großen wirtschaftlichen Veränderungen. Durch den Einsatz neuer Technologien konzentrierte sich die Industrie bald in den Händen einiger weniger Großindustrieller. Bei der gleichen Zahl von Arbeitern konnte die Produktion enorm gesteigert werden. Die Profite der Unternehmer wuchsen, während die Löhne der Arbeiter gesenkt wurden. Preis- und Mietzinssteigerungen führten zu einer immer größeren Verelendung der Arbeiter und vor allem der Arbeitslosen. Streikbewegungen wurden durch Einsatz von Militär und Polizei schon im Keim erstickt. Daher wanderten viele Arbeitslose und zugrundegegangene Gewerbetreibende aus Österreich aus, unter ihnen auch Jakobs Bruder August und seine Freunde Jakob Reumann und Andreas Scheu.

Die wachsende Verelendung der Arbeiterschaft begann sogar einem Teil der Unternehmer Sorgen zu bereiten, weil sie zu verminderter Leistungsfähigkeit ihrer Arbeiter führte. So schrieb die bürgerliche Zeitung »Extrablatt«:

»...man wird sich bei ruhigem Nachdenken eines tiefen Mitleides für die Armen und Elenden nicht erwehren können... es wäre Pflicht der denkenden und fühlenden Menschheit, das Los der Ärmsten zu verbessern.«

Doch die Bourgeoisie ist offenbar nie zu ruhigem Nachdenken gekommen, denn als eineinhalb Jahrzehnte später die 60-Stunden-Woche eingeführt und ein Verbot der Kinder- und Feiertagsarbeit erfolgte, geschah es nicht des Mitleids der Unternehmer wegen, sondern unter dem Druck der kämpfenden Arbeiterklasse.

Die Geburt eines Arbeiterkindes (1880)

Neun Jahre waren vergangen, seit Jakob voll Hoffnung nach Wien gekommen war, um ein Handwerk zu erlernen. Es waren Jahre des Hungers und des Elends, und Jahre des Kampfes gegen Hunger und Elend. Nun war er 25 Jahre alt, und sein Haar begann bereits zu ergrauen.

Vor Kurzem war er nach monatelanger Arbeitslosigkeit in der Meidlinger Eisen- und Emailfabrik aufgenommen worden. Doch an die Aufnahme waren Bedingungen geknüpft, deren Erfüllung ihn in schwere Gewissenskonflikte stürzte.

»Sind Sie Mitglied eines Arbeiter- oder Gewerkschaftsvereines?«, fragte ihn der Unternehmer. Und Jakob wusste aufgrund der »Schwarzen Liste«, dass Leugnen sinnlos war. Marianne war hochschwanger und ebenso unterernährt wie sein dreieinhalbjähriges Töchterchen. Die Kosten für die Geburtshelferin, die man bald benötigen würde, waren durch seine Gelegenheitsarbeiten nicht gesichert.

So war er also gezwungen, der Forderung des Unternehmers zu entsprechen, und von seiner Gewerkschaft eine Bestätigung für seinen Austritt zu verlangen. Die Kollegen zeigten zwar Verständnis für seine missliche Lage, aber Jakob fühlte sich wie ein Verräter als er dieses Papier, das Zeugnis seiner Ohnmacht, dem Fabrikanten überreichte.

An einem Sonntagnachmittag im Juni saß Jakob vor dem Küchentisch, den Kopf in die Hände gestützt, ihn fröstelte. Durch den von hohen Mauern umgebenen Hinterhof kam die Wärme des Frühsommers nicht in die dunkle Küche. Der Dampf aus dem Wasserkessel am Herd vermischte sich mit dem kalten Luftzug, der durch die halb geöffnete Küchentür hereinströmte. Im Zimmer hantierte die Hebamme. Sie hatte Jakob in die Küche verbannt.

»Das ist eine Angelegenheit zwischen mir und Ihrer Frau«, sagte sie. Und Marianne lächelte unter Schmerzen: »Kümmer dich um die Rosi, Jakob! Im Moment kannst du mir nix helfen.«

Rosi durfte im Hof spielen, der eigentlich nicht als Kinderspielplatz vorgesehen war. »Ausnahmsweise, meine Frau liegt in den Wehen«, hatte er den Hausherrn gebeten. Wehmütig blickte Jakob auf sein kleines, blasses Töchterchen, das draußen die Grashalme zwischen den Pflastersteinen auszupfte und in das Holzwägelchen warf, das er ihr gebastelt hatte.

»Ich such Futter für die Ziege, damit sie mehr Milch gibt.« Die Kleine wusste schon aus eigener Erfahrung, dass daheim nie genug Milch war.

»Hab ich es richtig gemacht?«, fragte er sich. »Bin ich schuld an unserer Armut? Hätte ich mehr an meine Familie denken sollen als an das Los meiner Arbeiterklasse?«

Mariannes Schmerzensschreie wurden häufiger und lauter. Warum muss sie so leiden, bei Rosi ist damals alles glatt gegangen? Nach einer gefühlten Ewigkeit, der letzte Wehlaut Mariannes, dann Stille… Und dann der erste Schrei des Kindes.

Unter Tränen sah er der Hebamme zu, wie sie das kleine Bündelchen von Mensch in das warme Wasser tauchte. Dann durfte er das saubere Leintuch entfalten und sein Kind entgegennehmen. Ein Sohn! Für einen Augenblick überwog das Glücksgefühl seine Sorgen.

»Ich möchte ihn gern Toni nennen«, flüsterte Marianne. »Ist dir das recht?«

Und Jakob voller Überzeugung: »Alles ist mir recht, Mariann, alles. I versprech dir, jetzt wird alles anders werden. I bin aus der Gewerkschaft ausgetreten, und i werd jetzt nur noch für euch sorgen!«

Marianne bekam vor lauter Entrüstung wieder Farbe auf den Wangen, als sie rief: »Bist narrisch? jetzt musst erst recht dazuschaun, dass unsere Kinder in einer bessern Welt aufwachsen. Gib der Hebamme ihr Geld und dann reden wir weiter!«

Ja, das war wieder seine alte Marianne. Und Jakob wusste, er würde weiterkämpfen.

Landesverweis für den Großvater (1884)

»Zum Umsturz aller bestehenden Ordnung aufzurufen, scheint furchtbar.
Aber das Bestehende ist keine Ordnung.«
(Bertold Brecht)

Jakob meldete sich also nach Tonis Geburt wieder beim Gewerkschaftsverein der Metallarbeiter an, aber schon bald geriet er in scharfen Gegensatz zu dessen politischer Linie.

In der Eisen- und Emailwarenfabrik, wo Jakob unter schwersten Bedingungen und miserablen hygienischen Verhältnissen arbeitete, wurden plötzlich Lohnkürzungen vorgenommen – trotz zufriedenstellender Auftragslage. Der Unternehmer argumentierte mit der ausländischen Konkurrenz und forderte von den Arbeitern unbezahlte Überstunden – unter Androhung der Entlassung.

Das war für Jakob der Anlass, eine kleine illegale Gewerkschaftsgruppe im Betrieb aufzubauen, die bereit war, einen Streik zu organisieren. Um die anderen Arbeiter seines Betriebes für den Streik zu mobilisieren, brauchte er allerdings Flugblätter. Die Leitung des Metallarbeitervereins verwehrte ihm jedoch jegliche Unterstützung. Sie hatte beschlossen, nur mehr legale Maßnahmen zu treffen.

»Du schadest der Bewegung, wenn du einen Streik vom Zaun brichst. Das führt nur zu Entlassungen und Verhaftungen.«

Stattdessen verfassten sie eine Petition, die Jakob im Namen der Belegschaft dem Firmenchef überreichen sollte. Darin wurden in bewegenden Worten die wirtschaftlichen und gesundheitlichen Verhältnisse der Arbeiter geschildert und an das Mitleid des Unternehmers appelliert. Aber da pfefferte Jakob der Gewerkschaft sein Mitgliedsbuch hin:

»Bitten soll i, für des was uns zusteht? Wer zahlt euch Gewerkschafter dafür, dass ihr uns auf einmal zu Duckmäusern und Bittstellern machen wollts? Da habts mei Mitgliedskarten, mit mir net!«

Unter vielen organisierten Arbeitern kamen Zweifel an den bisherigen Kampfmethoden auf. Die »Radikalen« hielten nunmehr den Kampf um Reformen für eine nutzlose Vergeudung von Kraft. Sie wollten eine sofortige Beseitigung der kapitalistischen Gesellschaftsordnung durch einen revolutionären Aufstand. Nachdem ihn der »gemäßigte« Metallarbeiterverein im Stich gelassen hatte, trat auch Jakob der »Radikalen Union« bei.

Bald setzte eine allgemeine Streikbewegung um höhere Löhne und kürzere Arbeitszeiten ein. In Böhmen streikten die Bergarbeiter, in der Steiermark die Metallarbeiter, in Wien die Nordbahnarbeiter, die Buchdrucker und die Arbeiter der Vöslauer Kammgarnfabrik.

Auch in der Meidlinger Eisen- und Emailfabrik wurde gestreikt. Der Organisator war Jakob Sokopp, der mit Hilfe der »Radikalen« und einer selbst gebauten primitiven Druckerpresse Flugblätter herstellte. Der blutjunge Schlossergehilfe Franz Domes half ihm dabei. Dieser wurde später Führer der Metallarbeiter und erster Präsident der Wiener Arbeiterkammer.

Der größte Teil der Belegschaft seines Betriebes folgte dem Streikaufruf. Vor den zwei Fabriktoren wurden je zwei Streikposten aufgestellt, um Streikbrecher am Betreten der Fabrik zu hindern, einer von ihnen war Jakob. Doch schon nach wenigen Stunden erschienen Polizei und Soldaten. Sie verhafteten die vier Streikposten und brachten sie in den Polizeiarrest.

Viele andere Berufsgruppen wie Schuhmacher, Hutmacher und Schriftsetzer, erklärten sich mit den Streikenden solidarisch und sammelten Geld für die Familien der Inhaftierten. Auch Marianne, die kurz vor der Niederkunft mit ihrem dritten Kind stand und für die sechsjährige Rosi und den zweijährigen Toni zu sorgen hatte, wurde aus einem solchen Fonds unterstützt. Zweifellos hätte sie Jakobs Beistand gebraucht, als die zarte Rosi an Lungenentzündung erkrankte, doch den Tod des Kindes hätte auch er nicht verhindern können.

Jakob wurde zunächst wegen »Hochverrats und Majestätsbeleidigung« angeklagt. Er hatte gemeinsam mit Freunden in einem »Kaffeehaus zum Kommunisten« das verbotene »Lied der Arbeit« gesungen und ein Flugblatt verteilt mit dem Text: »Franz Joseph ist ein würdiger Thronerbe des blödsinnigen Ferdinand.«

Als Jakob aus dem Gefängnis entlassen wurde, lag die wenige Tage alte Hermine in der Wiege und Rosi war bereits begraben. Er war einer jener 238 staatsgefährdenden revolutionären Sozialisten, die während des Ausnahmezustandes von 1884 – nach einem Hochverratsprozess – aus Wien ausgewiesen wurden.

Jakob zog nach Villach, wo ihm die dortige Arbeiterorganisation half, Quartier und Arbeit zu finden. Im Juni 1884 erhielt Marianne von der illegalen Arbeiterorganisation das Reisegeld, um ihm samt den Kindern nach Villach zu folgen.

Rückkehr nach Wien (1891)

1891 durfte die Familie zurückkehren. Vor sieben Jahren mit drei Kindern nach Kärnten; zurück nach Wien mit sechs Kindern und einem unterwegs. Die große Familie zog nach Favoriten in die Laxenburgerstraße 93.

Voll und ganz bekannte sich mein Großvater zu der »Prinzipien-Erklärung der Sozialdemokratischen Partei Österreichs«, beschlossen am Parteitag zu Hainfeld (Niederösterreich) am 30. Dezember 1888.

Die Arbeiterschutzgesetzgebung versprach unter anderem den achtstündigen Maximalarbeitstag, volle Sonntagsruhe von Samstag abends bis Montag früh, Versammlungs- und Pressefreiheit, Verbot der Nachtarbeit und der Beschäftigung von Kindern unter 14 Jahren, die Unabhängigkeit der Gerichte und ein allgemeines, direktes und geheimes Wahlrecht ab dem zwanzigsten Lebensjahr.

Bis zu seinem Tod im Jahr 1925 bekämpfte Großvater jede Spaltung der Arbeiterklasse. Er war überzeugt, dass ihre Stärke und ihre Kampfkraft nur durch ihre Einheit erhalten werden und wachsen könne.

2. Die nächste Sokopp–Generation

Die Sokopp–Kinder (geb. 1876–1899)

Jakob Sokopp (jun.) (1888–1929)

Meine Großeltern, Jakob und Marianne Sokopp, hatten gemeinsam dreizehn Kinder. So viele Geburten waren für die Generation meiner Großeltern nichts Ungewöhnliches. Von Geburtenregelung und Verhütungsmaßnahmen wusste man damals noch nichts. Wie man aus dem Stammbaum ersehen kann, kam fast jedes zweite Jahr ein Kind zur Welt. In den Jahren 1882 und 1895 fiel die Geburt eines Kindes mit dem Tod eines anderen zusammen. Das erste Kind, Rosi, starb mit sechs Jahren an Lungenentzündung, das zweite, Toni starb mit 15 Jahren durch einen Unfall, die Mathilde mit zwei Jahren an Gehirnhautentzündung, die Gusti mit vier Jahren an Diphtherie und die Poldi mit sieben Jahren an Keuchhusten.

Bis zum Jahr 1908 wohnten die Sokopps in der Laxenburgerstraße, Nummer 93, in einer Hofwohnung im Parterre. Dort hatten sie zweimal Zimmer-Küche-Kabinett und sogar jeder sein eigenes Bett.

In einem Kabinett lagen die drei großen Buben, Robert, Oswald und Jakob jun. und im zweiten Kabinett wohnten die zwei Mädchen, Hermine und Rosl. Ein Zimmer war das Schlafzimmer der Eltern, wo auch der jüngste, Otto, sein Bett hatte. Und das zweite Zimmer war das Wohnzimmer, wo auch gegessen wurde. Dort standen zwei Ottomane, die für die jüngeren Mädchen, Hilda und Wicki, in der Nacht aufgebettet wurden.

In einer der Küchen wurde gekocht, in der anderen hatte Jakob sein Materiallager. Im Sommer war es dort sehr schön. Den ganzen Tag stand die Küchentür zum Hof offen. Im Hof konnte Marianne Wäsche waschen und sie danach aufhängen. Und die helfenden Mädchen saßen beim Erdäpfelschälen und Fisolenputzen immer draußen.

Jakob hatte sich mittlerweile als Gründer der gewerkschaftlichen Fachgruppe der Metalldrucker einen Namen gemacht und besaß eine eigene Werkstatt in der Buchengasse. Diese Werkstatt lag unter Straßenniveau, und als die Wohnung darüber frei wurde, entschloss sich die Familie, dort einzuziehen. Sicher war das praktischer, wenn Wohnung und Werkstatt im selben Haus waren. Und der Zins war auch billiger, denn die Wohnung war ja nur halb so groß.

Einzug in die Buchengasse 100 (1908)

1908 waren die Sokopps also in der Buchengasse 100 angelangt, dem Haus aus der Gründerzeit mit der denkmalgeschützten Fassade und den dahinter liegenden Elendsquartieren. Zwei der Kinder waren schon verheiratet und zogen gar nicht mehr ein. Robert heiratete Anna 1908 in der Slowakei, die damals zur ungarischen Reichshälfte der Doppelmonarchie gehörte, wo er auch Arbeit fand.

Und Hermine, die älteste und hübscheste Schwester meines Vaters, heiratete den Autolackierer Florian Blaziček. Ihren Beruf als Hutmacherin übte sie nur bis zu ihrer Heirat aus. Onkel Florian war trotz eigener Werkstatt meistens arbeitslos und konnte seine Familie nur recht und schlecht durch gelegentliche Pfuscharbeiten ernähren. Ihre Wohnung auf dem Laubeplatz, in der sie später auch noch mit drei Töchtern lebten, bestand bloß aus Kammer und Küche. Tante Hermine aber war viel zu stolz, um über ihre Armut zu klagen. Onkel Florian war ein »Luftikus«, der das Leben von der leichtesten Seite zu nehmen wusste. Ich hatte ihn gern, weil er sehr schön singen, pfeifen und großartig Witze erzählen konnte. Und weil er mir das Tanzen beigebrachte. Tante Hermine konnte er allerdings mit seinen Späßen nicht zum Lachen bringen, weshalb er sich sein Vergnügen häufig außer Haus gesucht hat.

In der Buchengasse wohnten sie zu acht. Die Eltern, 53 und 49 Jahre, mit sechs Kindern: Oswald 22, Gobi 20, Rosi 15, Hilda 11, Wicki 10 und Otto 9 Jahre.

Das einzige Zimmer war gleichzeitig Wohnzimmer und Schlafzimmer der Eltern, zwischen denen auch die kleine Wicki schlief. Daneben auf dem Sofa lag Hilda. Rosl und Otto schliefen auf Strohsäcken daneben. Im Kabinett teilten sich die Brüder Oswald und Gobi ein Bett. Die einzigen zwei Fenster der Wohnung gingen vom Zimmer auf die Buchengasse. Küche und Kabinett hatten nur Gangfenster, dementsprechend finster und stickig waren sie.

Seine vier Söhne konnte Großvater noch in seiner eigenen Werkstatt unter der Buchengassen-Wohnung zu Metalldruckern ausbilden, doch einen Gesellenlohn hätte er ihnen nicht bezahlen können. Wie viele Handwerksburschen der damaligen Zeit, die in der engeren Heimat keine Arbeit finden konnten, mussten sie »auf die Walz« gehen.

Die zwei jüngsten Mädchen, Hilda und Wicki, waren ihr Leben lang die selbstlosesten, gütigsten und hilfsbereitesten Menschen der Familie. Trotz ihres völlig unterschiedlichen Charakters muss ich für Tante Hilda und Tante Wicki ein neues Pluraletantum erfinden: »Die Tanten«.

Diese Bezeichnung wurde zu einem Begriff für alle Nichten und Neffen und deren Nachkommen. Wenn von »den Tanten« die Rede war, dann konnten nur die beiden in der Buchengasse gemeint sein – dem Zentrum der Familie. »Die Tanten« und ihre Erinnerungen sind die eigentlichen Hauptpersonen dieses Buches.

Tante Hilda war Großvaters aufmerksamste Schülerin, und mit der Weitergabe ihres Wissens über seinen politischen Lebenslauf hat sie mich im Laufe der Jahre mit der Geschichte der österreichischen Arbeiterbewegung vertraut gemacht.

Auch Tante Wicki war eine Meisterin im Erzählen. Sie hat mir durch die meist humorvollen Geschichten aus ihrer Kindheit und Jugend ein lebendiges Zeitbild verschafft.

Der Erste Weltkrieg (1914–1918)

Einer der markantesten Grundsätze der Sozialdemokratie vor dem Ersten Weltkrieg war das Bekenntnis zum Pazifismus. Entsprechend den Beschlüssen der Internationalen Sozialistischen Konferenzen sollten die Massen zum Kampf gegen den Krieg aufgerufen werden. Doch als er dann 1914 ausbrach, haben sich die meisten europäischen Parteien nicht an diese Beschlüsse gehalten. Die österreichische Sozialdemokratie entschloss sich zur Politik des »Burgfriedens«, rief ihre Anhänger zur Staatstreue und zur Einstellung aller Lohnbewegungen für die Dauer des Krieges auf. Sie begründete ihre Haltung mit der Notwendigkeit des Kampfes gegen den blutrünstigen Zarismus.

75 Prozent der männlichen Bevölkerung zwischen 18 und 55 Jahren wurde zu den Waffen gerufen, und Frauen und Kinder ab 14 Jahren mussten in der Rüstungsindustrie und in anderen kriegswichtigen Betrieben arbeiten. Großvater war zum Glück schon 59 Jahre alt, doch auch er musste sich in seiner Werkstatt auf Kriegsproduktion umstellen.

»Auch wir sind zunächst auf diese patriotische Propaganda hereingefallen«, sagte Tante Hilda. »Als erster hat der Robert einrücken müssen. ›In drei Wochen bin i wieder da‹, lachte er, ›mit dem Serben werden wir bald fertig sein.‹«

Jakob (Gobi), mein Vater, war nach der Kriegserklärung an Russland skeptisch. Denn Russland, England und Frankreich waren Verbündete. Er wusste, die Großmächte rüsten seit Jahren zum Krieg und fürchtete daher, sie könnten unseren Thronfolger-Rachefeldzug zum Anlass nehmen, sich die Welt neu aufzuteilen.

Oswald, der sich in der Schweiz einer anarchistischen Gruppe angeschlossen hatte, verweigerte den Kriegsdienst und verblieb in Schaffhausen in der Schweiz. Mit roter

Tinte schrieb er einen Brief nach Hause, in dem er die Sozialdemokraten als Verräter bezeichnete, die ihre Anhänger nicht davon abhalten, zum Töten und Sterben in den Krieg zu ziehen. Seine Frau Franzi (Fanny) aber teilte seine politische Meinung nicht.

Sein Schwager, Florian Blaziček, musste sich als gebürtiger Slawone bei einem ungarisch-kroatischen Regiment melden. Als er sich verabschiedete, sagte Gobi zu ihm: »Na hoffentlich stehen wir uns nicht eines Tages als Feinde gegenüber.«

Er bezweifelte, dass slawische Soldaten lange die Monarchie verteidigen würden.

Otto, der damals erst 14 Jahre alt war, schrie seinen Brüdern übermütig aus dem Fenster nach: »Hoffentlich dauert der Kriag lang gnua, dass i no Soldat werd'n kann.« Da hat ihm sein Vater anständig die Leviten gelesen.

Rosa aber war das »schwarze Schaf« in der Familie, und schwarz war auch ihre politische Gesinnung, obwohl sie nichts für die Kirche übrig hatte. Sie heiratete als sehr junges Mädchen den »Hausherrnsohn« Josef (Pepi) Pürstinger, der sie zur »Geschäftsfrau« auf dem Viktor-Adler-Markt machte. Er erreichte auch, dass er wegen eines Leistenbruchs nicht einrücken musste.

Tante Hilda erzählte: »Wie der Robert eingerückt ist, hat die Mutter seiner Frau Anna g'schrieben, dass sie mit ihren drei kleinen Kindern Gerhard, Berti und Otto nach Wien kommen soll. Mein Gott, die war ein Engel. Wie der Florian ins Feld hat müssen, hat s ihm noch schnell in zwei Nächten einen Pullover gestrickt. Und sie hat auch die Aufsicht über alle Kinder übernommen. Die Hermin hat ihr die zweijährige Herma übergeben, weil sie in einer Hutfabrik gearbeitet hat, wo Militärkappen erzeugt wurden. Und die neugeborene Kätherl hat die Anna auch übernommen, weil die ›Geschäftsfrau‹ Rosl keine Zeit zum Stillen gehabt hat.«

Über Fannys Kommen aber war die Mutter gar nicht begeistert. Sie war der Meinung, dass Frau und Kind zum Mann gehören, noch dazu, wo es ihnen in der neutralen Schweiz viel besser gegangen wäre. Aber Fanny sah es als ihre patriotische Pflicht an: »Wenn die Heimat in Not ist, muss man ihr beistehen.«

Fanny und Hilda wurden bei der Straßenbahn als Schaffnerinnen beschäftigt. Täglich hatten sie zehn bis zwölf Stunden Dienst und froren im Winter schrecklich auf der offenen Plattform. Als dann die Lebensmittel knapp wurden, stellte sich Hilda oft nach dem Straßenbahn-Dienst noch die ganze Nacht vor dem Greißlergeschäft an, um einen Laib Kukuruzbrot oder ein wenig Schmalz zu ergattern. Und vor dem Spätdienst versuchte sie, auf dem Markt etwas Gemüse zu bekommen, meistens nur Futterrüben, die bald zur Hauptnahrung für die ganze Familie wurden.

Rosa und Pepi aber lebten sogar in den ärgsten Hungerjahren gut. Auf dem Land trieben sie immer wieder ein Schwein oder ein Kalb auf und verkauften das Fleisch auf ihrem Marktstand zu Irrsinnspreisen. Der Mutter haben sie nie etwas davon gegeben.

Wicki arbeitete in einer Munitionsfabrik. Jeden Tag musste sie nach Baden fahren und dann zehn Stunden am Fließband stehen. Sie erzählte:

»Der Betrieb is unter militärischer Aufsicht g'standen, und – mei Liaber – die hab'n aufpasst wie die Haftlmacher. Die haben sogar zählt, wie oft wir auf's Häusl gehen. Jeden Samstag war Brennmaterialausgabe. Da bin i dann a no stundenlang ang'stellt g'standen für an Sack Kohlen und an Bund Brennholz. Und den Sack hab i dann am Buckel heimg'schleppt.

Dann hab i die Ruhr kriegt. Wir haben ja nix wie Ruam g'fressn. I hab dauernd Durchfall g'habt, aber sogar wie schon Blut kommen is, hat mi der Betriebsarzt – ein Offizier – net in Krankenstand gehen lassn. Da hab i zur Selbsthilfe griff'n. I hab mi – obwohl i den Weg zum Klo no g'schofft hätt – z'Fleiß am Arbeitsplatz bis übers Kreuz ang'schissn. Und da haben's mi endlich mit der Sanität ins Spital g'führt. Am Gang bin i auf einer Pritschn g'legn, weil das Spital ja voller Verwundeter war. Aber dort hab i mi endlich ausschlaf'n können, und jeden Tag hab i a paar kochte Erdäpfln zum Essen kriegt.

Nach meiner Entlassung hab i bei der Konservenfabrik in Inzersdorf den ganzen Tag Dosen in Kistn packt, die san an die Front g'schickt word'n. Nach Arbeitsschluss san wir dann beim Fabriktor g'filzt word'n, aber eh von Fraun. Die hab'n den ganzen Körper abgriff'n, ob wir net vielleicht a Dosn unter der Blusn oder unterm Kittel versteckt hab'n. Aber da hab i mir z'helfn g'wusst. I hob mei ganzes Lebn kan Huat trogn, bin immer nur mit an Kopftiachl gangen. Aber die Hilda war scho immer a Modegredl, die hat so hoche Hülsn mit aner breitn Krempn g'habt. Die hat sie g'wundert, wie i g'sagt hab, sie soll mir den Kalabreser leichn. Und dann bin i per Hut in'd Arbeit kommen und bin am Abend hoch erhobenen Hauptes durchs Fabrikstor gangen, weil unter der Hülsn hob i a Konservendosn trag'n. ›Sonderration für die Arbeiter‹, hob i der Mutter gsogt, und die hot a Festessen g'mocht.«

Als aber die Mutter auf den Schwindel drauf kam, hat sie ihr den Hut weggenommen. Wenn man sie erwischt hätte, wäre sie vor ein Kriegsgericht gekommen, die Dosen waren ja Heeresgut.

»I hätt mi scho net erwisch'n lass'n«, trumpfte Tante Wicki auf, »und die Hungersnot war so schrecklich, dass mir heut no der Mag'n kracht, wenn i nur dran denk.«

Revolution in Russland (1917)

Diese Revolution, die aufgrund des alten russischen Kalenders »Oktoberrevolution« genannt wurde, führte zum Sturz des Zaren. Und weil die kaiserliche Regierung in Österreich fürchtete, dass so ein revolutionärer Umsturz auch bei uns kommen könne, gestattete sie den Sozialdemokraten nach dreijähriger Pause einen Parteitag. Dort ließ man die »Linksradikalen« ausführlich zu Wort kommen, und man einigte sich darauf, dass die Herbeiführung des Friedens die dringendste Aufgabe sei und begrüßte die Russische Revolution als ihren mächtigsten Helfer. Die Sozialdemokratische Partei machte im November 1917 die Proletarische Revolution zu ihrer ureigensten Sache, und sie fand damit die Zustimmung bei der gesamten österreichischen Arbeiterschaft.

Die erste Maßnahme der jungen Sowjetmacht war Lenins berühmte Rede: »An Alle«, die über Funk in die Welt ausgestrahlt wurde. Sein »Dekret über den Frieden« schlug einen dreimonatigen Waffenstillstand vor und danach den Abschluss eines sofortigen Friedens, ohne Grenzberichtigungen und ohne Reparationszahlungen. Die Rede wurde mit Begeisterung von der Bevölkerung aufgenommen, und spontan fanden zahlreiche Friedenskundgebungen statt. Die größte Kundgebung wurde von der Sozialdemokratischen Partei einberufen. Sie fand im Konzerthaus statt.

Tante Hilda erinnerte sich: »Es war an einem Sonntag, ich hab zufällig dienstfrei g'habt. Da sind wir, die ganze Familie, Vater, Mutter, die Wicki, der Otto und ich, zum Konzerthaus gangen. Aber der große Saal war bereits überfüllt, und a große Menschenmenge konnt nicht mehr rein. Für die haben's dann am Platz vom Eislaufverein, gleich daneben, eine separate Kundgebung abg'halten. Immer wenn Funktionäre rauskommen sind, haben sie der Menge draußen berichtet, was drinnen im Saal von den Rednern g'sagt word'n is. Ich weiß noch, dass die Rede vom Renner Pfuirufe gekriegt hat. Aber mit der Rede vom Victor Adler, dem Vorsitzenden der Partei, waren alle einverstanden, auch wir Sokopps. Denn der hat mit ›außerparlamentarischen Kampfmaßnahmen‹ gedroht, falls der Krieg aus dem Verschulden Österreichs verlängert werden sollte.

Gleich drauf is eine große Menge weiter zum Kriegsministerium marschiert, um ›eine sofortige Einstellung der Kampfhandlungen an allen Fronten‹ zu verlangen. Der Otto ist mitmarschiert, denn der war damals Mitglied von einer radikalen Jugendgruppe in Favoriten, die war ganz unter dem Einfluss von Leo Rothziegel. Unser Vater hat den aber abgelehnt, wegen seiner anarchistischen Abweichungen von der Partei. Aber zu Victor Adler hat der Vater vollstes Vertrauen g'habt, und auch ich war fest davon überzeugt, dass der Krieg bald zu End' sein würd.«

Doch die Friedensverhandlungen von Brest-Litowsk zogen sich in die Länge, weil die Mittelmächte Gebietsabtretungen von Russland forderten. In der Arbeiterschaft wuchs die Unzufriedenheit mit ihren sozialdemokratischen Führern. Trotz radikaler Presseartikel unternahmen sie keine Schritte gegen die Regierungspolitik. Der Aufruf zu den von Victor Adler versprochenen »außerparlamentarischen Kampfmitteln« blieb aus. Der Abbruch der Friedensverhandlungen von Brest-Litowsk am 12. Jänner 1918 brachte schließlich das Fass zum Überlaufen. Als zwei Tage danach bekannt gegeben wurde, dass die ohnehin schon kleine Mehlration auf die Hälfte gekürzt wird, legten die Arbeiter der Daimler Motorenwerke in Wiener Neustadt um sieben Uhr Früh die Arbeit nieder und gaben damit das Signal zur größten Streikbewegung in der Geschichte der Monarchie.

Der Jännerstreik (1918)

Tante Hilda erzählte: »Diese Tage werde ich niemals vergessen. Wie ich am 16. Jänner in der Früh in die Remis komm, herrscht unter den Kollegen große Aufregung. Einige behaupteten, dass in verschiedenen Wiener Betrieben schon seit dem Vortag g'streikt wird. Ich hab das nicht glauben können, weil das doch in keiner Versammlung beschlossen worden is. Weder Gewerkschaft noch Partei haben zum Streik aufg'rufen. Wir sind also ausgfahr'n und haben an offiziellen Aufruf zum Streik abwarten wollen.

Ich war in der Gürtellinie eingeteilt. Die erste Tour war ganz ruhig. Aber wie wir uns bei der zweiten Tour dem Südbahnhof nähern, kommt uns auf dem Gürtel eine riesige Menschenmenge mit Transparenten entgegen, dass wir mitten auf der Straße haben halten müssen. Männer in blauen Arbeitsanzügen sind aufg'sprungen und haben gebrüllt: ›Wieso fahrts ihr noch? Es herrscht Generalstreik!‹

Dann haben sie Flugblätter an die Fahrgäste verteilt, und einer hat den Text laut vorg'lesen. Die wichtigste Forderung des Streikkomitees war der sofortige Waffenstillstand an allen Fronten. Weiters die Aufhebung der Militarisierung in den Betrieben und die Freilassung aller politischen Gefangenen. Und vor allem sollte die Verteilung der Lebensmittel durch Arbeiterräte erfolgen. Da ist lauter Jubel ausgebrochen, weil allen Zuhörern hat man den Hunger ang'sehn. Die Fahrgäste haben ohne Murren den Zug verlassen, die Demonstranten sind weiter zogn zum Südbahnhof, und wir sind mit der leeren Straßenbahn in die Remise g'fahrn.

Dort im Bahnhof Favoriten war auch gleich eine Versammlung. Der Obmann der Favoritner Bezirksorganisation, Schani Pölzer, hat zu uns g'sprochen. Mein Gott, der Schani, ein richtiger Volkstribun, den hat in Favoriten jedes Kind kennt. Ihm verdanken wir das Favoritner Arbeiterheim, er hat für den Bau eine Geldsammlung organisiert. Auch seine Frau, die Mali, war eine großartige Funktionärin und fantastische Rednerin. Nach ihr hat man dann das Amalienbad benannt, das aber erst in den Zwanzigerjahren baut worden ist. Die Christlich-Sozialen haben sich damals mächtig aufg'regt, weil ihrer Meinung nach das Bad viel zu nobel war für einen Arbeiterbezirk. Dieser Schani Pölzer erklärt uns also, dass der Streik tatsächlich schon am 14. Jänner in Niederösterreich ausbrochen ist, die Partei später davon erfahren hat, und dahinter steht. Dem Ministerpräsidenten Seidler wollten sie die Forderungen des Streikkomitees unterbreiten.

Sowas wie den Streik hab ich nie wieder erlebt. Der Kampfgeist der Arbeiter war beispiellos. Jeden Tag hat's mehrere Versammlungen an den verschiedensten Orten geben. Die Streikenden sind net bequem daham bliebn, die waren alle auf der Straßen, vor die Fabriken, auf die Plätze. In der Inneren Stadt haben sogar manche Modegeschäfte ihre Rollbalken runter lassen. Transparente und rote Fahnen haben die Menschen tragen, Arbeiterlieder g'sungen, Losungen g'rufen, es war unbeschreiblich. Die

Parteifunktionäre haben uns zwar immer wieder aufg'fordert, Ruhe zu bewahren und der Polizei kan Anlass zum Einschreiten zu geben, aber sie san niederg'schrien word'n. Die Arbeiter waren jetzt die ›Herren der Straße‹, und alle Räder sind still g'standen.

Der Parteivorstand hat das Forderungsprogramm tatsächlich dem Ministerpräsidenten vorgelegt. Und einige Tage später versicherte Außenminister Czernin, dass der Friede nicht scheitern werde, da die Monarchie keine Gebietsabtrennungen von Russland und auch keine Kriegsentschädigungen fordern wird.

Daraufhin hat uns die Partei aufgefordert, uns mit diesem Versprechen zufrieden zu geben und den Streik abzubrechen. Denn mit der Beendigung des Krieges würden ja auch alle unsere übrigen Forderungen erfüllt werden. Und das war für mich der zweite große Verrat der Sozialdemokraten. Der erste war 1914, wie sie ihre Zustimmung zum Krieg gegeben haben, und der zweite war der Abbruch des Jännerstreiks von 1918. Denn die Regierung erfüllte natürlich keine einzige unserer Forderungen. Durch das Abwürgen des Kampfgeistes hat die Partei sogar dazu beigetragen, dass das Massenmorden an der Front noch zehn Monate weiterging.«

Etwa sechzig Prozent der Streikenden ließen sich am 21. Jänner zur Rückkehr an die Arbeitsplätze überreden, und noch am selben Tag begann die Polizei mit der Verhaftung der aktivsten Linksradikalen. Ihnen wurde Hochverrat zur Last gelegt, da sie zum Umsturz der bestehenden Gesellschaftsordnung aufgerufen hatten.

In einigen Großbetrieben wurde noch bis zum 24. Jänner gestreikt, dann gaben auch sie auf. Der zehntägige Streik blieb aber nicht ohne Wirkung. Denn am 1. Februar begann der Aufstand der Matrosen in Cattaro, deren Forderungen sich mit jenen der Linksradikalen deckten. Der Regierung gelang es, den Aufstand totzuschweigen, um neuerliche Unruhen zu vermeiden. Und auch der SP-Parteivorstand, der von den Vorgängen in Cattaro wusste, ließ nichts darüber verlauten.

Leo Rothziegel und Egon Erwin Kisch, die sich der Verhaftung entziehen konnten, ließen tausende Flugblätter verbreiten mit dem Titel: »Verraten und verkauft.«

Es kann wohl behauptet werden, dass diese größte Streikbewegung der Monarchie ohne die Packelei der Sozialdemokratischen Partei mit der Regierung zum Ende des Habsburgerreiches geführt hätte. Und wohl auch zum Ende der kapitalistischen Gesellschaftsordnung. In jenen Tagen waren die Voraussetzungen für eine Revolution vollständig herangereift. Ohne moderne Kommunikationsmittel war es dem in Wiener Neustadt gegründeten Propagandaausschuss gelungen, Kuriere mit Flugblättern in alle Industriegebiete Österreich-Ungarns zu entsenden. Fast eine Million Werktätige in Wien, Niederösterreich, Oberösterreich, der Steiermark, in Krakau, Brünn und Budapest folgten dem Aufruf der Linksradikalen:

»Arbeitende und denkende Männer und Frauen! Misstraut den patriotischen ›Arbeiterführern‹, die euch seit dem ersten Tag des Krieges verraten. Dreht nicht länger mehr Mordgranaten!«

Diese letzten zehn Monate des Krieges waren die schlimmsten und sicher auch die verlustreichsten. Allein in der letzten Schlacht am Isonzo sind noch 70.000 Österreicher und 10.000 Italiener gefallen. Auch unserer Familie wäre viel Leid erspart geblieben, wenn der Jännerstreik nicht abgebrochen worden wäre, oder noch besser: Wenn man Lenins Friedensangebot vom November 1917 sofort angenommen hätte. Im Oktober 1918 erfolgte der völlige Zusammenbruch der k. u. k.-Armee, die man nicht mehr ernähren, bekleiden und technisch versorgen konnte.

Mein *Onkel Robert* überlebte den Krieg und kehrte 1918 in die Slowakei zurück, wo er schon vor dem Krieg mit seiner Frau Anna und den drei Söhnen gelebt hatte.

Mein *Vater Gobi* wurde bei der Isonzo-Schlacht schwer verwundet und wartete lange auf seine Überstellung mit dem Verwundetentransport. Als gesunder, kräftiger Mann war er in den Krieg gezogen, als schwerkranker Mann mit vom Schuss zerfetzter tuberkulöser Lunge kam er heim.

Im Oktober 1918 erhielt Fanny einen Brief von ihrem Mann Oswald aus Schaffhausen in der Schweiz, in dem er sie dringend bat, zu ihm zu kommen, weil er krank sei und ihre Pflege brauchte. Fanny aber wollte ihre Rückkehr noch hinauszögern und ließ sich vor ihrer Abreise noch ein Kostüm umändern. Erst einige Tage später fuhr sie mit ihrem Kind zu ihrem Mann. Und wieder einige Tage später schickte sie in die Buchengasse – ohne Begleitbrief – die Parte:

»*Oswald* Sokopp ist am 19. Oktober 1918 im 33. Lebensjahr nach kurzer, schwerer Krankheit gestorben.«

Tante Hilda erzählte: »Fanny wollte wohl nicht, dass wir zum Begräbnis kommen, denn sie hat die Nachricht erst drei Tage danach abgeschickt. Der wilde Aufschrei meiner Mutter klingt mir noch heute in den Ohren: ›Die Fanny ist Schuld an seinem Tod! Das Kostüm war ihr wichtiger als der kranke Mann!‹

Damals haben wir einen unverzeihlichen Fehler gemacht. Aus Kummer und Zorn haben wir ihr nicht mehr geschrieben, und sie hat sich auch nicht mehr gemeldet.

Als wir nach dem Krieg den Kontakt mit ihr wieder aufnehmen wollten, kam unser Brief zurück mit dem Vermerk: ›Adressat verzogen‹.«

Noch Jahre später bedrückte die Tanten, dass sie ihre Nichte allein in der Fremde gelassen hatten, ohne ihre Verwandten väterlicherseits. Weil doch die Fanny sicher wieder geheiratet hatte.

Welche Ironie des Schicksals, dass Oswald in der sicheren Schweiz so jung an Lungenentzündung sterben musste, während seine Brüder als Soldaten den Krieg überlebten. Obwohl Onkel Oswald lange vor meiner Geburt gestorben war, wurde ich nach ihm Oswalda benannt, um sein Andenken zu ehren.

Als mein Onkel *Otto*, damals 18-jährig im Kriegshafen von Pula vom Cattaro-Matrosenaufstand erfuhr, beschloss er aus der k. u. k.-Armee zu desertieren. Monatelang hielt er sich in den albanischen Bergen versteckt und schlug sich von dort aus allein durch. Ab und zu nahmen sich serbische oder kroatische Bauern des blutjungen, halb verhungerten Deserteurs an, gaben ihm zu essen oder nahmen ihn kurze Strecken auf einem Pferdewagen mit. Einen großen Teil des Weges aber hat er zu Fuß - und sogar barfuß - zurückgelegt, nachdem er sich seiner völlig zerfetzten Schuhe entledigen musste. Irgendwo in Kroatien konnte er sich dann einem Heimkehrertransport anschließen. Da hat schon keiner mehr gefragt, woher er kommt, und welchem Regiment er angehört hat. Man verband ihm notdürftig seine blutenden Füße und brachte ihn nach Wien.

Tante Hilda erzählte: »Wir haben mit Genugtuung die Bildung der ersten deutsch-österreichischen Regierung und die Ernennung des Sozialdemokraten Karl Renner zum Staatskanzler zur Kenntnis genommen, aber an der Massenkundgebung am 12. November 1918 vor dem Parlament, wo die Republik ausg'rufen worden ist, hat keiner von uns teilgenommen. Wir haben noch alle zu sehr unter dem Tod vom Oswald gelitten und mussten auch annehmen, dass Otto gefallen war. Und dann taucht er plötzlich Mitte November auf, in einem elenden Zustand und auf zwei Stöcke gestützt. Seine bandagierten Füße waren nur mit Fußlappen umwickelt, und die Uniform ist ihm in Fetzen vom Leib g'hängt. Damals hat uns die Rosl das einzige Mal mit etwas Fleisch ausgeholfen, sodass wir den Otto aufpäppeln konnten. Die Mutter hat seine wunden Füße mit Salben behandelt, und schon nach wenigen Tagen, wie er wieder in Schuh hat schlüpfen können, hat er sich von der ›Roten Garde‹ anwerben lassen.«

Die revolutionäre »Rote Garde« war am 1. November 1918 bei einer Soldatendemonstration von Korporal Haller und dem als »rasenden Reporter« bekannten Egon Erwin Kisch gegründet worden. Sie zogen zum Parlament, hissten dort die rote Fahne und forderten »Sitz und Stimme« im Staatsrat.

Später wurde diese linksradikale Soldatengruppe als »Bataillon 41« in die allgemeine »Volkswehr« eingegliedert. Aber bald war dieses »41-er-Volkswehrbataillon« der SP-Führung ein Dorn im Auge, denn durch die radikalen Soldaten rückte die Möglichkeit einer sozialen Revolution in erreichbare Nähe. Und die SP-Führung strebte nie – trotz anderer Behauptungen – eine Änderung der Gesellschaftsordnung an. Daher wurde am 27. August 1919, zehn Monate nach seiner Gründung, das 41-er-Volkswehrbataillon auf Befehl des Staatssekretärs für das Heer aufgelöst. Dieser Staatssekretär hieß Julius Deutsch und war Sozialdemokrat.

Onkel Otto wurde sofort mit vielen anderen Rotgardisten wegen »grober Disziplinarwidrigkeiten« aus der Volkswehr entlassen.

Onkel Otto erzählte: »Damals wollt ich schon der Kommunistischen Partei beitreten. Aber der Vater, vor dem ich immer den größten Respekt hatte, hat mich davon abgehalten. Er is immer noch unter dem Eindruck der Wiener Gemeinderatswahlen vom Mai 1919 g'standen, wo die Sozialdemokraten mit 54 Prozent aller Stimmen 100 Mandate erhalten haben, während die Christlichsozialen nur fünfzig Mandate bekommen hab'n.«

Danach ist auch mir klar geworden, warum mein Großvater Sozialdemokrat geblieben ist und warum er nicht wollte, dass durch die Absplitterung radikaler Gruppen die sozialdemokratische Rathausmehrheit vermindert werden sollte. Noch dazu, da einige Tage nach der Wahl, sein bester Freund aus Jugendtagen, Jakob Reumann, zum Bürgermeister von Wien bestellt wurde.

Am 5. Mai 1919 verkündete die Arbeiterzeitung:

»Der gestrige Wahltag brachte den Sieg!
Wien ist sozialdemokratisch!
Zu Ende das bürgerliche Klassenregime.
Das Volk ergreift die Herrschaft.
Die soziale Demokratie zieht ins Rathaus ein.
Rot flammt es am Horizont und kündigt
den unwiderruflichen Sieg des Sozialismus an!«

Gründung der Ersten Republik (1918)

Fast alle Historiker sind sich darüber einig, dass sich die Krise damals zur akuten revolutionären Situation, zur »Gefahr des Bolschewismus« ausgeweitet hatte, auch auf deutsch-österreichischem Gebiet. Dabei bestand die am 3. November 1918 gegründete Kommunistische Partei nur aus einigen Intellektuellen, die kaum Kontakt zur Arbeiterschaft hatten. Das radikale Element waren die heimkehrenden Soldaten, egal ob Arbeiter oder Bauern. Vier lange Kriegsjahre und das Beispiel Sowjetrusslands ließen in der sozialdemokratischen Arbeiterschaft die Bereitschaft zu einer gewaltsamen Revolution entstehen. Die Kommunistische Partei ist deshalb gegründet worden, weil die SP-Führung auf eine revolutionäre Änderung der Machtverhältnisse verzichtet hatte. Bei der Nationalratswahl 1919 blieb sie noch unter einem Prozent. Das änderte sich allerdings nach der Ausrufung der Räterepubliken in Ungarn, Bayern und der Slowakei, denn danach traten Zehntausende der KPÖ bei. Dies führte zu weitgehenden Zugeständnissen seitens des Bürgerblocks, durch welche die Reformpolitik der Sozialdemokratie ermöglicht wurde. Nach den Wahlen bildeten Sozialdemokraten und Christlichsoziale eine Koalitionsregierung. Die SP stellte als mandatsstärkste Partei den Staatskanzler Karl Renner. Doch schon 1920 wurde die Sozialdemokratische Partei aus der Regierung hinausgedrängt, und von da an gab es nur mehr christlichsoziale Bundeskanzler. 1920 wurde die Volkswehr in »Bundesheer« umbenannt, und das war keineswegs eine Formsache. Schrittweise wurden wieder die Gepflogenheiten der k. u. k.-Armee eingeführt, also volle Befehlsgewalt der Offiziere, Soldatenschinderei und Abbau der Soldatengewerkschaft. In den Kasernen waren rund zehn Prozent Kommunisten. Sie waren die ersten Opfer der »Entpolitisierung des Heeres«.

In Wien, der ehemaliger Hauptstadt eines Vielvölkerstaates, gab es einen großen »fremdnationalen«, vor allem slawischen Bevölkerungsanteil, der »Angst vor Überfremdung« hervorrief. Diese »Ausländerfeindlichkeit« in Verbindung mit dem traditionellen Antisemitismus war der Nährboden für die immer stärker werdende NSDAP. Auf die Warnungen der KPÖ vor dem aufkeimenden Faschismus antwortete der linke Sozialdemokrat und Mörder von Ministerpräsident Graf Stürgkh, Friedrich Adler: »Angesichts der Kraft und Geschlossenheit des Proletariats ist es maßlos übertrieben, von einer faschistischen Gefahr zu sprechen. Die Kommunisten sehen weiße Mäuse.«

Nach dem Krieg herrschte wirtschaftliches Chaos in der neu geschaffenen Republik Deutsch-Österreich. Es besaß nun keine Energie- und keine Rohstoffquellen mehr. Der Kohlenbergbau war in der Monarchie hauptsächlich in Böhmen, Mähren und in Schlesien betrieben worden. Also in Gebieten, die nun nicht mehr zu Österreich gehörten. Dieser Kohlenmangel wirkte sich besonders auf die Metallindustrie aus.

Die wenigen Aufträge, die mein Großvater als Metalldrucker erhielt, konnte er zum größten Teil nicht ausführen, weil das Rohmaterial nicht zu beschaffen war. So musste er schließlich 1919 die Werkstatt verkaufen. Mit dem Erlös wollte er sich zur Ruhe setzen. Doch das Geld blieb nur wenige Tage in seiner Schublade.

Wie es bei Kellergewölben üblich ist, befanden sich die Fenster der Werkstatt auf gleicher Höhe mit dem Straßenniveau und sie waren durch kreuz und quer verspannte Eisenstäbe gesichert. Über dieses Schutzgitter konnte man leicht in die Wohnung darüber einsteigen, wenn man vergessen hatte, die Fenster zu schließen. Eines Tages hatte man es vergessen. Großvater war auf einer Parteiversammlung. Hilda und Wicki waren auch nicht daheim, und die Großmutter war auf einen kleinen Tratsch zur Nachbarin gegangen. »I war bestimmt net länger als a halbe Stund weg«, meinte sie später händeringend. Doch Großvater suchte ohnehin nicht nach einem Schuldigen, als er nach Haus kam und das Geld nicht mehr vorfand.

Im zweiten Stock des Hauses wohnte die Familie Zaplatzki. Die Witwe eines kleinen Beamten mit zwei Söhnen und einer Tochter. Keiner hatte Arbeit, trotzdem waren sie bemüht, ihre Armut nicht zu zeigen. Obwohl sie kaum genug zum Beißen hatten, gaben sie sich immer sehr vornehm und sprachen hochdeutsch. »Nach der Schrift«, wie meine Tanten sagten, »obwohl ihnen bei jedem Satz der Böhm ins Gnack haut!«

Alfons Zaplatzki, ein ehemaliger Schulkollege Ottos, war in letzter Zeit sehr aufdringlich gewesen, klopfte immer bei der Großmutter an und wollte auf Otto warten, wenn der nicht da war. Er blieb sitzen, fragte die Großmutter aus und kannte sich auch schon in der Wohnung aus.

»Der Alfons hat das Geld g'stohln!«, war Großmutters Überzeugung. »Der hat von dem Verkauf g'wusst und auch, dass niemand daheim war.«

Es wurmte sie sehr, dass Großvater ihr nicht gestattete, den Verdacht auf die Familie Zaplatzki zu lenken, als er den Diebstahl bei der Polizei meldete. Für ihn waren die

Zaplatzkis »arme Hund«, die alle vier von der kleinen Witwenpension leben mussten. Er hätte es nicht übers Herz gebracht, sie durch eine polizeiliche Hausdurchsuchung in Verruf zu bringen. Aber wenn Großmutter zum Fenster hinaus sah und bei einem vorbeigehenden Mitglied dieser Familie einen neuen Mantel oder einen neuen Hut entdeckte, rief sie dem Großvater zu: »Schau Jakob, da geht wieder a Stückl von deiner Werkstatt.«

Wie sich zeigte, hätte dieses Geld auf keinen Fall als Altersversorgung dienen können, weil es durch die Inflation sehr bald völlig wertlos geworden wäre.

Großvater war nach dem Verkauf der Werkstatt in der Metallwarenfabrik Loew aufgenommen worden, die ihm schon früher, als er noch Meister war, kleinere Aufträge hatte zukommen lassen. Die Tanten waren bei der Firma Gebrüder Böhm als Hutstaffiererinnen beschäftigt. Doch als Saisonarbeiterinnen waren sie jedes Jahr mehrere Monate arbeitslos. Sowohl von ihrem Lohn als auch von der Arbeitslosenunterstützung lieferten sie den größten Teil zu Hause ab. Doch Großmutter konnte dennoch nie schuldenfrei werden.

Treffen mit meinem Großvater (1983)

Ich war mir lange nicht im Klaren, wie ich Großvaters Tätigkeit im Rahmen der radikal- revolutionären Bewegung beurteilen sollte. Ich wandte mich zuerst an die Metallarbeitergewerkschaft, in deren Archiven ich Prozessunterlagen zu finden hoffte. Doch ich hatte keinen Erfolg. Ein Großteil des umfangreichen Archivs war von den Faschisten vernichtet worden.

Ich besuchte das Dokumentationsarchiv des Österreichischen Widerstandes und fragte beim Leiter des Archivs, Herbert Steiner, nach. Er hatte ein Buch über diesen Ausnahmezustand geschrieben und erklärte mir: Die Regierung Taaffe hat damals einen Vorwand gebraucht, um zum vernichtenden Schlag gegen die Arbeiterschaft auszuholen. Bei der Anklage und der Ausweisung hat man eine ziemlich willkürliche Auswahl unter den bereits polizeibekannten Personen getroffen. Und er riet mir, das Innenministerium aufzusuchen, dort hätte man eine große Anzahl von Polizeiberichten über ausgewiesene Sozialisten.

Es war im Jahr 1983, ich war 60 Jahre alt und seit einigen Tagen im Ruhestand. Ich hatte daher Zeit, mich intensiv mit der Geschichte meines Großvaters zu befassen.

Eines Tages, zeitig in der Früh, begab ich mich in das Allgemeine Verwaltungsarchiv des Innenministeriums, um nach der Wahrheit zu suchen. Dieser Tag wurde zum Erlebnis für mich: In einem lang gestreckten, schmalen Vorraum, an dessen Wänden sich vollgestopfte Regale mit abgegriffenen Akten befanden, saß ein alter Beamter, der sich gerade sein Frühstück vorbereitete. Auf einem uralten Schreibtisch lag das bereits ausgepackte Butterbrot, und aus einer Thermosflasche schenkte er sich

Kaffee in ein Häferl. Ich erklärte ihm, dass ich mich für die Sozialistenverfolgungen im September 1884 interessierte. Der alte Herr, der ebenso verstaubt wirkte wie der ganze Raum, schob sein Frühstück beiseite und holte aus dem Regal eine umfangreiche Mappe mit der Aufschrift: 1883–1884. Dann wechselte er die Brille und blätterte lange Zeit Seite für Seite um.

»Mich interessiert der Ausnahmezustand und die von ihm betroffenen Personen«, meldete ich mich dazwischen.

»Na dann wiss ma ja, wo ma suchen müssen. Präsidial 22, das sind die Akten, die beim Justizbrand von 1927 gerettet worden sind. Nehmen's schon Platz im Leseraum, die muss ich aus'n Keller holen.«

Er goss den Kaffee wieder zurück in die Thermoskanne mit den Worten: »Das wird a bisserl dauern.«

Im Leseraum gab es nur Tische und Sessel. An einem Tisch beim Fenster saß der Schriftsteller Hans Weigel über einem Akt gebeugt. Auf meinen Gruß antwortete er nur mit flüchtigem Kopfnicken. »Sitzt der seit gestern hier?«, dachte ich. Ich war doch genau zur Öffnungszeit des Archivs gekommen. Mittlerweile betraten mehrere junge Leute, vermutlich Studenten, den Leseraum, und ich bedauerte den alten Archivar, der wohl noch lange nicht zu seinem Frühstück kommen würde.

Doch als er dann auftauchte und mir die vier Folianten auf den Tisch legte, begann für mich jedes Gefühl für Zeit und Raum zu schwinden. Die angesengten und zum Teil verkohlten Akten enthielten vor allem Polizeiberichte, beschlagnahmte Flugblätter und, was mich am meisten erschütterte, eine große Anzahl von Denunzianten, die von Polizeispitzeln angeworben worden waren. Auch wenn ich nichts über Großvater finden würde, das Studium dieser Akten war für mich sehr aufschlussreich. Es zeigte mir das damalige Terrorregime noch viel deutlicher, als es die Historiker in ihren Werken zu beschreiben vermochten. Da schien eine gerade Linie vom Polizeistaat des Fürsten Metternich über den Polizeistaat des Grafen Taaffe bis zur Gestapo Hitlers zu führen. 1821 bis 1945. Unfassbar, 124 Jahre Arbeiterelend und Arbeiterverfolgung. Der Kapitalismus hat wahrhaftig eine ruhmreiche Geschichte aufzuweisen.

Die Lektüre der Präsidialakten fesselte mich so, dass ich bis zum Ende der Amtsstunden kein einziges Mal den Leseraum verlassen habe. Ich verspürte weder Hunger noch Durst. So viel Niedertracht, soviel erbärmliches Denunziantentum. Das Studium dieser Akten gab mir die Berechtigung, mich an jenen Historikern zu orientieren, die das Verhalten der Radikalen als eine verständliche Reaktion auf die damals herrschenden Verhältnisse betrachten. Selbst wenn sich die Arbeiter mit untauglichen Mitteln zur Wehr gesetzt haben, selbst wenn sie in diesem Kampf immer wieder unterlegen sind, der Kampf an sich war gerechtfertigt.

Ich war zwar in der Erwartung hierher gekommen, den Namen meines Großvaters in diesen Akten zu finden, doch als ich ihn tatsächlich vor mir sah, verlor ich fast die Fassung. Der Schweiß brach mir aus allen Poren, als ich den in Kurrentschrift verfassten Brief der Mappe entnahm:

»14. 9. 1883
An seine des Herrn wirklichen geheimen Rates und Kämmerers
Minister-Präsidenten, Leiter des k. k. Ministeriums des Inneren
Eduard Grafen von Taaffe, Excellenz

Hochgeborener Graf!

Ich habe die Ehre ein Exemplar eines Cirkulares (Flugblattes) Euer Excellenzy in der Anlage ergebenst vorzulegen, welches in großer Menge bei dem Metallarbeiter Jakob Sokopp anläßlich einer sozialistischen Massenversammlung nahe Neustift am Walde gefunden wurde. Das Cirkular enthält heftige Ausfälle gegen unsere Monarchie, und wurde daher gegen den Verfasser Anklage erhoben.

Genehmigen Euer Excellenz den Ausdruck meiner ausgezeichneten Hochachtung.«

Als ich diesen Brief mit dem Aktenzeichen 22/207 aus dem Akt 22/in genere 1442/1883 abschrieb, zitterten meine Hände. Mir war, als hätte ich nach genau hundert Jahren eine persönliche Begegnung mit meinem Großvater.

3. Die Familie meiner Mutter

Die Geschichte eines Koffers (1889–1913)

Als mein Großvater Andreas Beran im Jahre 1889 die schöne Häusler-Tochter Anna Werner heiratete, hat ihm sein Vater nur widerwillig den kleinen Bauernhof in Kornitz in Mähren übergeben. Er konnte Anna, die man im Dorf nur »die Spinnerte« nannte, nicht leiden. Annas einziges Heiratsgut bestand nur aus einem Hausaltar und einem großen schwarzen Holzkoffer, in dem sie ihre Habseligkeiten aufbewahrte: ein wenig Wäsche, ihr Hochzeitskleid samt Brautschleier, die Firmungskerze, eine Bibel, mehrere Gebetbücher und eine große Anzahl von Heiligenbildern.

»Mit der wirst du's zu nichts bringen«, hatte Vater Beran seinen Sohn gewarnt, »die gehört in ein Kloster«.

Doch Andreas war geblendet von Annas Schönheit. Sie hatte tiefschwarzes Haar und blaue Augen, war aber verschlossen und wortkarg. Täglich ging sie zur Frühmesse und zum Abendsegen und verbrachte viele Stunden im Gebet. Zur Arbeit auf dem Hof war sie nicht zu gebrauchen, und auch das Eheleben erschien ihr sündhaft und schmutzig.

Ihre Bigotterie wurde immer schlimmer, umso mehr, als Andreas ihre Gottesfurcht nicht teilte und auch am »heiligen Sonntag« von früh bis spät schuftete. Das musste er wohl, denn an Anna hatte er keine Hilfe, und einen Knecht oder eine Magd konnte er sich nicht leisten.

Als Andreas den Anblick seiner ständig vor dem Hausaltar knieenden Frau nicht mehr ertragen konnte, begann er regelmäßig ins Gasthaus zu gehen und verfiel immer mehr dem Alkohol. Er vernachlässigte seine Arbeit und geriet schließlich in Schulden, die nicht mehr abzudecken waren. Sein jüngerer Bruder Alois musste den Beranhof übernehmen, dafür bekam Andreas den Erbteil, der ihm zustand.

Mit dem Geld kaufte er ein kleines Anwesen in Niederösterreich und übersiedelte mit Anna und dem schwarzen Koffer nach Oberhausen.

Als ihm nach siebenjähriger Ehe endlich das Töchterchen, Stefanie, geboren wurde, gab er das Trinken auf und versuchte, ein neues Leben zu beginnen. Und so erlebte Steffi, meine Mutter, einige glückliche Kinderjahre, umsorgt von der Liebe ihres Vaters, der ihr auch die tschechische Muttersprache beibrachte. Von Anna hatte sie nur Beten gelernt.

Als Steffi sechs Jahre alt war, starb ihr Vater an einem Leberleiden. Mutter Anna zog nun als Magd von Hof zu Hof, bis sie endlich eine brauchbare Arbeitskraft wurde. Und Steffi besuchte acht Jahre lang eine deutsche Volksschule, die nur eine Klasse und einen Lehrer hatte, der alle Kinder der verschiedensten Altersstufen unterrichtete. Und als Steffi 14 Jahre alt war, übersiedelten sie wieder mit dem Holzkoffer nach Mähren.

Anna verdingte sich als Taglöhnerin auf dem Gutshof des Fürsten Thurn und Taxis in Opatovice, und brachte Steffi zurück auf den Beranhof zu ihrem Schwager Alois und der Schwägerin Vida. Dort fand Steffi liebevolle Aufnahme und sie machte sich im Haushalt nützlich. Ihre Mutter Anna bekam sie in den folgenden drei Jahren nur selten zu Gesicht. Anna verfügte aber wirklich kaum über Freizeit. Neun Monate im Jahr verbrachte sie auf dem fürstlichen Gut, und im Winter arbeitete sie als Putzfrau in der Textilfabrik in Mährisch-Trübau. Dort konnte Steffi ihre Mutter nur zu Weihnachten besuchen.

Anna bewohnte ein winziges Kämmerchen in einem Gasthof, wo sie auch ihre Mahlzeiten einnahm. Doch am Weihnachtsabend war die Gaststube geschlossen. Da saßen Mutter und Tochter dann in der kleinen Kammer, aßen Brot und Käse und warteten schweigend, bis es Zeit war, zur Christmette zu gehen. Die Kirche in Mährisch-Trübau war größer und schöner als die kleine Dorfkirche in Kornitz. Steffi war wie geblendet vom Licht der vielen Kerzen, und sie lauschte andächtig dem wunderschönen Chorgesang. Doch die endlose Litanei des Pfarrers schläferte sie ein, und der lange Rückweg durch die verschneiten Gassen war ermüdend. Sie war jedes Mal froh, wenn sie am nächsten Morgen – noch ganz verschlafen – wieder in den Bummelzug steigen konnte, der sie zurück nach Kornitz brachte.

Dort zündete Tante Vida am Christtag und am Stefanitag nochmals die Kerzen am Tannenbaum an, unter dem auch ein kleines Geschenk für Steffi lag. Die Reste der Weihnachtsgans wurden aufgegessen, die Bäckerei reichte bis zum Silvester und die Mutter geriet wieder in Vergessenheit.

Als Onkel Alois und Tante Vida ins »Ausgedinge« zogen, weil sie den Hof ihrem Schwiegersohn übergeben hatten, begann für Steffi der Ernst des Lebens. Sie hatte nun die Wahl, sich entweder als arme Verwandte auf dem Beranhof ihr Gnadenbrot durch unbezahlte Arbeit zu verdienen, oder »in den Dienst« zu gehen. Es interessierte sich zwar ein junger Bauernsohn für sie, der konnte sie aber nicht davon abhalten, sich in Wien einen Dienstplatz zu suchen.

Vor ihrer Abreise fuhr Steffi nach Opatovice, um sich von ihrer Mutter Anna zu verabschieden. Sie war noch nie auf dem Gutshof gewesen und freute sich daher darauf, einen hochherrschaftlichen Besitz kennenzulernen. Der sagenhafte Reichtum der Thurn und Taxis war bekannt, sie zählten zu den reichsten Familien der Monarchie. Ihr Grundbesitz in Böhmen, Polen, Kroatien, Bayern und Württemberg wurde auf 130.000 Hektar geschätzt.

Doch Steffi wurde arg enttäuscht. Alles was sie zu sehen bekam, war ein riesiges Gesindehaus in unglaublich verwahrlostem Zustand. Ihre Mutter schlief mit zwanzig anderen Taglöhnerinnen in einem lang gestreckten Raum, an dessen Längsseite die mit Strohsäcken ausgerüsteten Holzpritschen dicht nebeneinander aufgestellt waren.

Auf der Breitseite befand sich als Waschgelegenheit ein langer Trog mit mehreren Wasserhähnen. In einem anderen Saal standen Tische und Bänke, wo das gesamte Gesinde sich immer versammelte, wenn das Essen aus riesigen Töpfen in Blechteller verteilt wurde. Anna, die mit Steffis Entschluss, nach Wien zu gehen, einverstanden war, führte sie in einen fensterlosen Abstellraum, in dem die Landarbeiterinnen ihre Habseligkeiten aufbewahrten, und wo auch Annas Holzkoffer stand. Er war circa 120 Zentimeter lang, 60 Zentimeter breit und 50 Zentimeter hoch und hatte einen gewölbten Deckel mit einem Vorhangschloss.

»Ich hab für dich gespart«, sagte sie, »und dir nach und nach deine Aussteuer gekauft. Du kannst dir die Sachen jetzt mitnehmen.«

Sie öffnete den Koffer und breitete den Inhalt Stück für Stück vor Steffi aus. Da war eine große Bettdecke aus Wollstoff mit langen Fransen, einige Tischtücher, deren aufgedruckte Motive Steffi besticken sollte. Wandbehänge und diverse Deckchen, Spitzen und Borten, Kopftücher und mehrere Meter Chiffon für Unterwäsche. Ganz zu unterst befanden sich noch Töpfe und Pfannen und ein Karton mit Essbesteck.

Steffi kämpfte mit aufsteigenden Tränen. Sie gedachte der Weihnachtsbesuche, von denen sie immer enttäuscht heimgekehrt war, weil sie von der Mutter niemals ein Geschenk erhalten hatte. So also hatte sie für sie vorgesorgt. Hilflos und verschämt legte sie die Arme um den Hals der immer noch schönen Mutter. Aber Anna blieb steif und ohne Zärtlichkeit.

»Den Koffer kannst du auch behalten, der stammt noch aus meiner Mädchenzeit«, sagte sie. Dann trennte sie den Saum ihres langen Rockes auf und holte einen ledernen Beutel hervor, dem sie zwei Hundertkronen-Scheine entnahm.

»Damit du etwas hast, für den Anfang.« Steffi empfand tiefe Dankbarkeit, die sie jedoch nicht ausdrücken konnte, weil ihr die Mutter so fremd und wortkarg gegenüberstand.

Anna bat einen Landarbeiter, den Koffer mit dem Leiterwagen zur Bahn zu bringen. Auf dem Bahnhof bekreuzigte sie Steffi und ermahnte sie, regelmäßig zur Kirche zu gehen und brav zu bleiben. Steffi wollte ihr noch aus dem Waggonfenster winken, doch die Mutter drehte sich nicht mehr um und verließ den Bahnhof noch vor der Abfahrt.

»Da haben wir der Anna doch Unrecht getan«, meinte Tante Vida, doch Onkel Alois sagte: »G'scheiter wär g'wesn, wenn sie Bettzeug und Hauswäsche statt Deckerln und Spitzen kauft hätt. Die Anna hat eben nie was getaugt. Mit ihrer Unfähigkeit hat sie den armen Andreas ins Grab bracht und Haus und Hof verwirtschaftet, das deckt keine noch so große Bettdecke zu.«

Steffi dachte an die elende Gesindebaracke und die ungeheizte Dachkammer, und sie hatte das dumpfe Gefühl, dass sie eigentlich etwas zur Verteidigung der Mutter sagen müsste.

Fast neun Jahre lang hat Steffi dann in Wien als Dienstmädchen gearbeitet. Da sie immer bei ihrer jeweiligen Herrschaft wohnte und dort auch verpflegt wurde, konnte sie ihren geringen Lohn sparen. Sie ging fast nie aus und versorgte sich nur mit der nötigsten Kleidung. So gelang es ihr im Laufe der Zeit, ihre Aussteuer zu ergänzen. Sie kaufte Handtücher, Geschirrtücher und Servietten und schließlich einen Ballen Damast für Bettwäsche, die sie selber nähte. Auf die Polsterüberzüge stickte sie ihr Monogramm. Auch die Tischtücher und Deckchen, die sie von ihrer Mutter erhalten hatte, bestickte sie säuberlich und versah sie mit Spitzen. Auf Küchenhangerl und Nachtkasterldeckerl stickte sie so sinnige Sprüche, wie:

»Morgenstund hat Gold im Mund« oder *»Liebe geht durch den Magen«* und:
»O dass sie ewig grünen bliebe, die schöne Zeit der jungen Liebe.«

4. Meine Kindheit mit beiden Eltern (1923–1929)

Sein oder Nichtsein...

Schwaz, im November 1922

»Liebe Steffi!

Ich danke Dir für Deinen lieben Brief, und ich weiß, dass ich dazu sagen sollte: mit der freudigen Nachricht. – Wenn ich das nicht schreibe, so bedeutet das keineswegs, dass ich mich nicht darüber freuen k a n n, sondern dass ich mich vielleicht nicht darüber freuen d a r f.
Ich will Dich nicht kränken, Steffi! Ich lese aus Deinen hilflosen, rührenden Zeilen, wie sehr Du Dich vor meiner Antwort fürchtest. Wie gerne wollte ich Dir so antworten, wie es der Liebhaber in den von Dir so gerne gelesenen Romanen täte, wenn ihm die geliebte Frau das ›süße Geheimnis‹ ins Ohr flüstert. Aber das Leben ist anders.
Die Helden Deiner Romane sind Grafensöhne oder Großindustrielle. Und ich bin ein Arbeiter, noch dazu einer, dem man auf dem Felde der Ehre eine Kugel in die Brust geschossen hat. Auf dem Felde der Ehre, für das bedrohte Vaterland! Hast Du das nicht auch schon im Roman gelesen? Solange uns noch die Kugeln um die Ohren pfiffen, waren wir etwas wert. Man hat mir das Eiserne Kreuz verliehen. Doch wenn ich heut um meine Invalidenrente betteln muss, scheint mir, dass die zuständigen Herrn bedauern, dass ich statt des Eisernen Kreuzes nicht eines aus Holz erhalten habe. Und manches, Steffi, bedaure ich auch selbst.
Welches Recht habe ich, als todkranker Mann, noch herumzulaufen, um Mädchen wie Dich unglücklich zu machen? Und doch lebe ich so gerne, nicht weil das Leben so schön ist, sondern weil ich noch so viel zu sagen hätte. Ich fürchte nur, dass die Jahre, die mir noch gegeben sind, nicht ausreichen werden, um meine Überzeugung auch anderen zu vermitteln. Es wäre schön, einen Sohn heranzuziehen, und aus ihm einen Kämpfer für eine bessere Welt zu machen, eine Welt, in der keine Kreuze mehr verliehen werden. Aber ich werde diese Welt ja schon verlassen müssen, bevor mein Sohn seine ersten Worte plappert. Und das ist es, was mich nicht freuen darf!

Es erscheint mir verantwortungslos, Dich, ein junges, gesundes Mädchen, an mich zu binden und ein Kind in die Welt zu setzen, dem ich nicht einmal mehr sagen kann, wie es leben muss, damit dieses Leben Sinn und Zweck hat. Du könntest mir mit Recht sagen, dass ich diese Überlegungen schon früher hätte anstellen müssen.

Aber noch ist es nicht zu spät, Steffi, noch gibt es einen Ausweg. Ich will mich nicht vor einer Verantwortung drücken. Was ich Dir hier sage geschieht, w e i l ich Verantwortungsbewusstsein habe. Vielleicht hast Du mir meine Krankheit nicht geglaubt, noch merkt man sie nicht. Aber heute musst Du mir glauben! Heute musst Du über alles, was ich Dir schreibe, ernsthaft nachdenken und darfst Dich nicht von sentimentalen Gefühlen leiten lassen. Was glaubst Du wohl, warum ich schon seit Wochen in dieser Heilstätte bin? Meine zerschossene Lunge ist von Tuberkulose befallen, und ich habe nur mehr einige Jahre zu leben. Das musst Du wissen, bevor Du darauf bestehst, Dein Leben mit mir zu teilen und dieses Kind zu gebären. Die Entscheidung liegt bei Dir.

Doch bevor Du Dich entscheidest, will ich Dir diese kurze Zukunft an meiner Seite etwas ausmalen.

Ich bin nicht zimperlich und habe den Arzt dazu bringen können, mir reinen Wein über meinen Zustand einzuschenken. Es gibt keine Heilung für mich, und ich werde schon in kurzer Zeit arbeitsunfähig sein. Dann würde die ganze Last der Familienerhaltung auf Deinen Schultern liegen. Das Vaterland, das einst so großzügig bei der Verleihung der Tapferkeitsmedaillen war, ist weit weniger großzügig bei der Gewährung von Invaliden-, und ich muss es sagen, Witwen- und Waisenrenten. Es wäre falsches Ehrgefühl, wenn ich Dir heute meinen Namen anbieten und denken würde, damit alles getan zu haben.

Wenn wir dieses Kind nicht leben lassen, dann bist du frei und kannst ein neues Leben an der Seite eines gesunden Mannes beginnen.

Und das ist kein Mord, Steffi! In einer Zeit, in der die Zukunft unserer Kinder nicht gesichert erscheint, und das Gespenst des Krieges noch lebendig ist, ist es kein Mord, wenn wir diese Geburt verhindern.

Glaube nicht, dass dies selbstsüchtig von Dir wäre, Du weißt, dass ich Dich sehr gern habe. Dennoch wäre es mir lieber, wenn Du Dich für ein Leben ohne mich entscheiden könntest. Lass Dich nicht von falschen Romanworten verführen, die von Selbstaufgabe und Opferbereitschaft sprechen. Ich will Dein Opfer nicht, weil mir Dein Glück wichtiger ist.

Wenn ich mich Dir nur richtig verständlich machen könnte!

Ich will Dich nicht loswerden, weil ich um meine Freiheit bange. Ich liebe Dich! Und wenn ich gesund wäre, dann wäre ein Leben mit Dir genau das, was ich mir wünschen würde, und das Kind die Krönung unseres Glücks. Aber so...

Ich habe bereits um meine vorzeitige Entlassung angesucht und hoffe, schon in einigen Tagen bei Dir zu sein. Dieser Brief soll Dir Zeit zum Überlegen geben.

Dein Gobi«

Noch vor Vaters Rückkehr aus der Heilstätte, kündigte meine Mutter ihre Stellung als Dienstmädchen und nahm eine Arbeit in einer Großküche an. Von dort schrieb sie ihm, dass sie seine Ansichten respektiere und sich aus seinem Leben zurückziehen wolle. Sie sei jedoch nicht bereit, auf sein Kind zu verzichten. Da sie in ihrem Brief keine Adresse angab, hatte Vater einige Mühe, sie zu finden…

Eine Familie wird gegründet (1923)

»Über das Fleisch, das euch in der Küche fehlt,
wird nicht in der Küche entschieden.«
(Bert Brecht)

Nach ihrer Heirat im Februar 1923 zogen meine Eltern zu den Großeltern in die Buchengasse. Kaum vorzustellen, wie eng wir da beisammen wohnten. Im Zimmer schlief Tante Wicki zusammen mit den Großeltern in den Ehebetten. Tante Hildas Nachtlager wurde auf einem schmalen Sofa zurechtgemacht, auf dem sie nur mit eingezogenen Beinen liegen konnte. Für Onkel Otto wurde abends ein Strohsack aufgelegt, der tagsüber unter den Ehebetten versteckt war. Das Zimmer war der einzige Raum, der geheizt werden konnte.

Das kleine dunkle Kabinett, mit dem Fenster zum Stiegenhaus, wurde von meinen Eltern und dann auch von mir bewohnt. Es bot nur Platz für ein Bett, das Vater und Mutter sich teilen mussten, für mein Gitterbett und einen Kasten. Und da auch die Küche nur winzig klein war und kein Fenster besaß, mussten sich tagsüber sieben Erwachsene und ein Kleinkind in dem etwa zwanzig Quadratmeter großen Zimmer aufhalten. Das Gangklosett teilten wir uns mit der Nachbarsfamilie, das Wasser wurde von der Bassena am Gang geholt.

Aus der Anfangszeit ihrer Ehe sind zwei kleine Büchlein erhalten geblieben, deren Seiten schon ganz vergilbt sind. Das Gewerkschaftsmitgliedsbuch meines Vaters und das Wirtschaftsbuch meiner Mutter. Obwohl diese beiden für mich sehr kostbaren Unterlagen nur trockene Zahlen enthalten, sind es doch Zeitdokumente, aus denen ich eine ganze Menge über die Zeit, in die ich hineingeboren wurde, herauslesen kann. Im Gewerkschaftsbuch des Jakob Sokopp, Beruf Metalldrucker, geboren am 6. März 1888 steht unter anderem: »Zweck der freien Organisation ist es, die beruflichen und materiellen Interessen der Mitglieder zu wahren und zu verfechten, ihr Wissen durch Veranstalten von fachlichen und wissenschaftlichen Vorträgen zu erhöhen, und ihnen im Erkrankungsfalle oder aber bei Arbeitslosigkeit durch Gewährung von außerordentlichen Unterstützungen helfend beizuspringen.«

Aus den Eintragungen geht hervor, dass mein Vater wirklich wegen seiner Krankheit Unterstützungen erhielt. Und zwar von Ende Oktober bis Ende Dezember 1922, und dann im März und April 1923. Bis Dezember 1923 zahlte er noch die vollen Mitgliedsbeiträge. Danach schied er wegen Vollinvalidität aus der Organisation aus.

Wie recht mein Vater mit seinem Brief an meine Mutter hatte: »…ich werde schon in kurzer Zeit arbeitsunfähig sein. Dann würde die ganze Last der Familienerhaltung auf Deinen Schultern liegen…« Denn – ein halbes Jahr nach meiner Geburt – war es bereits so weit.

Das Wirtschaftsbuch meiner Mutter, geschrieben in ihrer Handschrift umfasst den Zeitraum zwischen 1. März und 27. April 1923, also die letzten fünf Wochen vor meiner Geburt. Und seinem Inhalt nach zu schließen, handelt es sich keineswegs um Flitterwochen. Aber bei genauer Gegenüberstellung der Ausgaben konnte ich mir ein Bild vom Lebensstandard meiner Eltern machen und auch ein wenig von ihrem Verhältnis zueinander.

Einnahmen: Krankengeld, Invalidenrente
Allgemeine Ausgaben: Lebensmittel, Brennmaterial, Zinsbeitrag für Großeltern, Briefmarken, Straßenbahn, Haushaltsartikel, Trinkgelder
Ausgaben für Vater: Friseur, Zeitungen, Tabak, Taschengeld, Schuhreparaturen, Hutreparaturen, Partei, Leibchen und Unterhosen nähen
Ausgaben für Mutter: Lotterie, Palmkätzchen, Strümpfe

Was ich deutlich erkennen kann, ist, dass Mutter eindeutig ihrem Mann mehr gönnte als sich selbst. Sein kurzes Leben zu verschönern, war ihr sicherlich wichtig.

Außerdem führte sie eine Liste mit Sonderausgaben: »Ein Kasterl vom Altwarenhändler, Kindswäsche, Bettfedern, Kautschuk.« Meine Geburt stand ja unmittelbar bevor. Der April hat ihr sicherlich Kopfzerbrechen bereitet, sie musste ihr Budget überziehen. Es bedrückt mich heute noch, dass meine Eltern sich diese unbedingt nötigen Anschaffungen vom Mund absparen mussten.

Herr Weinwurm, der Inhaber des Greißlergeschäftes in der Buchengasse, hatte fast für jeden seiner Kunden ein Schuldenbüchlein angelegt. Er bedankte sich immer sehr höflich für die wöchentlichen Abschlagzahlungen, und übertrug den immer größer werdenden Rest geduldig auf die nächste Woche.

Aus den Lebensmitteleinträgen im Haushaltsbuch lässt sich beinahe der Speisezettel ablesen, der schon im März nicht sehr üppig war. Aber es gab immerhin neben viel Gemüse noch häufig eine Suppe aus Rindsknochen, jeden Sonntag ein Fleischgericht, gelegentlich etwas Wein und Bier zum Abendessen. Hin und wieder Wurst oder Käse oder Sardinen.

Im April herrschten jedoch Mehlspeisen vor, etwa Eiernockerln, Powidltascherln, Mohnnudeln oder Krautfleckerln. Statt einem Liter Milch gab es täglich nur mehr einen halben Liter, und Semmeln wurden gar nicht mehr gekauft. Auf Bier und Wein musste Vater verzichten. Zweimal scheinen je dreißig Dekagramm Faschiertes und dreimal ein Paar Würstel auf, die wahrscheinlich nur für Vater bestimmt waren. Zum Abendessen gab es mehrmals Grammeln, und Obst ist im ganzen Monat nur mit zwei Kilogramm Äpfel vertreten. Dafür stieg der Bedarf an Erdäpfel und Karotten gewaltig an, auch Grieß wurde viel gekauft. Mit Grießkoch dürfte sich Mutter häufig begnügt haben. Das Frühstücksgetränk wurde in beiden Monaten aus Malz- und Feigenkaffee zubereitet.

Man erkennt auch, dass jeden Tag eingekauft wurde. Der Kaufmann hielt auch am Sonntag sein Geschäft offen. Es gab damals keine Kühlschränke. Manche Leute besaßen einen »Eiskasten«, das Eis dafür konnte man in Blöcken direkt beim Lieferwagen kaufen. Der Fahrer fuhr laut rufend durch die Straßen: »Der Eismann ist da!«

Für Briefmarken und Straßenbahnfahrten wurde nur ganz wenig ausgegeben. Die Trinkgelder gingen an die Kanalräumer und die Geldbriefträger. Aus der Zeitung vom Vater konnte sich Mutter ihre Romanseiten rausschneiden. Den Friseur brauchte aber nur Vater, er ließ sich die Haare schneiden und rasieren. Mutter trug ihren langen blonden Zopf zum Knoten aufgesteckt.

Kindheit in der Buchengasse (1923–1926)

Auf der ersten Seite ihres Wirtschaftsbuches hatte Mutter noch die Worte »mit Gott« geschrieben. Doch unter dem Einfluss meines Vaters ist sie später aus der Kirche ausgetreten, und beide Eltern wurden Mitglieder des »Freidenkerbundes«. Ich kann mich sogar an das Abzeichen erinnern, das ein Stiefmütterchen darstellte. Geheiratet haben meine Eltern aber noch in der Kirche St. Anton von Padua am Antonsplatz in Favoriten, wo ich auch getauft wurde.

Mutter hatte gegen den ungewöhnlichen Namen Oswalda nichts einzuwenden. Gerufen wurde ich »Osserl«, aber für mich gab es ohnehin unzählige Kosenamen.

In der Wohnung in der Buchengasse habe ich die schönsten Jahre meiner Kindheit verbracht. In der Mitte des Zimmers – zwischen den Ehebetten und dem Sofa – stand ein Tisch. Er war mit einer grünen Tischdecke bedeckt, deren Fransen bis zum Boden reichten. Unter diesem Tisch war mein Lieblingsspielplatz. Über dem Tisch hing die Petroleumlampe, die mit einem wunderschönen Lampenschirm aus rosa Seide überspannt war. Die beiden Kästen links und rechts vom Sofa enthielten die gesamte Habe der Familie. Eines der beiden Fenster hatte ein sehr breites Fensterbrett, auf dem man bequem sitzen konnte. Daneben stand ein Schreibtisch und davor Großvaters Lehnstuhl. Wenn er sich abends in diesen Stuhl setzte, verließ ich sofort meinen Platz unter dem Tisch und kletterte auf das Fensterbrett, um ihm ganz nahe zu sein. Dann sah ich ihm zu, wie er bedächtig seine Pfeife stopfte, sein Glas Bier trank, den Zwicker auf die Nase klemmte und die Arbeiterzeitung las. Hin und wieder hob er den Kopf, um auf meine Fragen zu antworten. Und wenn er Ruhe haben wollte, reichte er mir die große Muschel, die auf dem Schreibtisch lag. »Halt sie an dein Ohr Mausi, dann hörst du das Meer rauschen.«

Neben der Zimmertür stand der eiserne Ofen, den ich rot glühend in Erinnerung habe. Daneben war der Zithertisch. Großmutter spielte dieses Instrument, und wenn Tante Hermine zu Besuch kam, dann spielten sie sogar zweistimmig: den Rosenblätterwalzer, steirische und Kärntner Gstanzln, und manchmal sangen sie dazu:

»Dirndl kumm her zum Zaun,
lass dir in d' Äugerln schaun.
Wie deine Äugerln san –
schwarz oder braun.«

Ich fand es wunderschön. Nur wenn Onkel Otto und Tante Hilda mitsangen, wurde es zu »Katzenmusik«.

Abschied vom Großvater (1925)

Über den Ehebetten hingen die beinahe lebensgroßen Fotografien der Großeltern. Die Tanten hatten sie zu Großvaters 65. Geburtstag machen lassen. Auf dem gedrechselten Kopfteil von Großvaters Bett war ein Spruch aufgeklebt:

»Was wir begehren von der Zukunft Fernen?
Dass Brot und Arbeit uns gerüstet stehn.
Dass unsre Kinder in der Schule lernen.
Dass unsre Greise nicht mehr betteln gehn.«

Ich habe später lange nach dem Gedicht gesucht, bis ich endlich erfahren konnte, dass es 1869 bei der Arbeiterindustrieausstellung als Parole verwendet worden war. Damals war die wichtigste Forderung der proletarischen Bewegung die Altersversorgung für die Arbeiter gewesen.

Bald nach seinem 70. Geburtstag, etwa im Sommer 1925, musste Großvater krankheitshalber die Arbeit aufgeben. Er hatte Magenkrebs und wurde von unerträglichen Schmerzen geplagt. Ich weiß nicht, ob es für eine Operation bereits zu spät war, als man die Krankheit feststellte, oder ob er sich eine solche nicht leisten konnte. Doch eines weiß ich sicher: Er ist nie in den Genuss einer Altersrente gekommen. Der Spruch über seinem Bett hatte noch immer Gültigkeit.

Während der letzten Monate seines Lebens verließ Großvater kaum das Bett. Um ihm die nötige Ruhe zu verschaffen, wurde ich in das kleine Kabinett verbannt. Doch schon beim Erwachen am frühen Morgen war meine erste Frage: »Wann darf ich zum Großvater?« Um mich zu beruhigen, sagte Großmutter einfach irgendeine Zeit: »Um zehn Uhr!« Da stand ich hinter der geschlossenen Kabinetttür und rief immer wieder hinaus: »Is scho zehne?« Bis man endlich Mitleid mit mir hatte und mich zum Großvater führte, nicht ohne mich vorher zu ermahnen, ja recht leise zu sein. Bis zur Zimmertür ging ich auf Zehenspitzen. Doch bei seinem Anblick fing ich an zu springen und zu jubeln. Da wollte man mich rasch wieder wegbringen, doch Großvater sagte mit müder Stimme: »Lasst sie nur! Komm her, Mausi!« Dann hob er mühsam seinen dünnen Arm, um mir mit der Hand über den Kopf zu streicheln.

Ich war zweieinhalb Jahre alt, als er starb. Da alle Familienangehörigen, alle Freunde und Bekannten ihn auf seinem letzten Weg begleiteten, musste man mich zum Begräbnis mitnehmen. Ich habe keine Erinnerung daran, weder an die Reden, die an seinem Sarg gehalten wurden, noch an die rote Fahne, mit der sein Sarg bedeckt war. Dass er tot war, habe ich erst viel später begriffen.

»Nun geht des Lebens Spiel zu Ende, und meines Schicksals Würfel ruhn.
Es ruht das Haupt, es ruhn die Hände von zielbewusstem, regem Tun.
Ich bin am Ziele meiner Reise, in Sicht der Grenze angelangt.
Das einst so wilde Herz pocht leise, die einst so feste Haltung schwankt.
Doch hab ich heiß nach Luft gerungen, hab von der Freiheit Lust durchbebt,
der Arbeit hohes Lied gesungen, ich habe nicht umsonst gelebt.«
(Andreas Scheu)

Dieses Gedicht schrieb der Arbeiterführer Andreas Scheu, der einer seiner ersten politischen Lehrmeister und ein guter Freund war. Einen Nachruf gab es in der Arbeiterzeitung am 7. Oktober 1925:

»Montag ist der Metalldrucker Jakob Sokopp nach langem, schwerem Leiden im einundsiebzigsten Lebensjahr gestorben. Mit Sokopp ist einer der alten Kämpfer dahingegangen, die sich in Organisations- und Agitationsarbeit zu einer Zeit betätigten, da das eine gefährliche Sache war. Darum hat Sokopp die Annehmlichkeiten des Ausnahmezustandes zu verkosten bekommen. Nach seiner Aufhebung kehrte er nach Wien zurück und ging mit einigen Kollegen daran, für die Metalldrucker eine Organisation zu schaffen. Wie alle Organisationsbestrebungen der damaligen Zeit mit dem Indifferentismus der Massen zu kämpfen hatten, so war auch die Arbeit bei den Metalldruckern mühevoll. Allein Sokopp und der schon lange verstorbene Hauser ließen nicht locker, und so ging es schrittweise vorwärts…

…Die Metalldrucker Wiens werden es nie vergessen, was Sokopp durch Erschaffung der Organisation und in deren Leitung zur wirtschaftlichen Hebung der Lage seiner Fachkollegen beigetragen hat.«

Nach Großvaters Tod durfte ich zu meiner größten Freude in das Zimmer übersiedeln und mit Großmutter und Tante Wicki in den Ehebetten schlafen. Ich litt schon seit einiger Zeit an Hornhautekzemen, und nach Ansicht des Arztes war das feuchte Kabinett Gift für meine Augen. Großmutter erzählte mir täglich vor dem Einschlafen eine Geschichte und es war herrlich, am Morgen in ihren Armen aufzuwachen.

Ich war damals gar nicht erfreut, als Vaters Ansuchen um eine Gemeindewohnung bewilligt wurde, weil ich viel lieber bei Großmutter geblieben wäre. Heute weiß ich, dass die neue Wohnung eine enorme Verbesserung der Lebensqualität bedeutete. Sie war auch wesentlich schöner und komfortabler als jene in der Buchengasse.

In der Gemeindewohnung (1926–1936)

Ich war etwa drei Jahre alt, als wir in den neu errichteten Gemeindebau Troststraße 64-66 einzogen. Auf Stiege 5, Tür Nummer 7. Zur Besichtigung nahmen mich die Eltern mit. Ich erinnere mich, dass mir die leere Wohnung mit den weißen Wänden ungeheuer groß erschien. »Aber wo soll ich denn hier schlafen?«, fragte ich mit weinerlicher Stimme. »Wir werden natürlich Möbel kaufen«, beruhigte mich der Vater, »und du bekommst ein wunderschönes Gitterbett.« Doch Großmutters Bett wäre mir lieber gewesen.

Die Wohnung bestand zwar nur aus einem Zimmer und einer Wohnküche, aber allein die drei großen Fenster machten die Wohnung hell und freundlich. Im Zimmer gab es zwei große Fenster und einen Parkettfußboden. Klosett und Wasserleitung befanden sich innerhalb der Wohnung, zu der auch ein Keller und ein kleiner Verschlag auf dem Dachboden gehörten.

Die Küche hatte ein großes Fenster und war mit Gasherd und Koksofen ausgestattet. Die Kochnische war verfliest und der Boden des übrigen Küchenraumes mit Linoleumbelag versehen. Unter dem Fenster war ein belüftetes Kästchen zur Aufbewahrung von Lebensmitteln eingebaut.

Ohne Mutters Verdienst als Hausgehilfin bei dem Seifenfabrikanten Fanta wäre es den Eltern nicht möglich gewesen, die Möbel auf Raten zu kaufen. Und Frau Fanta schenkte auch der Mutter eine alte Küchenkredenz, die wie neu aussah, nachdem sie Onkel Florian frisch gestrichen hatte. Der weiß lackierte Küchentisch und die beiden Stockerln waren ein Geschenk von Onkel Otto. Großmutter gab uns einen Sessel, den man durch Umklappen in eine Leiter verwandeln konnte. Das alte Speiskasterl und Mutters mittlerweile vollgefüllter schwarzer Holzkoffer vervollständigten die Kücheneinrichtung.

Dann wurden die Möbel für das Zimmer geliefert. Zwei Betten mit Nachtkästchen, ein Ausziehtisch mit vier Sesseln, ein Kleider- und ein Wäschekasten. Die Fachbretter des Kastens legte Mutter sorgfältig mit Packpapier aus und schmückte sie mit ihren selbstgestickten Bordüren. Die wunderschönen Spitzenvorhänge hatten die Tanten beigesteuert, die Karniesen und Vorhangringe sowie der schmiedeeiserne Luster mit den Glasperlen stammten noch aus der großväterlichen Werkstatt. So war fast die ganze Familie an der Wohnungseinrichtung beteiligt. Tante Rosa kam sogar mit vier Gemälden in breiten Goldrahmen daher. »Echt Öl«, sagte sie, »keine Drucke!«

Die Tanten kamen nach dem Umzug fast jeden Abend nach der Arbeit auf einen kurzen Besuch. Sie brachten immer etwas für mich mit, an Wochentagen ein Stück Schokolade, eine Banane oder ein Stanitzel mit Zuckerl, am Samstag, dem Zahltag, sogar ein kleines Spielzeug. »Ihr sollt die Kleine nicht so verwöhnen«, ermahnte sie Vater. »Sie fragt schon am Montag, wann wieder Samstag ist«. »So kriegt sie wenigstens einen Zeitbegriff«, lachte Tante Hilda, »und lernt dabei die Wochentage.«

Der Mutter wäre sicher mehr geholfen gewesen, wenn die Tanten statt einer Springschnur Mehl oder Zucker gebracht hätten, dann wäre ihre Wochenrechnung vielleicht aufgegangen. Sie saß Abend für Abend über ihrem Haushaltsbuch.

Seit 1925 gab es die neue Währung. Obwohl die Schilling- und Groschenbeträge, die sie nun einzutragen hatte, winzig klein im Vergleich zu den Millionen der Inflationszeit waren, so hatte sie doch große Mühe, das Gleichgewicht zwischen Einnahmen und Ausgaben herzustellen. Sie konnte sich daher über den Umzug nicht so freuen wie Vater, der förmlich aufblühte. Mutter erzählte mir später, dass sie ihn niemals zuvor so fröhlich gesehen hätte. Er lachte sogar über die kleinen Mängel, die die Wohnung aufwies. Die Fenster schlossen schlecht. »Wir haben so lange ohne Luft gelebt, da soll mich jetzt ein wenig Zugluft stören?« Der Wasserhahn tropfte. »Aber er tropft in unserer Küche und nicht auf dem Gang.« Die Türen waren so niedrig, dass er den Hut verlor, wenn er vergaß, sich zu bücken. »Jetzt muss ich endlich ein höflicher Mensch werden, der den Hut schon vor der Tür abnimmt.«

Zum ersten Mal klagte er nicht über sein Rentnerdasein. Seine Tage waren ausgefüllt. Am Vormittag erledigte er nach Mutters Einkaufszettel alle Besorgungen und räumte die Wohnung auf. Ich sah begeistert zu, wenn er laut singend den Parkettboden auf Hochglanz brachte. Dazu verwendete er eine Bürste, die mit einer Schlaufe an seinem Fuß befestigt war, und im Takt zu seinem Marschlied rutschte er auf dem mit Wachs eingelassenen Boden hin und her:

»Es zogen zum sonnigen Süden drei lachende Mädchen dahin.
Sie schwenkten verwegen die Hüte und trällerten vor sich hin.
Die erste mit dem Zopf, die zweite mit dem Schopf,
die dritte mit dem Bubi-Bubikopf.
Du Schwarze, du Blonde, du Braune, vergib und vergiss und verzeih,
wollt keiner verderben die Laune, drum küsst ich sie alle drei.«

Den Refrain mit dem Bubi-Bubikopf sang ich immer mit, aber was war ein Bubikopf? »Ein Bubikopf, den trugen die Frauen nach dem Krieg, als sie sich die langen Haare abgeschnitten haben. Da sahen sie eben aus wie Buben.« »Und was ist Krieg?« Alles konnte ich ihn fragen, und alles beantwortete er.

Zu Mittag wärmte Vater das von Mutter vorgekochte Gericht, und nach dem Essen brachte er mich häufig zur Großmutter in die Buchengasse, um seiner Parteiarbeit nachzugehen. Von dort holte mich Mutter am Abend ab. Daheim waren die Erdäpfel schon gekocht und geschält, das Gemüse geputzt und der Tisch gedeckt, sodass Mutter nicht mehr viel Zeit für das Abendessen aufwenden musste. Nach und nach hat Vater selbst zu kochen gelernt. Nur den Nudelteig bereitete Mutter selbst zu, am frühen Morgen, bevor sie zur Arbeit ging. Die Teigblätter legte sie dann auf einem Leintuch zum Trocknen aus, und später wurden sie von Vater zu Band- oder Suppennudeln geschnitten.

Wenn Vater am Nachmittag daheim blieb, beschäftigte er sich ausschließlich mit mir. Bei schönem Wetter gingen wir spazieren, z. B. zur Triesterstraße, wo Vater mir die Geschichte der »Spinnerin am Kreuz« erzählte oder mir erklärte, wozu der Wasserturm diene. Manchmal setzte er sich mit einem Buch auf eine Bank im Hof, während ich mit den Kindern spielte:

»Ist die schwarze Köchin da? ja, ja, ja! Dreimal muss sie ummarschiern,
das vierte Mal den Kopf verliern. Das fünfte Mal muss sagen:
Da ist sie ja, da ist sie ja, pfui, pfui, pfui!«

Dieses Kreisspiel sah Vater nicht gern. Er erklärte mir, dass diese Menschen nur deshalb eine schwarze Haut haben, weil sie im heißen Afrika leben, wo immer die Sonne scheint. Und »Kopf verlieren« löste bei ihm ungute Gefühle aus.

Ich kannte auch einen »Schwarzen«, den Assistenten von Doktor Weintraub in der Augenklinik im Wiedner Krankenhaus. Den hatte ich allerdings angestarrt wie ein Weltwunder, als ich ihn zum ersten Mal sah.

»Wieso bist du so schwarz?«, fragte ich ihn. Und er antwortete: »Weil ich aus Schokolade bin. Willst du mich kosten?« Und dabei reichte er mir ein Stück dieser begehrten Süßigkeit.

Bei schlechtem Wetter blieben wir zu Hause und Vater erzählte mir allerlei Märchen. Mutter brachte häufig aus der Seifenfabrik Papierabfälle mit. Darauf illustrierte Vater dann mit Tinte und Feder seine Erzählungen. Blitzschnell entstand das Bild der Prinzessin, die traurig am Brunnen saß. Am nächsten Bild dann der Frosch, der ihr die golden glänzende Kugel zurückbrachte. Und während Vater vom verzauberten Frosch erzählte, zeichnete er den Prinzen, der durch den erlösenden Kuss der Prinzessin verwandelt wurde. Und so lernte ich durch seine Bildgeschichten

Dornröschen, Rotkäppchen oder die sieben Geißlein kennen. Die Zeichnungen fand ich wunderschön, und es tut mir heute noch leid, dass sie nicht erhalten blieben.

Die Tanten brachten mir dann Bilderbücher aus Pappe, dazu erfand Vater eigene Geschichten. Zum Beispiel von dem Mädchen, das wie ich keinen Grießbrei essen wollte und daher immer dünner und zu schwach zum Spielen wurde. Da hat sie schnell ihre Abneigung gegen den Brei überwunden. Aus einem Löwenbild ließ Vater mit seinen Geschichten einen ganzen Urwald entstehen mit Tigern, Bären und Schlangen, die nur deshalb böse sind, weil die Menschen sie erschießen wollen, um aus ihrem Fell und der Haut Pelzmäntel und Taschen zu machen.

Es ist nicht verwunderlich, dass ich diese Erlebnisse aus meiner frühesten Kindheit im Gedächtnis behielt. Ich hatte ja meinen Vater nur wenige Jahre und daher die spärlichen Erinnerungen an ihn gepflegt und wach gehalten.

Die Erinnerungen an meine Mutter reichen nicht so weit zurück. Ich sah sie ja auch nur kurze Zeit am Abend, wenn sie mich nach dem Abendessen zu Bett brachte. Doch in späteren Jahren bat ich sie oft, mir von früher zu erzählen, und Mutter ist dieser Bitte immer gerne nachgekommen. Für Menschen, deren Gegenwart nicht allzu rosig ist, erscheint die Vergangenheit oft verklärt, selbst dann, wenn diese Vergangenheit die Mühsal der Gegenwart noch übertraf. Besonders gern erzählte Mutter von ihrer Zeit als Hausgehilfin bei der Familie Fanta:

»Frau Fanta hätte eigentlich ein Dienstmädchen gebraucht, aber wie sie gemerkt hat, wie dringend ich einen Posten benötigt hab, war sie damit einverstanden, dass ich als Hausgehilfin bei ihr arbeit, und am Abend nach Haus geh. Um sechs Uhr früh hab ich meinen Dienst begonnen, denn um halb sieben musste das Frühstück auf dem Tisch stehn. Es ist ja nicht weit von unsrer Wohnung bis zur Fabrik und dem Wohnhaus der Fantas auf dem Laubeplatz. Und da hab ich schon unterwegs die Milch und die frischen Kipferln eingekauft. Für mich durfte ich auch zwei kaufen. Aber ich hab ja schon daheim gefrühstückt, da konnte ich die Kipferln für dich aufheben.

Die Wohnung war riesengroß. Da gab's eine wunderschön eingerichtete Küche und daneben ein Speisezimmer, ein Kinderzimmer und den Salon, der aber nur selten benutzt wurde. Neben dem ebenfalls nicht benützten Dienstbotenzimmer war noch ein kleiner Raum, der Bügelzimmer genannt wurde. An das Tafelgeschirr musste ich mich erst gewöhnen. Für das Fleischgericht musste ich flache Teller auflegen und dazu kleine Schüsserln für die Beilagen und den Salat. Dann wieder ein Tellerchen für den Nachtisch.

Das Geschirrabwaschen bei den Fantas hat dann auch entsprechend lange gedauert. Denn dazu kamen ja noch die Gläser, die geschliffenen für den Wein, die glatten für das Sodawasser und die Limonade, Cognacschwenker und Mokkatassen. Und das alles aus feinstem Porzellan, Glas oder Kristall.«

Ich musste mir erst erklären lassen, was Mokkatassen sind. Wir tranken unseren Malzkaffee aus großen Häferln, die alle anders aussahen. Auf einem stand »Gruß aus Mariazell«, eines hatte ein Blumenmuster, und auf meinem war ein Elefant aufgemalt. Im Häferl mit dem Goldrand aber wurde das Geld für die Gas- und Stromrechnung aufbewahrt. Ich liebte diese Erzählungen, weil sie von Menschen handelten, die sich von denen meiner Umgebung so sehr unterschieden. Selbst die Anrede war etwas Besonderes. Mutter wurde »Stefanie« gerufen und nicht »Frau Sokopp«. Mutter hat mir das alles nicht erzählt, um über ihr Schicksal zu klagen, nein, das waren ihre »schönsten Erinnerungen«. Sie bewunderte den Luxus fremder Leute, aber beneidete sie nicht. Außer vielleicht um das Badezimmer.

»Das war der schönste Raum der Wohnung«, sagte sie. »Die Wände waren weiß gekachelt, über den beiden Waschbecken aus Porzellan hingen große Spiegel. Jeden Tag hab ich frische Frottiertücher auf die blitzenden Handtuchhalter gehängt, und die flauschigen Bademäntel wurden wöchentlich gewechselt. Wie gern hätte ich dich in der großen Wanne gebadet. Du hast immer geweint beim Kopfwaschen, weil du dich so lange über das Lavoir beugen hast müssen und dir dabei die Seife in die Augen gekommen ist. Unter der sanften Brause hätte es sicher keine Tränen gegeben.«

Die Geburt meiner Schwester (Dezember 1926)

Ich erinnere mich noch gut an das Lavoir – wir sagten Lawur – mit dem großen schwarzen Fleck, wo das Email bereits abgesprungen war. Jeden Samstag musste ich mich hineinstellen, und Mutter hat mich mit warmen Wasser von Kopf bis Fuß »obe g'woschn«. Die tägliche Reinigung erfolgte nur mit kaltem Wasser. Neben der Wasserleitung waren in verschiedener Höhe zwei Nägel in die Wand geschlagen. Wenn Vater, der 1,90 Meter groß war, sich rasierte, hing der kleine Spiegel am oberen Nagel, wenn Mutter sich kämmte, hängte sie ihn auf den unteren Nagel.

Die Geburt meiner Schwester am 30. Dezember 1926 stellt ein weiteres unvergessliches Erlebnis meiner Kindheit dar. Ich war drei Jahre und acht Monate alt. Mutter lag im Bett und wurde von einer wildfremden Frau betreut, zu der sie Hebamme sagten. Angeblich eine gute Fee, die den Storch beim Fenster reinlassen wird, um mir ein Geschwisterl zu bringen. Ich wünschte mir eine Schwester, also legte ich in der Früh ein Stück Würfelzucker auf das Fensterbrett, um den Storch anzulocken. Danach durfte ich nicht mehr ins Zimmer, sondern blieb mit den Tanten in der Küche, wo Vater aufgeregt hin und her lief. »Der Storch wird gleich kommen, ich hör ihn schon mit den Flügeln schlagen!«, vertröstete uns die dicke Hebamme, die gar nicht wie eine Fee aussah. Doch als ich dann meine kleine schreiende Schwester betrachten durfte, beklagte ich mich ziemlich enttäuscht: »Die ist ja ganz rot, und hat keine Zähne und keine Haare!« Da antwortete Tante Wicki: »Die Fee ist noch da, sag ihr, sie soll sie umtauschen!« Vater fragte mich sogar, wie wir die Kleine nennen sollen. »Edeltraud« schlug ich vor. »Ach nein«, antwortete Vater, »so heißt ja schon deine Freundin. Wie wär's denn mit Gertrude, das klingt doch so ähnlich?« Ich war einverstanden – und das hat mir Trude bis heute nicht verziehen.

Unser Garten (1926–1945)

Als Funktionär der Sozialdemokratischen Partei engagierte sich mein Vater vor allem in jener Bewegung, die von der »Roten Gemeinde Wien« unter dem Schlagwort »Licht, Luft und Sonne« für die arbeitenden Menschen propagiert wurde. Als bekannt wurde, dass das »Rote Wien« Interesse an der Errichtung von Schrebergärten am Stadtrand hatte, stiegen die Grundstückpreise für sie in enorme Höhen. Die reichen Leute wollten unter sich bleiben und hatten kein Interesse an einer Nachbarschaft mit dem ärmeren Teil der Bevölkerung. Deshalb griffen die Sozialdemokraten zu einer List. Sie schickten einen vermeintlich reichen Herrn zu Baron Drasche, um von ihm ein großes Grundstück im zehnten Bezirk zu pachten. Dazu suchten sie meinen Vater aus, der mit seiner stattlichen Größe und seinem vornehmen Aussehen besonders geeignet schien. Die Partei stellte ihm noch einen eleganten Winterrock zur Verfügung, sodass er auch glaubhaft »als Käufer« auftreten konnte. Souverän und sich der guten Sache bewusst schloss mein Vater als »Strohmann« der Gemeinde Wien einen günstigen Kaufvertrag mit dem Baron Drasche ab. Durch seine Mithilfe konnte bald darauf der erste Spatenstich gemacht werden für die Errichtung der Kleingartenanlage »Am Brunnweg«.

Danach wurde er auch noch mit der Organisation und Beaufsichtigung der Aufschließungsarbeiten auf dem riesigen Grundstück betraut. Die Einebnung des Geländes wurde damals noch nicht mit einem Bagger, sondern von Arbeitern mit Krampen und Schaufel vorgenommen. Das Erdreich musste von Steinen und Klumpen befreit werden, Vermessungsarbeiten wurden durchgeführt, Straßen und Wege angelegt, Wasserleitungsrohre mussten gelegt werden, und für die Beleuchtung der Straßen rund um die Anlage war eine Stromleitung nötig. All diese Arbeiten zogen sich über einige Jahre. Doch wir bekamen schon vor der Einzäunung der einzelnen Parzellen eine große Fläche zur eigenen Nutzung zur Verfügung gestellt, ganz in der Nähe unseres Wohnhauses. Wahrscheinlich als Entschädigung für Vaters Engagement und Arbeitseinsatz am Brunnweg.

Als ich älter wurde, stellte ich mir die Frage, warum mein kranker Vater gegen die Geburt eines zweiten Kindes nichts mehr einzuwenden hatte. Aber er war damals schon sehr intensiv mit der Gründung der Gartenanlage »Am Brunnweg« beschäftigt.

Vielleicht fühlte er sich durch den ständigen Aufenthalt in frischer Luft und durch die Erfüllung einer sinnvollen Aufgabe besser. Ich erinnere mich an eine kleine Begebenheit: Trude lag im Kinderwagen und plapperte: »Gottn, gottn, gottn.«

Da rief Vater der Mutter zu: »Hörst du, Steffi, ihre ersten Worte sind: Garten, Garten!«

Nach Trudes Geburt arbeitete Mutter nicht mehr als Hausgehilfin, die Möbel waren wahrscheinlich abbezahlt. Dafür gab es genug Arbeit in unserem neuen Garten. Eine primitive Holzhütte wurde aufgestellt, und daneben befanden sich ein Stall für die Ziege und ein Verschlag für mehrere Hühner. Auch Gemüse pflanzte Vater an. In der warmen Jahreszeit nahm er mich täglich in den Garten mit. Mutter kam mittags mit Trude und brachte uns das Essen. Danach arbeitete sie im Garten und versorgte das hungrige Vieh. Die Ziege mochte ich nicht, weil ich gezwungen wurde, ihre angeblich so gesunde Milch zu trinken. Doch die Hühner liebte ich, und ich gab jedem Huhn einen eigenen Namen. Eines Tages brachte uns die Mutter Marillenknödel. Als sie das Reindl auf den Gartentisch stellte, flog mein Lieblingshuhn Guggi hinauf und stahl einen Knödel. Auf das Huhn war ich nicht böse, aber auf meinen Vater, weil er es mit den Worten »Gehst weg, du Mistvieh!« davonjagte.

Obwohl ich für mein Leben gern Hühnerfleisch aß, war ich jedes Mal empört, wenn eines der Hühner geschlachtet wurde. Die folgende Erinnerung ist durch meine Mutter verbürgt. Ich muss wohl häufig Zeugin bei politischen Gesprächen gewesen sein, denn anders ist meine Reaktion nach dem »Mord an einem Huhn« nicht erklärbar. Ich nahm das tote Tier in meine Arme, streichelte es und rief schluchzend:

»Einmal werden sich die Hendln das nimmer g'fallen lassen, und sie werden a Revolution machen!«

Ein anderes Erlebnis war weniger lustig. Vater hatte mich vom Spiel mit einer Freundin zur Jause weggeholt. Er schnitt mir ein großes Stück Brot ab, bestrich es mit Butter und träufelte Honig drauf. Dann ging er wieder an seine Arbeit. Ich betrachtete das Brot voll Ekel. Jeden Morgen gab es ein Gezeter, wenn mir nach der Einnahme des grauslichen Lebertrans auch noch ein Löffel Honig in den Mund geschoben wurde. Als Vater weit genug entfernt war, warf ich das Brot unter den Fliederbusch und lief wieder zu meiner Freundin, um weiter zu spielen. Als Vater vorbeikam, rief ich ihm freudig zu: »Hab das Brot schon aufgegessen.«

Gegen Abend holte er mich, führte mich zu dem Fliederbusch und zeigte wortlos auf das Brot. Auf dem Heimweg versuchte ich immer wieder ein Gespräch mit ihm anzufangen. Doch Vater blieb stumm. Der eine Satz, den er dann zu Hause zur Mutter sagte, ist mir dafür unauslöschlich im Gedächtnis geblieben: »Steffi, unser Kind lügt!«

Das Rote Wien (1918–1934)

In den Nachkriegsjahren hatte der Bürgerblock, bestehend aus den Parteien der Christlichsozialen, der Liberalen, und der Großdeutschen zwar um einige Mandate mehr als die Sozialdemokratische Partei. Doch er stand einer sehr revolutionären Arbeiterbewegung gegenüber, von der er befürchten musste, dass sie eines Tages »russisch« mit ihm reden könnte. Daher konnte die Sozialdemokratie damals eine große Anzahl sozialer Reformen durchsetzen: Das Frauenwahlrecht, den Achtstundentag, den Urlaubsanspruch, das Betriebsrätegesetz, die Einführung der Arbeitslosenunterstützung und eine Verbesserung der Krankenversicherung. Doch tatenlos sah der Bürgerblock dieser Entwicklung nicht zu. Um sich auf eine künftige Auseinandersetzung mit der Arbeiterbewegung vorzubereiten, schuf er sich die »Heimwehr«. Die Sozialdemokraten gründeten dagegen zur Abwehr des aufkeimenden Faschismus 1923 den »Republikanischen Schutzbund«. Besonders das »Rote Wien« war der Koalitionsregierung unter Führung der Christlichsozialen Partei ein Dorn im Auge. Denn im Wiener Gemeinderat hatten die Sozialdemokraten eine deutliche Mehrheit.

Unter Hugo Breitner, Julius Tandler und Otto Glöckel wurden in Wien Einrichtungen geschaffen, die in der ganzen Welt Bewunderung erregten. Innerhalb von zehn Jahren wurden 65.000 Gemeindewohnungen aus den Mitteln der Wohnbausteuern gebaut. Diese Steuer bestand aus einer besonderen »Luxusabgabe« für Villen, Autos, Pferde, Hunde, Hausangestellte, Theater-, Zirkus- und Ballkarten. Mit einem Wort, sie wurden den Besitzenden abverlangt. Viele dieser Gemeindebauten waren mit Grünanlagen, Kindergärten und Horten, Mutterberatungsstellen, Ambulatorien und Leihbibliotheken ausgestattet. In vielen Parks, insbesondere in den Arbeiterbezirken, wurden Freibäder für Kinder eingerichtet. Das Schulwesen wurde reformiert und die Einrichtung des Schularztes und der Schulzahnkliniken geschaffen.

Die Arbeiterkultur stellte in höchstem Maße eine politische Bewegung war. Zeitungen und Broschüren der Arbeiterpresse waren gefüllt mit Gedichten und Texten von Arbeiterdichtern, die ihre Gefühle und ihre Not zu Papier brachten. Es entstanden völlig neue literarische Gattungen, die als typisch proletarisch galten, wie Sprechchöre und politische Revuen. Schriftsteller wie Theodor Kramer, Oskar Maria Graf, Ernst Fischer und Jura Soyfer kamen dem Bedürfnis nach literarischer Repräsentation der Arbeiterbewegung entgegen.

Obwohl die Sozialdemokratie dem sowjetischen Modell kritisch gegenüberstand, musste sie der Faszination, die der Aufbau der Sowjetunion auf Intellektuelle und Arbeiter ausübte, Rechnung tragen. Filme wie »Panzerkreuzer Potemkin« oder »Zehn Tage, die die Welt erschütterten« wurden in Arbeiterheimen gezeigt. Bühnenstücke kommunistischer Dramatiker wurden aufgeführt, wie Bertold Brechts »Dreigroschenoper« oder Friedrich Wolffs »Die Matrosen von Cattaro«.

Aber auch die »Hochkultur« alter Meister wie Grillparzer, Goethe, Lessing und Schnitzler wurde der arbeitenden Bevölkerung nahe gebracht, um ihr Selbstbewusstsein zu heben, und um ein stolzer Prolet zu sein.

Wenn heute im Kreuzworträtsel das Wort »Prolet« aufscheint, wird nach einem groben Kerl gefragt. Doch in der Ersten Republik wollten die meisten Arbeiter nicht nur Proleten sein, sondern auch als solche erkannt werden. Bei den Männern drückte sich das schon in der Kleidung aus: Anzug, Krawatte und Hut – falls sie so etwas überhaupt besaßen – nur zu festlichen Anlässen. Zur Arbeit gingen sie entweder im Schlosseranzug oder mit Knickerbocker und Hemd mit offenem Kragen.

Jugendliche bevorzugten Ruderleiberl mit Schirmkapperl oder Baskenmütze. Arbeiter, die auch werktags Anzug trugen, waren eher die »Stehkragenproleten«.

»Den Frack trägt jeder Scharlatan, der Stutzer seinen Kittel.
Den grünen Rock der Jägersmann, der Hofrat seinen Titel.
Tiefschwarz erscheint die Geistlichkeit vom Kopfe bis zum Fuße.
Das stolzeste, das schönste Kleid ist meine blaue Bluse.«

Meine Tanten lehnten jedenfalls jede Art von sogenannter Hochkultur ab: »Des is wos für die Großkopferten, die nix z'tuan hab'n«, sagte Tante Hilda. »In der Schul hab'n wir ein paar Gedichte von Goethe und Schiller g'lernt. Die Bürgschaft oder die Glocke kann i heut noch auswendig. Aber die Gschichten stimmen ja net. Den Tyrannen möcht i kennenlernen, der sich durch Freundestreue bekehren lasst. Und wenn der Herr von Schiller selber a Glockn gossn hätt, oder wenigstens an Glockengiaßer zuag'schaut hätt, dann wär ihm vielleicht wos anders eing'falln als ›Der Segen kommt von oben‹. Unser Vater hat uns des Metallarbeiterlied g'lernt – i weiß net, wer des g'schriebn hat – aber des sogt mehr aus.« Leider habe ich mir von den vielen Strophen, die die Tanten vorgetragen haben, nur zwei gemerkt:

»Tief in der Erde heißem Schoß, von ewiger Nacht umdunkelt,
wir brechen vom Gesteine los, was dort an Erzen funkelt.
Für was zum Leben wir so sehr des Nötigsten bedürfen,
wir schaffen lang, wir schaffen schwer, Gefahr und Tod dräun um uns her,
wir schürfen.
Doch schürfen auch mit Eifer wir in unsrer Brüder Herzen,
um dort die alte Knechtsmanier vom Grunde auszumerzen.
So Gold wie Eisen, Stahl wie Blei, die sprödesten Metalle,
wie hart und grob ihr Kern auch sei, wir zwingen sie doch alle.
Mit Feuers wohlgezähmter Kraft, wir machen sie zerfließen,
und leiten so zur Formenhaft – der Erze mächt'ge Eigenschaft,

wir gießen.
Bald gießen wir die Glocken schon dem Arbeitsvolk der Erden,
die es im Auferstehungston zur Freiheit rufen werden.«

Die Schüsse im burgenländischen Schattendorf (1927)

Während das Rote Wien durch seine gerechtere Steuerpolitik immer mehr soziale Einrichtungen schuf, rüsteten sich die Gegner des Sozialismus in faschistischen Vereinen zum Kampf gegen dieses »linke Treiben«.

Im burgenländischen Schattendorf erkannten die Sozialisten bald die faschistische Gefahr. Hier hieß sie »Frontkämpfervereinigung«. Sie traf sich regelmäßig im Gasthof Tscharmann, war bewaffnet und auf Konfrontation mit ihnen aus. Daher schlossen sich immer mehr Sozialisten dem Republikanischen Schutzbund an, der die Republik beschützen wollte.

Am 30. Jänner 1927 um 15 Uhr trafen sich die Sozialisten im Gasthof Moser zu einer Wählerversammlung. Als die Parteileitung erfuhr, dass Faschisten die Veranstaltung sprengen wollten, holten sie Hilfe von Schutzbündlern aus den benachbarten Dörfern. Es kam zwar zu Auseinandersetzungen zwischen Schutzbündlern und Frontkämpfern, die aber beigelegt wurden, um Blutvergießen zu vermeiden.

Die Schutzbündler zogen wieder in ihre Dörfer zurück, doch als sie am Gasthof Tscharmann vorbeikamen, wurde von dort aus den Fenstern das Feuer eröffnet. Zwei Tscharmann-Brüder und deren Freund Josef Pinter schossen in die Menge.

Ein Schutzbündler und ein achtjähriger Bub bezahlten das mit dem Leben. Bei der Hausdurchsuchung der Täter fand man Waffen und Munition. Die Schutzbündler aber waren unbewaffnet.

Ein halbes Jahr später, im Juli 1927 begann in Wien der Geschworenenprozess gegen die Schattendorfer Mörder. Verteidigt wurden sie vom nationalsozialistischen Rechtsanwalt Walter Riehl, der auch Geschworene nach seinem Geschmack fand. Die Anklage lautete dann nicht mehr Mord, sondern »Öffentliche Gewalttätigkeit unter erschwerenden Umständen«.

Am 14. Juli ging es der Verteidigung im Schlussplädoyer nur mehr um »deutsches Recht und deutsche Freiheit« und um einen »unpolitischen Traditionsverein«. Der Mord sollte also ungesühnt bleiben. Nach dreistündiger Beratung der Geschworenen verkündete spät am Abend der Vorsitzende das Urteil: »Glatter Freispruch.«

Die Mörder verließen als freie Männer das »Graue Haus« und wurden von ihren Verteidigern unter den Heilrufen ihrer Gesinnungsgenossen in bereitstehenden Autos in Sicherheit gebracht. Die draußen stehenden Demonstranten wurden von der Polizei zwar vertrieben, zogen aber weiter durch Wien und schrien die ungeheuerliche Nachricht in die Nacht: »Schattendorfer Mörder freigesprochen!«

Tante Hilda erzählte: »Ich hab damals gerade beim Hutter & Schrantz aushilfsweise als Weberin gearbeitet. Da stürzt am Vormittag der Betriebsrat Wagner in unsere Abteilung und schreit: ›Habts schon g'hört, die Schattendorfer Mörder sind freig'sprochen word'n. Das dürf ma uns net g'falln lass'n. Legts die Arbeit nieder, wir gehen demonstriern!‹ Mit dem Aufruf ist er durch alle Abteilungen gangen und die meisten Kollegen waren sofort bereit mitzumachen. Ein paar haben Angst vor einer Kündigung g'habt, da hat der Werner g'sagt: ›Drum müss ma ja alle gemeinsam gehen. Die ganze Belegschaft können's net rausschmeißen.‹

Da haben dann Kollegen Latten auf Kisten genagelt und Losungen draufg'malt, z. B.: ›Nieder mit der Justiz!‹ Und dann waren wir schon alle auf der Straßn marschier'n. Unterwegs hat der Wagner noch aus der Vetter-Fabrik einige Dutzend Arbeiter rausg'holt, und in der Quellenstraße sind uns schon die Simmeringer Arbeiter entgegenkommen. Bei der Lastenstraße waren wir schon ein riesiger Zug.«

Am 15. Juli 1927 um acht Uhr Früh schalteten die E-Werke den Kraftstrom ab, und die Belegschaft brach auf zum spontanen Protest. Mit der Losung: »Wir greifen zur Selbsthilfe!« zogen die Arbeiter in Richtung Parlament.

Dort trafen sie auf berittene Polizisten, die mit gezogenem Säbel auf die Demonstranten eindrangen. Die Schutzbündler alarmierten die Zentrale und baten um Unterstützung. Doch Otto Bauer persönlich versuchte zu verhindern, dass eine bewaffnete Elitetruppe des Schutzbundes in die Innenstadt entsandt wurde. Den Schutzbündlern wurde befohlen, sich »zur Bereitschaft« zurückzuziehen und nur mehr auszurücken, um die Disziplin wiederherzustellen. Da begannen Polizisten, die sich in den Justizpalast geflüchtet hatten, aus sicherem Hinterhalt in die Menge zu schießen. Die unbewaffneten Demonstranten montierten von einem Gerüst Eisenbolzen und Holzlatten ab, um sich gegen die Polizisten zu wehren. Trotz dauernden Beschusses gelang es einigen Demonstranten, in den Justizpalast einzudringen. Dort fanden sie, neun Jahre nach Überwindung der Monarchie, ein Porträt des Kaisers, das sie wütend aus dem Fenster warfen. Als danach auch Aktenbündel folgten, setzte die unbewaffnete, aber durch die Schießerei aufgeputschte Menge die Akten in Brand. Die etwa 200.000 Menschen vor dem Justizpalast schleuderten nun nach und nach die brennenden Aktenbündel durch eingeschlagene Fenster zurück in das Gebäude. Inzwischen waren weitere mit Gewehren bewaffnete Polizeieinheiten eingetroffen, die gezielt auf die Arbeiter schossen. Die Menge war zwischen dem brennenden Justizpalast und der Polizei eingekeilt. Das Massaker nahm seinen Lauf. Polizeipräsident Schober ließ insgesamt 1300 Juli-Demonstranten verhaften, unter denen auch Kinder waren. 780 der Verhafteten mussten nach zweimonatigem Polizeigewahrsam wieder entlassen werden. Den übrigen 520 wurde der Prozess gemacht.

Tante Hilda erinnerte sich: »Wir wollten damals eigentlich zum Parlament, aber da haben uns die Demonstranten zugerufen, dass der Justizpalast brennt. Also sind wir alle hin zum Schmerlingplatz. Vor dem Justizpalast hat ein Haufen Akten gebrannt, und aus dem Haus sind Flammen herausgeschlagen. Keiner von uns war bewaffnet, aber wie die Polizei mit Knüppeln und Säbeln auf uns losgegangen ist, haben wir halt mit Steinen auf sie geworfen. Plötzlich sind wir aber von den Schutzbündlern zurückgedrängt worden. ›Der Bürgermeister Seitz kommt mit der Feuerwehr‹, haben sie uns zugerufen. Da haben wir für die Spritzwagen Platz gemacht, und die Schutzbündler haben beim Löschen geholfen. Auf einmal sind hunderte Polizisten aufgetaucht und haben mit Gewehren wild in die Menge geschossen. Wir sind vor ihnen geflüchtet, aber die haben uns verfolgt. Das war die reinste Hasenjagd.«

Später habe ich erfahren, dass Onkel Otto mit seiner Schutzbundgruppe im Justizpalast drinnen war. Er hatte als Adjutant des Kommandanten Eifler den Befehl bekommen, die Disziplin wiederherzustellen. Der Polizei war drinnen die Munition ausgegangen und sie trauten sich nicht, das brennende Haus zu verlassen. Da entstand die paradoxe Situation, dass die Schutzbündler die Wut der Arbeiter über die Parteiführung abfangen mussten. Onkel Otto gab auf Befehl seines Kommandanten einem Wachmann seine Uniformjacke und sein Kapperl, damit sich der draußen vor der wütenden Menge schützen konnte. Das hat dem Onkel später leid getan, als er mitbekam, was die Polizisten alles angerichtet hatten.

Tante Hilda: »Wie ich nach Haus kommen bin, erfahr ich, dass dein Vater, der Gobi, abgängig ist. Er hat in der Früh von dem Schandurteil g'hört und ist sofort in die Bezirksleitung, damit er erfahrt, was dagegen unternommen wird. Aber von dort ist er nicht mehr zurückgekommen. Da hab ich einen Schreck gekriegt. Um Gottes Willen, hab ich dacht, der Gobi wird doch nicht auch in die Stadt gangen sein und hab der Mutter erzählt, was dort los war. Voller Angst sind dann die Mutter, die Wicki und ich zu euch in die Troststraße g'laufen, aber dein Vater war immer noch nicht da. Erst am Nachmittag haben ihn zwei Sanitäter nach Haus gebracht.

Er hat schrecklich ausg'schaut, und wir haben gleich bei eurer Nachbarin telefonisch den Doktor g'rufen. Beim Parlament war er g'wesen, wo es auch ein Gemetzel gegeben hat, und weil er damals schon unter Atembeschwerden gelitten hat, ist er beim Laufen zusammengebrochen. Weil er aus dem Mund geblutet hat, haben ihn Demonstranten zum Roten Kreuz in die Lerchenfelderstraße gebracht. Er war zwar nicht verletzt, aber einen Blutsturz aus seiner kranken Lunge hat er erlitten.«

Ich selbst war zwar damals erst vier Jahre alt, aber nach Tante Hildas Erzählungen, konnte auch ich mich wieder an diesen Tag erinnern. Alle waren damals aufgeregt, die Mutter weinte, und der Vater lag mit einem blutigen Taschentuch vor dem Mund im Bett. Ich lief weinend und schreiend im Zimmer herum, weil sich niemand, nicht einmal die Großmutter, um mich kümmerte. Da packte mich Tante Wicki, steckte mich zu Trude ins Gitterbett und schrie mich an: »Da bleibst sitzen! Und sei endlich ruhig!« So schroffe Worte waren mir neu.

Am 20. Juli 1927 wurden die Opfer des Polizeiterrors zu Grabe getragen. Fast jedes Haus war schwarz beflaggt, als sich der Trauerzug durch die Simmeringer Hauptstraße bewegte. Auf dem Friedhof waren 57 Särge auf einem 150 Meter Katafalk aufgestellt. Vor jedem Sarg hielten sechs Schutzbündler die Ehrenwache, vor den Särgen der Jugendlichen übernahmen Rote Falken diese Aufgabe. Für diese 57 Opfer stellte die Gemeinde Wien Ehrengräber zur Verfügung. Die ermordeten Passanten, die gar nicht an der Demonstration teilgenommen hatten, wurden in ihren Familiengruften beigesetzt. Kränze aus zahlreichen europäischen sozialdemokratischen und kommunistischen Organisationen schmückten die Särge, die Trauerreden hielten SP-Vizebürgermeister Speiser und der KP-Sekretär Johann Koplenig.

Polizeipräsident Schober ließ Johann Koplenig sofort nach seiner Trauerrede verhaften. Man warf ihm »Aufwiegelung an den Gräbern der Opfer« vor. Mehr als sieben Monate musste er in Untersuchungshaft auf seinen Prozess warten.

Am 3. September 1927 begann zunächst der Prozess gegen die 520 Julidemonstranten. Sie wurden von Berufsrichtern zu harten Strafen verurteilt.

Erst am 9. Jänner 1928 fand vor einem Schwurgericht der Prozess gegen Johann Koplenig statt. Die Anklage lautete: »Anstiftung zum Hochverrat.«

Die Verteidigungsrede des bis dahin ziemlich unbekannten Arbeiters wurde sogar in der ausländischen Presse gewürdigt. Koplenig drehte nämlich den Spieß um und klagte die Seipel-Regierung des Hochverrates an. Er legte den Geschworenen ausführlich die KP-Politik der Julitage dar, und wurde daraufhin freigesprochen.

Tante Hilda: »Eigentlich hätten wir damals schon aus der SP austreten müssen, weil soviel haben sie schon falsch gemacht. 1914: Zustimmung zum Krieg, 1918: im Jänner Abbruch des Streiks, im November Missachtung des Willens der Arbeiterschaft zur Revolution und 1927: Einsatz des Schutzbundes gegen die Demonstranten.

Den Streik damals haben wir schon am nächsten Tag abbrechen müssen. Immer dieselbe Drohung: Die Rohstofflieferungen werden stocken, die Betriebe werden zusperren müssen, und die Arbeiter werden arbeitslos. Onkel Otto hat sich nicht einschüchtern lassen, er ist damals aus dem Schutzbund ausgetreten und hat sich zur Gemeindewache gemeldet.«

Die Gemeindewache war im Juli 1927 auf Veranlassung von Bürgermeister Seitz gegründet worden, angeblich um »in Tagen der Gefahr« gegen den reaktionären Polizeipräsidenten Schober eingesetzt zu werden. Doch tatsächlich diente sie nur zur Beruhigung der Arbeiter und zum Schutz gegen Ruhestörer. Onkel Otto fand diese Organisation noch harmloser als den Schutzbund und kündigte, als sich ihm die Möglichkeit bot, im E-Werk angestellt zu werden. Mein Vater soll angeblich damals gesagt haben »Wir gehen einer kapitalistischen Diktatur entgegen. Alles was wir noch tun können, ist, soviel wie möglich für die Arbeiter herauszuholen, solange wir noch was zu reden haben.«

Zum Eintritt in die KPÖ konnten sich meine radikalen Verwandten dennoch nicht entschließen, sie erschien ihnen zu schwach, um tatsächlich wirksam zu werden.

Nach seinem Zusammenbruch hat Vater einige Wochen im Krankenhaus und anschließend in einer Heilanstalt verbracht. Danach nahm er seine Arbeit am Brunnweg wieder auf. Doch vor allem in der kalten Jahreszeit musste er häufig das Bett hüten.

Trude hat gar keine Erinnerung an Vater, und ich konnte ihr auch nur mit wenigen, sie betreffenden, Erlebnissen aushelfen. Vater war niemals streng zu uns. Wenn wir ungezogen waren, trat nur die Mutter in Aktion. Einmal hat Trude das »Speiskastl« ausgeräumt und dabei den Inhalt der Schachtel mit dem Vitaminpräparat »Sanatogen« verschüttet. Als Mutter zornig auf sie zuging, hat Trude aufgeregt ausgerufen: »Net simpfen, g'hört eh dem Vater!«

Sie wusste schon mit ihren zwei Jahren, dass vom Vater nichts zu befürchten war.

Nach ihrer Mittelohroperation saß sie mit einem Kopfverband im Gitterbett und sang vor sich hin: »Männlein im Walde, dill und dumm…« Als Vater sie aufforderte, weiterzusingen, sagte sie: »Schas aus!« Vater lachte darüber und rief der Mutter zu: »Hast g'hört, Steffi, das hat sie sicher von der Wickerl g'lernt.«

Eine Geschichte blieb mir besonders in Erinnerung: Trude saß neben Vaters Bett auf dem Fußboden und spielte mit Dominosteinen. Vater sah ihr zu und beugte sich willig zu ihr hinunter, als sie ihn bat: »Duck di, possier di! (Bück dich, ich frisier dich!)«

Und sie fuhr ihm mit dem Dominostein durch sein dichtes Haar. Dann hielt sie ihm den Stein wie einen Spiegel vor das Gesicht: »Schau di eine, bist liab!«

Abschied von Großmutter (1928)

»Manchmal wollt ich fast verzagen, und ich glaub, ich trüg es nie.
Und ich hab es doch getragen, aber fragt mich nur nicht, wie.«

Wenn diese einfachen Worte des großen Dichters Heinrich Heine Eingang in die Weltliteratur gefunden haben, dann darf ich auch jenen Herz-Schmerz-Vers nicht gering schätzen, der im Mai 1928 für Großmutters Todesnachricht gewählt wurde:

»An Liebe reich, ein treues Herz hat aufgehört zu schlagen.
Wie ist es schwer, den herben Schmerz der Trennung zu ertragen.«

Er drückt aus, was alle, die ihr nahe standen, damals am 25. Mai 1928 empfunden haben, als Großmutter im 70. Lebensjahr starb.

Es ist erstaunlich, wie klar mir der letzte Besuch bei Großmutter in Erinnerung geblieben ist, da mir, der Fünfjährigen, doch gar nicht bewusst war, dass es ein Abschied für immer werden sollte. Man hatte ihr den Haarknoten gelöst und ihr dicker kastanienbrauner Zopf lag auf ihrem weißen Kissen. Warum fast die ganze Familie an ihrem Bett versammelt war, wusste ich nicht. Ich hatte nur Augen für die Schüssel mit Kirschkompott, die am Tisch stand und wunderte mich, dass mir niemand etwas davon gab. Und ich war auch verwundert, dass Tante Wicki eine Nachbarin unsanft bei der Tür hinausgedrängt hat. Jahre später fragte ich nach und erfuhr von ihr: »Die blöde Kuh hat zur Mutter g'sagt: ›Ich war in Lourdes, Frau Sokopp, und hab für sie gebetet.‹ Unser Mutter war aber net fromm, und obwohl ihr das Sprechen schwer g'falln is nach ihrem Schlaganfall, hat sie geantwortet: ›Wer weiß, ob Sie der Herrgott verstanden hat, dort redet er doch nur französisch.‹ Da hat die Frau Bauer aufg'schrien: ›Um Gottes Willen, Frau Sokopp, wie können's denn jetzt knapp vorm Tod noch lästern?‹ Da hab i die taktlose Kerzlschluckerin afoch rausg'schmissn.«

Nach dem Begräbnis ist mir dann doch klar geworden, dass ich die geliebte Großmutter nun nie mehr wiedersehen würde, da soll ich gesagt haben: »Ich geh zum Totendoktor und lass sie wieder ausgraben.«

Abschied vom Vater (1929)

Mein Vater konnte noch erleben, wie seine Kleingartenanlage »Am Brunnweg« im Jänner 1929 feierlich eröffnet wurde. Er wurde zum Ehrenobmann auf Lebenszeit gewählt, und die Hauptstraße in der Anlage bekam seinen Namen: »Sokoppweg«. Als er einen Lorbeerkranz überreicht bekam, soll er zu meiner Mutter gesagt haben:

»Jetzt ersparst du dir den Kranz für mein Grab.«

Doch als er wenige Wochen danach – am 13. Februar 1929 – im 41. Lebensjahr starb, hat Mutter den Kranz nicht auf sein Grab gelegt. Er hing bis zu ihrem eigenen Tod im Vorraum unserer Wohnung.

»Die Kräfte waren gering –
Das Ziel lag in großer Ferne.
Es war deutlich sichtbar,
wenn auch für mich kaum zu erreichen.
So verging meine Zeit,
die auf Erden mir gegeben war.«
(Bertolt Brecht)

Man neigt dazu, Tote zu idealisieren. Die Tanten haben das sicher getan, wenn sie mir meinen Vater als einen außergewöhnlichen Menschen beschrieben. Ich habe ihnen gerne geglaubt und auch in diesem Glauben mein Andenken an ihn bewahrt. Man idealisiert doch nur Menschen, die man geliebt und geachtet hat, und man liebt und achtet einen Menschen nicht ohne Grund. Die Tanten meinten, sie hätten nur zwei wirklich harmonische Ehen erlebt, die ihrer eigenen Eltern und die von Jakob und Steffi. Ich habe meinen Vater sehr geliebt, meine Beziehung zu ihm muss eine tiefe gewesen sein, sonst hätte man mir seinen Tod wohl nicht verschweigen müssen.

Ich kann mich an seinen letzten Lebenstag erinnern, doch ich wusste nicht, dass es sein Todestag war. An jenem 13. Februar sagte Vater zu meiner Mutter: »Hol die Mädchen (meine Tanten), ich trete heute meinen ewigen Schlaf an.« Mutter wollte das zwar nicht wahrhaben, aber sie holte dennoch die Tanten aus der Buchengasse.

»Wir konnten auch nicht glauben, dass es mit ihm zu Ende geht«, sagte Tante Hilda, »er hat uns noch genaue Anweisungen gegeben, vor allem hinsichtlich eurer Erziehung. Wir mussten ihm versprechen, deine Mutter und euch niemals im Stich zu lassen. Er hat deiner Mutter, die wie er konfessionslos war, geraten, in die evangelische Kirche einzutreten, um euch Kindern Unannehmlichkeiten in der Schule zu ersparen. Er hat damals schon befürchtet, dass die Demokratie nicht mehr lange halten wird. Und zu deiner Mutter sagte er: ›Du wirst es schwer haben, aber vielleicht tröstet dich der Gedanke, dass mich die Jahre mit dir und den Kindern sehr glücklich gemacht haben.‹

Die Wicki und ich haben auch die letzten Stunden unserer eigenen Eltern miterlebt, aber so bewusst und gefasst hat nur dein Vater seinen Tod erwartet. ›Das Gehör werd ich ganz zuletzt verlieren‹, hat er gesagt, ›ihr könnt also noch zu mir sprechen, wenn meine Augen schon geschlossen sind.‹

Aber wie es dann so weit war, haben wir keine Worte mehr gefunden. Mit dem Blick auf euer Gitterbett, das hinter der offenen Zimmertür stand, ist er gestorben.«

Ich erinnere mich, dass man Trude und mich mit dem Bett in die Küche geschoben hat, weil Vater seine Ruhe braucht. Die Tanten blieben die ganze Nacht bei uns, und am nächten Morgen brachten sie uns in die Buchengasse. Doch vorher öffneten sie noch einmal die Zimmertür: »Der Vater schlaft, aber sagts ihm trotzdem Lebwohl!«

Ich war nicht beunruhigt, aber weil man ihm das Kinn mit einem Tuch hochgebunden hatte, fragte ich: »Hat der Vater Zahnweh?«

Als wir nach einigen Wochen wieder in unsere Wohnung zurückkehrten, wurde uns gesagt, dass der Vater in einem Erholungsheim sei, und dass wir ihn nun längere Zeit nicht sehen würden. Tante Wicki hat sogar Briefe verfasst und sie mir glaubhaft als Vaters Schriften vorgelesen. Ich hab immer wieder nach ihm gefragt, und jedes Mal wurde mir seine baldige Rückkehr versprochen und man beruhigte mich: »Du musst Geduld haben, der Vater soll doch ganz gesund werden.«

Es hatte niemand den Mut dazu, mir die Wahrheit zu sagen, die ich erst mehr als ein Jahr danach auf grausame Weise erfahren habe.

Sieben Monate nach Vaters Tod kam ich zur Schule. Möglicherweise habe ich durch die neuen Eindrücke dann weniger oft nach ihm gefragt. Doch wenn man gehofft hatte, dass ich ihn mit der Zeit vergessen würde, so hatte man sich geirrt.

Heute bin ich der Ansicht, dass man mich nicht hätte täuschen sollen, vielleicht hätte ich im Vorschulalter die schmerzliche Wahrheit besser verkraftet.

Eines Tages fragte uns die Lehrerin nach dem Beruf des Vaters und ich rief raus: »Mein Vater ist Metalldrucker.« »Du meinst, dein Vater *war* Metalldrucker, bevor er starb«, belehrte sie mich. Wie vom Schlag gerührt konnte ich kaum das Ende des Unterrichts abwarten. »Mutter, die Lehrerin sagt, der Vater ist tot! Du musst ihr sagen, dass das nicht wahr ist.« Und Mutter nahm mich in die Arme und sagte unter Tränen: »Ach Kind, einmal musst du es doch erfahren.«

In meinen späteren Wachträumen hab ich immer wieder mit Vater gesprochen, hab ihm von meinen Freuden und Sorgen berichtet, und schließlich hat mir die Religion geholfen. Ich war überzeugt, dass Vater im Himmel ist, dass er auf mich herab sieht, und dass ich ihn einst wiedersehen werde.

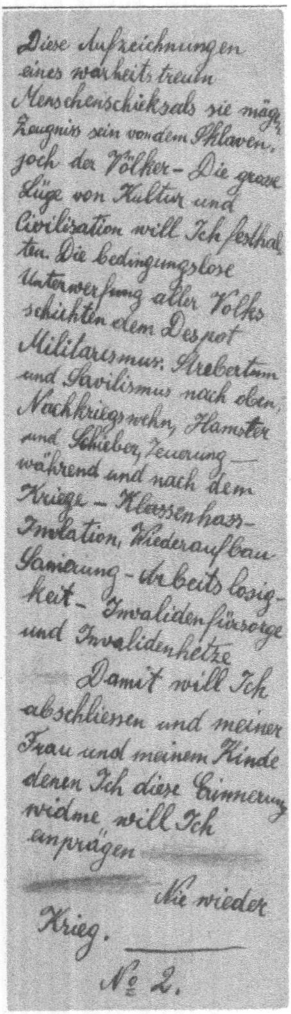
Diese Aufzeichnungen
eines warheits treuen
Menschenschicksals sie mögen
Zeugnis sein von dem Sklaven-
joch der Völker- Die grosse
Lüge von Kultur und
Civilisation will Ich festhal
ten. Die bedingungslose
Unterwerfung aller Volks
schichten dem Despot
Militarismus. Strebertum
und Savilismus nach oben,
Nachkriegswehn, Hamster
und Schieber, Teuerung –
während und nach dem
Kriege – Klassenhass-
Inflation, Wiederaufbau
Sanierung - Arbeitslosig-
keit- Invalidenfürsorge
und Invalidenhetze
Damit will Ich
abschliessen und meiner
Frau und meinem Kinde
denen Ich diese Erinnerung
widme will Ich
einprägen
Nie wieder
Krieg.
№ 2.

»Nie wieder Krieg« – Jakob Sokopps Denkschrift im Original.

Diesen Glauben habe ich natürlich mit den Jahren verloren, und so ist mir von Vater nichts geblieben als die spärlichen Erinnerungen, einige Fotos und der Entwurf zu einer Denkschrift, die er uns hinterlassen wollte. Sie ist nicht fertig geworden, und es sind nur wenige schmale Papierstreifen erhalten, in feinsäuberlicher Schrift mit Tintenblei geschrieben. Aber sie sind Zeugen seines Kampfes gegen Militarismus und seiner Sehnsucht nach einem friedlichen und gerechten Miteinander.

»...Diese Aufzeichnungen eines wahrheitstreuen Menschenschicksals – sie mögen Zeugnis sein von dem Sklavenjoch der Völker. Die große Lüge von Kultur und Zivilisation will ich festhalten. Die bedingungslose Unterwerfung aller Volksschichten dem Despot Militarismus. Strebertum, Klassenhass, Schieber während und nach dem Kriege, Teuerung, Inflation, Wiederaufbau, Sanierung, Arbeitslosigkeit, Invalidenfürsorge und Invalidenhetze... Meiner Frau und meinen Kindern, denen ich diese Erinnerungen widme, will ich einprägen... Nie wieder Krieg.«

Nach einem Vorwort und dem ersten Kapitel enden leider seine Aufzeichnungen. Wie gerne hätte ich noch mehr von seinen Gedanken erfahren.

5. Witwe mit zwei Kindern (1929–1936)

Bertl in der Buchengasse (1929–1933)

Meine Schule lag ganz in der Nähe unserer Wohnung, in der Herzgasse 87, die allgemein »Obere Herzschule« genannt wurde. Nach der Schule kam ich zum Essen in die Buchengasse, wo mich die Tanten betreuten.

Meine Volksschulzeit ist voller Erinnerungen an meinen Cousin Bertl. Er war der Sohn meines Onkels Robert und seiner ersten Frau Anna, die während des Krieges die gute Seele für die Sokopp-Kinder in der Buchengasse war. Onkel Robert hatte bereits drei Söhne und 1924 auch seine Frau Anna an der Tuberkulose verloren. Er lebte danach mit seinen Söhnen, Bertl, Willi und Otto und seiner zweiten Frau Mitzi, einer streng gläubigen Katholikin, in einer deutschen Sprachinsel der Zips in der Tschechoslowakischen Republik, am Fuße der Hohen Tatra.

Sein Sohn Bertl kam 1929 nach der Matura nach Wien, um hier Jura zu studieren. Während seiner Studienzeit lebte er bei den Tanten in der Buchengasse. Seine Anwesenheit dort machte diesen geliebten Ort für mich noch anziehender. Er half mir auch bei den Aufgaben, ich verdanke es sicher ihm, dass ich während der ganzen Volksschulzeit nur »lauter Einser« hatte. Er war mein »Märchenprinz«, und ich war überglücklich, wenn ich mich ganz still in seiner Nähe aufhalten durfte, während er über seinen Büchern am Schreibtisch saß.

In der ersten Volksschulklasse tat ich mir schwer mit dem Erlernen der Uhr. Da brachte er mir eine Uhr aus Pappe mit und erklärte mir mithilfe der beweglichen Zeiger, wie man die Zeit ablesen kann. In der Schule zeigte ich als erste auf, wenn es um die Uhr ging: »Ich kann schon die Uhr, Frau Lehrerin! Eine Minute hat 60 Sekunden, eine Stunde hat 60 Minuten, ein Tag 24 Stunden, eine Woche...«

Da unterbrach mich die Lehrerin: »Nicht so hastig! Woher weißt du denn das alles?«

Und ich antwortete voll Stolz: »Von meinem Cousin Bertl, der wird nämlich Doktor!« Bertl wurde wirklich Jurist. Er war nicht nur der erste Akademiker der Familie, sondern auch der erste Kommunist. Gleich zu Beginn seines Studiums schloss er sich dem Verband Sozialistischer Studenten an. An der Universität kam es aber immer wieder zu tätlichen Zusammenstößen zwischen sozialdemokratischen und nationalsozialistischen Studenten.

Als die Kommunistische Partei im Jahre 1932 zur Bildung einer »Einheitsfront« aufrief, schloss sich Bertl dieser »Antifaschistischen Aktion« an, an deren Großkundgebungen und Demonstrationen auch tausende sozialdemokratische Arbeiter und Studenten teilnahmen. Die ständig wachsende Sympathie für die Kommunisten, vor allem für die Einheitsfront, veranlasste den SP-Parteivorstand, offensiv gegen die KPÖ aufzutreten, anstatt sich gegen die drohende faschistische Diktatur zu wenden. Das bewog Bertl, aus der SP auszutreten und aktives Mitglied der KPÖ und des »Roten Studentenbundes« zu werden.

In der Buchengasse habe ich immer aufmerksam zugehört, wenn Onkel Otto mit seinem Neffen Bertl debattierte. Ich verstand natürlich nicht, dass es sich hier um Diskussionen zwischen einem Sozialdemokraten und einem Kommunisten handelte. Aber es war interessant zu beobachten, wie Onkel Otto aufgeregt im Zimmer herumlaufend und heftig gestikulierend mit lauter Stimme seine Argumente vorbrachte, während Bertl ihm geduldig zuhörte, um dann ganz ruhig und überlegt zu antworten, sodass Onkel Otto auch ganz still und nachdenklich wurde. Ich war überzeugt, dass der besonnene - immer freundlich lächelnde Bertl Recht hatte.

Nur eines hat mich sehr betrübt. Ich durfte den geliebten Cousin niemals umarmen oder gar küssen, obwohl ich das so gerne getan hätte. Er hat mich immer von sich geschoben, wenn ich ihm zu nahe kam. Niemand hat mir damals gesagt, dass auch Bertl den Todeskeim der Tuberkulose in sich trug.

Nach Abschluss seines Studiums fuhr er wieder zu seinen Eltern und seinem Bruder in die Slowakei. Von dort haben wir im August 1934 die Nachricht seines Todes erhalten.

Mutter mit zwei Kindern (1929–1936)

Meine Volksschullehrerin war auch eine »Rote«. Sie sang mit uns das »Lied vom kleinen Trompeter« und »Wir sind jung, die Welt ist offen«. Zu diesen Liedern der Arbeiterjugend begleitete sie uns auf der Mandoline.

Auch meine Mutter blieb Sozialdemokratin, sie glaubte, dies meinem Vater schuldig zu sein. Sie hatte die sozialdemokratische Zeitung »Das kleine Blatt« und die Wochenzeitschrift »Die Unzufriedene« abonniert.

Nach Vaters Tod arbeitete Mutter als Hilfsarbeiterin in der »Imperial Feigenkaffee-Fabrik«. Die Stelle hatte ihr der Meister der »Feigenzupferei« verschafft, der durch meinen Vater einen Kleingarten in der Anlage »Am Brunnweg« erhalten hatte.

Wie schrecklich dieser Arbeitsplatz war, habe ich erst viel später begriffen. Mutter musste den ganzen Tag auf einer Holzkiste sitzen und die in Säcken angelieferten Klumpen getrockneter Feigen auseinander zupfen. Den süßlichen Feigengeruch brachte sie mit ihren Kleidern mit in die Wohnung. Sie arbeitete von sieben Uhr früh bis fünf Uhr nachmittags und samstags bis zwölf Uhr. Jeden vierten Samstag hatte Mutter ihren Waschtag. Da eilte sie schon um 4 Uhr früh in die Waschküche, um die Kessel anzuheizen und die erste Partie Wäsche auszukochen. Nach der Arbeit und einem hastig hinuntergeschlungenen Mittagessen arbeitete sie mit Rumpel und Bürste weiter bis zum Abend. Das Schlimmste war das Schwämmen der Wäsche in den mit kaltem

Wasser gefüllten Bottichen. Beim Winden musste ich helfen. Und natürlich hätte Mutter auch die schweren Körbe voll nasser Wäsche nicht allein auf den Dachboden tragen können, wo ich ihr dann auch beim Aufhängen behilflich sein musste. Wie habe ich diese Waschtage gehasst, und auch die Nachmittage davor, wenn Trude und ich die Blöcke von Kernseife zu Seifenflocken raspeln mussten.

Aber immerhin ging es uns so gut, dass wir keinen Hunger leiden mussten. Zusätzlich zu der kleinen Waisenrente verdiente Mutter 19 Schilling pro Woche. Von den Kindern der Arbeitslosen wurde ich sogar um die Schmalzbrote und die Äpfel beneidet, die ich für die Schulpausen mitbekam. Dagegen beneidete ich die Kinder, die der Schule fernbleiben konnten, wenn ihr einziges Paar Schuhe zur Reparatur beim Schuster war. Das geschah aber ohnehin nur im Winter. Im Frühling und Herbst gingen sie bloßfüßig.

Zu meinen täglichen Vergnügungen gehörten die Straßensänger, von ihnen lernte ich viele Schlager und Wienerlieder. Dass es sich bei diesen Männern meistens um Arbeitslose handelte, wusste ich nicht. Einige dieser Bettelmusikanten hielten wir sogar für Künstler. Dem Waldhornbläser, der seine traurigen Lieder blies oder dem Geiger, der im Stiegenhaus auf den Gängen spielte, hat Mutter immer etwas gegeben.

Ein großes Problem damals waren die Wanzen. Obwohl Mutter ständig putzte und jedes Jahr das Zimmer »ausgasen« ließ, konnten auch wir uns des abscheulichen Ungeziefers nicht erwehren. Selbst die mit Kupfervitriol und Petroleum gefüllten »Flitspritzen« verfehlten ihre Wirkung. Wahrscheinlich hatten diese braunen, stinkenden Blutsauger ihre Nester in den Strohsäcken. Daher kaufte Mutter - auf Raten – drei Stahlrohrbetten. Da war dann am Morgen das Bettzeug nicht mit dem Blut zerdrückter Wanzen befleckt.

Für mich als Kind waren damals die sozialen Errungenschaften des »Roten Wien« eine Selbstverständlichkeit. Der Besitz einer Gemeindewohnung, das Freibad im Arthaberpark, die ärztliche Betreuung und Bestrahlungen in der Lungenfürsorge, die Augenambulanz, wo ich so viele Behandlungen bekam, der Schularzt, die Zahnklinik, die Leihbibliothek etc. Dass diese kostbaren Einrichtungen nur durch harte politische Kämpfe errungen wurden und die reaktionäre Regierung schon an deren Abbau arbeitete, wurde mir erst später bewusst. Denn die von der Wohnbausteuer und den Luxusabgaben betroffenen reichen Bürger waren sehr wütend auf den dafür verantwortlichen sozialdemokratischen Finanzstadtrat Hugo Breitner. »Steuervampir« bezeichneten sie ihn, und seine Kommunalpolitik als »Wohnungsbolschewismus«.

Dabei war bei den Arbeitern von einem guten Leben überhaupt keine Rede. Ich erinnere mich an die große, schwarze Fahne, die so oft – nach jedem Todesfall im Gemeindebau – über dem Haustor hing. Herr Sepper und Herr Willomitzer von der Dreierstiege hatten Selbstmord begangen, als sie ausgesteuert wurden. Herr Helmreich von der Einserstiege war plötzlich im Anhaltelager Wöllersdorf. Dass dort das

Gefängnis für politische Häftlinge war, wussten wir Kinder noch nicht. Auch Herr Hanslik war verhaftet worden, weil er im Delikatessengeschäft gegenüber versucht hatte, Essen zu stehlen. Seine Frau ist daraufhin nervlich krank geworden. Wir Kinder machten immer einen großen Bogen um sie. Ihr Kopfzucken und ihre unartikulierten Laute machten uns Angst.

Eine andere Erinnerung zeigt, wie arm die Bevölkerung war. In der Weihnachtszeit wurden der Mutter oft von verschiedenen Hausparteien Lose angeboten. Durch den Kauf eines Zettels mit einer Nummer hatte man die Chance, in dieser »geheimen Lotterie« etwa ein Kaffeeservice oder eine Bettdecke aus dem Besitz der Losverkäufer zu gewinnen, die sich dann meist nur schweren Herzens von diesen Dingen trennten. Einmal wurde Mutters Los gezogen. Doch als die Frau Zimmermann ihr den Gewinn, eine Geige, übergeben wollte, brachte es Mutter nicht übers Herz, das anzunehmen. »Ihr Sohn spielt doch so schön«, sagte sie, »wie kann ich ihm denn für 50 Groschen, die das Los gekostet hat, das geliebte Instrument wegnehmen?«

Mir machte Mutters Großzügigkeit nichts aus. Ich ging ja zum Musikunterricht, nachdem mir meine Mutter zu meinem zehnten Geburtstag eine Zither gekauft hatte.

Die Freude am Zitherspielen hatte eigentlich die gute Tante Anna, Bertls Mutter in die Familie gebracht, als sie während des Krieges eine Zeit lang in der Buchengasse wohnte. Sie brachte damals das Spiel Tante Hermine bei, und seither war Mutter von diesem Instrument fasziniert. Daher durfte ich Zither lernen. Doch Trude hätte die Geige von Frau Zimmermann gerne behalten.

Regierung Dollfuß (1932–1934)

Unter der Regierung Dollfuß erreichte die Wirtschaftskrise in den Jahren 1932/1933 ihren Höhepunkt. Ein Drittel der arbeitenden Bevölkerung galt als beschäftigungslos.

Kleinbauern konnten ihre Kredite nicht mehr zurückzahlen und mussten zwangsversteigern. Die KPÖ versuchte mit der Losung »Arbeiternot – des Bauern Tod« auch die Bauern zum Kampf gegen die kapitalistische Regierung zu mobilisieren.

Es folgten zahlreiche Streiks – gegen den Willen der sozialistischen Gewerkschaft. Sie lehnte Arbeitskämpfe während einer Wirtschaftskrise generell ab. Durch brutales Eingreifen der Polizei mussten alle Streiks abgebrochen werden und zur allgemeinen Abschreckung wurden Arbeiter entlassen. Dieser »Anti-Streik-Bewegung« schloss sich auch die SP-Führung an. In der Arbeiterzeitung stand:

»Die Schlappe bei den Streiks sollte der Arbeiterschaft eine Lehre sein.«

Die Arbeiter und Bauern fühlten sich bald von den Sozialdemokraten im Stich gelassen und suchten sich anderswo Unterstützung.

Diese Chance nutzte die NSDAP. Ihr rasanter Bedeutungszuwachs in Deutschland ließ die österreichischen Nazis hoffen, auch hier die Macht übernehmen zu können.

Mit radikalen, antikapitalistischen Phrasen konnten sie nicht nur verelendete Bauern gewinnen, sondern auch viele unzufriedene Arbeiter. Und 1932 erreichten sie in mehreren Bundesländern bei den Landtagswahlen zwanzig bis vierzig Prozent der Stimmen.

Dagegen stellte die KPÖ eine »Politik der Einheitsfront« auf, und führte damit als einzige Organisation den antifaschistischen Kampf weiter. Aber nicht nur gegen Nationalsozialisten und Heimwehr, sondern jetzt auch gegen die erkennbaren faschistischen Tendenzen im Staatsapparat.

An den »Einheitskongressen« in Wien, Linz, Klagenfurt und anderen Städten nahmen tatsächlich hunderte Sozialdemokraten, Anarchisten, Parteilose und sogar Vertreter der Bauernschaft teil. Die größte antifaschistische Aktion fand im September 1932 in der Engelmann-Arena statt, mit mehr als 10.000 Teilnehmern.

Tante Hilda war dabei: »Zu der Großkundgebung hat uns der Bertl mitg'nommen, der hat ja in Wien studiert und bei uns in der Buchengass'n g'wohnt. Der Bua war damals schon bei der KP. Also das war ein Ereignis, unvorstellbar! Wie diese Menschenmassen zur Kundgebung hin marschiert san, ich hab glaubt, jetzt is die Arbeitereinheit endlich da. Sozis und Kummerln san gemeinsam marschiert. Alle haben's rote Fahnen tragn. Die an mit drei Pfeile drauf, die andern mit Sichel und Hammer. Drinnen, der Saal war bummvoll, wir haben nur an Stehplatz kriagt. Aber trotzdem, der Anblick: Rundherum Fahnenträger und die Wänd voller Transparente mit antifaschistischen Losungen. Zum Schluss ham ma no die ›Internationale‹ g'sungan, alle miteinand. Das war ein Chor, den hat ma sicher bis auf d'Stroßn g'hört.

Aber die SP-Führung war weiter geg'n a ›Einheitsfront‹, und hat si drauf beschränkt, der Regierung Vorschläg z'machen, die sowieso net ang'nommen word'n san.

Wir haben von da an oft mit den Kommunisten gemeinsame Sache g'mocht. Und wenns auf der Uni zu Nazikrawallen kommen is, dann hat der Onkel Otto seine ehemaligen Schutzbund-Kameraden mobilisiert, und sie san den »Roten Studenten« zu Hilfe kommen.«

Einen Monat nach der Großkundgebung fand in Wien auf der Ringstraße der »Gautag der Nationalsozialisten« statt. Wegen des großen Erfolges der antifaschistischen Aktionen sagte Hitler seinen Besuch ab. Aber von Regierungsseite wurde dem gewaltigen Aufmarsch in SA-Uniformen nichts in den Weg gelegt.

Auch die SPÖ tolerierte die Dollfuß-Diktatur – angeblich zum Schutz gegen den Nationalsozialismus. Doch als Hitler im Jänner 1933 vom deutschen Monopolkapital zum Reichskanzler gemacht wurde, trieb Dollfuß die Etablierung seines »Austrofaschismus« in Österreich rasant voran. Er stattete seine Heimwehren mit immer größerer Macht aus. Der »grüne Faschismus« (Farbe der Heimwehruniform) unterschied sich aber vom »braunen Faschismus« (Farbe der SA-Uniform) nur durch den Wegfall der Rassenfrage. Diese bewaffneten Heimwehren hatten aufgrund der zurückweichenden Sozialdemokratie mit keiner Gegenwehr zu rechnen. Daher holten sie zum lang angekündigten Schlag gegen den »Bolschewismus« und den »Marxismus« des Roten Wien aus. In raschen Schritten wurde nun die Arbeiterschaft zurückgedrängt und ihrer Machtpositionen beraubt. Folgende Gesetze wurden binnen kurzer Zeit erlassen:

Allgemeines Streikverbot
Kürzung der Arbeitslosenunterstützung und auch der Dauer von dreißig auf zwanzig Wochen
Kürzung des Überstundenzuschlags von fünfzig auf 25 Prozent
Streichung des freien Samstagnachmittags für Frauen und Jugendliche
Einarbeitung der kirchlichen Feiertage
Verbot des Schutzbundes und des Maiaufmarsches
Verbot der KPÖ und der Kinderfreunde

Noch war die SP legal, doch die KPÖ und der Schutzbund wurden illegalisiert. In dieser Konfrontationsperiode schieden sich die Geister innerhalb der SPÖ. Auf der einen Seite die Beschwichtiger, auf der anderen Seite jene, die bereit waren, gegen die Angriffe dieses Klerikalfaschismus gewaltsam zu kämpfen. Die KPÖ setzte in der Illegalität trotz verschärfter Bedingungen ihren Kampf gegen das Dollfuß-Regime fort und immer mehr Sozialisten waren bereit, die »Rote Einheitsfront« zu stärken.

Zu Beginn des Jahres 1934 schaltete Dollfuß die gewählte Regierung aus. Die SPÖ meldete keinerlei Protest gegen Starhembergs Pläne an, die lauteten: »Unser Kampf ist die uneingeschränkte Durchsetzung der faschistischen Ideenwelt. Unser Ziel ist die restlose Überwindung des korrupten Parteienstaates und die restlose Unterwerfung des Austrobolschewismus!«

Karl Renner, Otto Bauer und andere führende Funktionäre beschwichtigten ihr Handeln bis hin zur Selbstverleugnung der sozialdemokratischen Bewegung. Dass es trotzdem zu Kämpfen und Streiks kam, war der Verdienst jenes klassenbewussten Kerns der österreichischen Arbeiter, die der Resignation und der dauernden Rückzugsmanöver der Parteiführung widerstanden.

Zum Wortführer der sozialdemokratischen Linksopposition wurde der oberösterreichische Schutzbundobmann Richard Bernaschek. Er war es, der am 12. Februar 1934 gegen den Willen Otto Bauers das Signal zum Kampf setzte.

»Bis hierher und nicht weiter, lieber kämpfend untergehen als kampflos kapitulieren«.

12. Februar 1934

Ich war in jenen Schicksalstagen nicht ganz elf Jahre alt und besuchte die erste Hauptschulklasse. Am 12. Februar – es war ein Montag – kam die Mutter in der Mittagspause heim und trug uns auf, am Nachmittag die Wohnung nicht mehr zu verlassen. Da ich diese Anordnung nicht verstand, ging ich trotzdem zum Zitherunterricht. Meine Zitherlehrerin wohnte in der Laxenburgerstraße, Ecke Hasengasse. In den Nebengassen war es völlig ruhig und ich freute mich, dass im Laubepark keine Kinder waren. So konnte ich einige Male ungestört über die lange Eisschleife rutschen. In der Buchengasse wollte ich einen Sprung zu den Tanten machen, doch sie waren nicht daheim. Erst als ich zur Laxenburgerstraße kam, fielen mir die vielen lärmenden Menschen auf. Die Musiklehrerin öffnete mir die Tür und rief entsetzt aus: »Ja Kind, was machst du auf der Straße? Heute ist kein Unterricht. Lauf schnell wieder nach Hause und bring dich in Sicherheit!«

Ja wovor denn? Ich begriff immer noch nichts. Doch als ich dann wieder auf der Laxenburgerstraße stand, war schon die Hölle los. Berittene Polizei trieb eine riesige Menschenmenge neben sich her, und ehe ich mich versah, war ich schon mitten im Zug und musste in der Menge mitlaufen. Da bekam ich es mit der Angst zu tun, denn die Polizisten auf den Pferden schwangen Stöcke oder Gummiknüppel und schrien auf die Leute ein, die zurückbrüllten und drohend ihre Fäuste hoben. Auszubrechen wagte ich nicht, denn da hätte ich zwischen zwei galoppierenden Pferden durchschlüpfen müssen.

Und plötzlich am oberen Ende des Arthaberparks riss mir ein Mann den Zitherkasten aus der Hand und lief damit durch die Inzersdorferstraße davon. Da hab ich dann nicht mehr auf die Polizisten geachtet und bin ihm schreiend nachgelaufen:

»Meine Zither, meine Zither, der Mann hat mir meine Zither gestohlen!« Doch schon an der nächsten Ecke blieb er stehen und wartete auf mich. »Da hast du deinen Kasten wieder«, sagte er, »ich wollte dich nur aus dem Zug herausbringen. Was hast denn du Knirps in einer Demonstration zu suchen? Schau, dass du nach Hause kommst!«

Eigentlich wollte ich meiner Mutter dieses Erlebnis verschweigen, weil sie sehr böse werden konnte, wenn ich ihren Anordnungen zuwider handelte. Doch weil mir der Schreck noch in allen Gliedern saß, erzählte ich es ihr doch. Und sie hat – wider Erwarten – nicht einmal mit mir geschimpft. »Es ist etwas Schreckliches passiert«, sagte sie, »Heimwehr und Polizei bekämpfen die Arbeiter. Ihr dürft auch morgen nicht zur Schule gehen!«

Und dann hörten wir auch schon die Schüsse auf den Pernerstorferhof. Mutter drängte uns in die Ecke des Zimmers, die von den Fenstern am entferntesten war.

»Was ist denn los Mama? Ist das Krieg?« »Ein Bürgerkrieg. Diese Banditen schießen auf unsere Arbeiterhäuser.«

Ich fiel auf die Knie und begann laut das »Vaterunser« zu beten. »Bete nur Kind, wenn du glaubst, dass es dir hilft! Ich verlass mich lieber auf unsere Schutzbündler.«

Es war ganz finster im Zimmer, denn der elektrische Strom war abgeschaltet. Mutter blieb am Fenster stehen und schob immer wieder den Vorhang zur Seite, um auf die Troststraße hinauszusehen.

Ich weiß nicht, wie lange der Beschuss gedauert hat, mir schien es, als hätte ich stundenlang in der Ecke gekniet und gebetet. Dann wurde es plötzlich ruhig und Mutter sagte: »Sie zieh'n ab. Wahrscheinlich haben sie unsere Leute verhaftet. Der Herrgott scheint nicht auf unserer Seite zu stehen.«

Im Schein einer Kerze legten wir uns dann zu Bett.

Am nächsten Tag erfuhr ich, dass mein Onkel Otto auch so ein Schutzbündler war, um die meine Mutter so gezittert hatte. Er war damals im Elektrizitätswerk angestellt. Dort hat man schon am frühen Vormittag des 12. Februar von den Linzer Genossen gehört, dass Bernaschek zum Generalstreik aufgerufen hat und die Wiener Genossen zu Solidaritätsaktionen aufruft. Der größte Teil der Arbeiterschaft war sofort bereit zu streiken. Zunächst wurden sie aber von den Ingenieuren und der Direktion unter Drohungen daran gehindert. Doch etwa um 11 Uhr 30 gelang es einer entschlossenen Arbeitergruppe unter der Führung Franz Schusters den Schaltraum zu stürmen und ihn den ganzen Tag besetzt zu halten. Als mein Onkel den Zuruf hörte »Ottl, reiß den Hebel obe!«, hat er sich angeblich mit seinem ganzen Gewicht auf den Hebel gehängt und damit den Strom für ganz Wien abgeschaltet.

Aber schon am nächsten Tag wurden viele Schutzbündler verhaftet. Den Tanten gelang es zum Glück, ihren Bruder zu verstecken. In der windigen Hütte der Resi-Tant in der Lobau fand Onkel Otto für einige Tage Unterschlupf.

Fünf Tage erbitterter Kampf

Unter dem Schutzbundkommandanten Bernaschek war in Linz jener bewaffnete Konflikt ausgebrochen, der bald die bedeutendsten Industriezentren Österreichs erfasste. Aber die Exekutive erwies sich als bestens gerüstet für einen Bürgerkrieg.

Heimwehr, Polizei und Bundesheer wurden von der Regierung auf die streikenden Arbeiter angesetzt. In vielen Bezirken Wiens und auch in den Bundesländern kam es zu blutigen Schießereien. Die Heimwehr schoss auf Arbeiterheime und Gemeindebauten, hinter denen sich nicht nur Schutzbündler verschanzten, sondern auch Frauen und Kinder. Auch wenn sich die Arbeiter lange wehrten und zurückschossen, sie blieben ohne Unterstützung von »oben«.

Während der gesamten Dauer der Kämpfe fehlte die zentrale Lenkung der Arbeiterschaft. Die falsche Strategie des Abwartens und Nachgebens wurde den Schutzbündlern aufgepresst, die vergeblich auf ein Signal der SP- Führung warteten.

Dass der so notwendige Generalstreik ausblieb, ist das Resultat einer von der Sozialdemokratie seit Jahren betriebenen Entpolitisierung.

Das endgültige Aus für die organisierte Arbeiterbewegung folgte auf dem Fuße. Galgen und Gefängnis waren die Antwort des autoritären österreichischen Regimes. Nach dem 12. Februar wurde das Verbot der Sozialdemokratischen Partei, die Beschlagnahme ihres Vermögens und die Auflösung von mehr als hundert Arbeitervereinen beschlossen. Alle Betriebsräte wurden ihrer Funktionen enthoben, und bald danach erhielt Österreich eine neue faschistische Verfassung.

Auf dem Denkmal der Republik wurden die Köpfe der Sozialisten Jakob Reumann, Victor Adler und Ferdinand Hanusch verdeckt und mit Krukenkreuzen versehen.

Mein Onkel Otto entkam seiner Verhaftung dank der Umsicht der Tanten und der Hilfe seiner Resi-Tant. Sie versteckte und versorgte ihn während der Verhaftungswelle in ihrer kleinen Holzhütte in der Lobau, wo sie im Sommer Schmalzbrote und Limonade an die Badegäste verkaufte. Nach seiner Rückkehr meldete sich Onkel Otto erst beim E-Werk, als die Verhaftungswelle bereits vorüber war. Dort erhielt er natürlich seine fristlose Entlassung. Doch da er ein »Fixangestellter« war, musste man ihm die eingezahlten Pensionsbeiträge zurückzahlen.

Danach war er vier Jahre arbeitslos. Und weil die Rückzahlung der Beiträge wie eine Abfertigung gewertet wurde, erhielt er auch keine Arbeitslosenunterstützung.

Meine Hauptschulzeit in Favoriten (1933–1936)

Meine Hauptschule war die sogenannte »Untere Herzschule« in der Herzgasse 27. Aufgrund meines guten Volksschulzeugnisses kam ich in den »Ersten Klassenzug«.

Das Klassenzimmer für die vierzig Kinder sah dem der Volksschule ähnlich, nur hing jetzt an der Wand ein Kruzifix, und statt der Gaslampen gab es elektrisches Licht. Ansonsten standen die gleichen mit den Schreibpulten fix verbundenen Zweier-Schulbänke, der gleiche schwarz geteerte Boden, hinten die Haken für die Überkleider, vorne das Waschbecken mit dem metallenen Wasserwandl drüber. Im Winter kam der Schulwart auch in der Stunde mit dem Koksübel in die Klasse, um im Ofen »nachzulegen«. Wenn die feuchten Mäntel zu dampfen begannen, wurde gelüftet und wir Kinder durften auf den Gang hinaus. In der Früh füllten die Klassenordner Wasser in das Wasserwandl. Der dünne Strahl, der aus dem kleinen Hahn herausnieselte, reichte gerade zum Anfeuchten des Tafelschwammes, nicht zum Händewaschen.

Für meine Mutter wurde dieses Schuljahr zum finanziellen Problem, da heuer auch Trude zur Schule ging. Es musste daher so sparsam wir möglich hausgehalten werden. Jeden Samstag machte sie nun mit uns einen Wocheneinkauf in einem großen Lebensmittelgeschäft namens »Engel« in der Inzersdorferstraße. Aber nur, weil man dort viel billiger einkaufte als bei den Greißlern unserer Umgebung.

Damals war bereits vieles an Glöckels Schulreform wieder rückgängig gemacht worden. Früher bekamen wir gratis Hefte, Zeichenblätter, Buntstifte, Federn und Schulbücher. Ich hatte noch alle Volksschulbücher und sie immer wieder gelesen. Auch wäre ich so gern, wie meine Schulkollegen, in den Prater gegangen oder in ein Museum. Aber die Kosten für solche Ausflüge waren zu hoch ebenso wie für eigene

Schulbücher. Durch ihre Lektüre hab ich doch meine Heimatstadt kennengelernt. Damit war es nun vorbei. Ich bekam meine Bücher aus einer »Schülerlade« nur mehr geliehen und musste sie am Schulende wieder zurückgeben. Das war schrecklich, denn die Geschichts- und Lesebücher hätte ich so gerne behalten.

In der Hauptschule war der Religionsunterricht obligatorisch. Ich musste diesen Unterricht mit drei anderen evangelischen Mädchen meiner Klasse am Nachmittag besuchen. Und da mich meine Mutter auch am Sonntag zum evangelischen Gottesdienst gehen ließ, wurde ich sehr gläubig. Da gab es jedoch in der Klasse zwei Mädchen, die weder den katholischen noch den evangelischen Religionsunterricht besuchten. Auf unsere Frage »Wer seid denn ihr?« antworteten sie »Wir sind mosaisch«.

Meine Mutter klärte mich auf: »Das sind die Juden, die glauben zwar an denselben Gott wie die Christen, aber während die Christen ihren Heiland in Jesus gefunden haben, warten die Juden immer noch auf ihren Messias.« Auf die Frage, welche Religion nun die richtige sei, antwortete Mutter: »Keine von beiden, ich glaube weder an Jesus noch an einen künftigen Erlöser.« Das traf mich hart, denn ich fürchtete, dass Mutter mit dieser Ansicht wohl kaum in den Himmel kommen würde.

An die Tanten in der Buchengasse konnte ich mich mit jedem Problem wenden, so auch mit meinen religiösen Fragen: »Nicht wahr, Jesus war Gottes Sohn und wurde von den Juden gekreuzigt.« Tante Hildas Antwort erschütterte mich noch mehr: »Blödsinn! Erstens haben nicht die Juden, sondern die Römer Jesus gekreuzigt. Und zweitens war er nicht Gottes Sohn, sondern ein Rebell, der für die Rechte der Armen eingetreten ist. Dein Großvater hat immer gesagt, ›Jesus war der erste Kommunist!‹« »Großer Gott«, dachte ich, »ich werde also auch Tante Hilda nicht im Himmel treffen«.

Obwohl meine Mutter eine »Freidenkerin« war, gestattete sie mir, dem Evangelischen Verein junger Mädchen, kurz EVJM, beizutreten. Es war ihr wohl angenehm, dass ich dort einige Nachmittage unter Aufsicht verbrachte, anstatt mich auf der Straße herumzutreiben. Mir gefiel es in der EVJM-Gruppe in der Matzleinsdorfer Kirche. Die Diakonissin lehrte uns Volkstanzen und in den Heimabenden erfuhr ich von einem Vikar die interessantesten Geschichten aus dem Nachbarland Deutschland. Wie man dort die Arbeitslosigkeit beseitige, Ordnung schaffe, und der Jugend eine Zukunft mit »höheren Werten« biete. Außerdem lernten wir eine Menge Lieder, die mir damals wunderschön erschienen. Mutter wollte mir diese Lieder verbieten, da sie an den Texten die Kriegsverherrlichung erkannte. Weil ich sie zu Hause nicht mehr singen durfte, summte ich wenigstens die Melodie – und erntete dafür eine saftige Ohrfeige. Arme Mutter, sie wählte kein sehr überzeugendes Argument.

Während der Volksschulzeit, wenn Mutter in der Fabrik war, wurden Trude und ich von den Tanten in der Buchengasse beaufsichtigt. Doch als ich in die Hauptschule kam, schränkte Mutter den Kontakt zu den Tanten merklich ein. Sie war der Meinung, dass wir von ihnen zu sehr verwöhnt würden. Wir waren für die Tanten die schönsten, die klügsten und auch die bravsten Kinder, die noch dazu als Halbwaisen ganz besonderer Liebe bedurften. Obwohl sie fast immer arbeitslos waren, erhielten wir von ihnen die schönsten Weihnachts- und Geburtstagsgeschenke. Sie ließen uns auch jede Unart durchgehen und nahmen gegen Mutter unsere Partei ein: »Lass sie doch! Selbstbewusstsein ist wichtiger als Folgsamkeit.« Mutter wollte uns aber zu artigen Kindern erziehen. Besuche in der Buchengasse erfolgten daher nur mehr gemeinsam mit der Mutter am Wochenende nach dem obligatorischen Friedhofsbesuch. Nach der Schule mussten wir uns immer in unsere Wohnung begeben, die wir bis zu Mutters Rückkehr aus der Fabrik auch nicht verlassen sollten. Dann sahen wir sehnsüchtig aus dem Fenster auf unsere Wiese.

»Die Wiese« – Aus den Fenstern unserer Wohnung konnte man sie zur Gänze überblicken, denn auf der anderen Seite der Troststraße gab es nur einige niedrige Geschäftslokale: das Papierwarengeschäft, die Eisenhandlung, den Sauerkräutler, das Delikatessengeschäft »Gerstl« und die Konditorei »Wiener«. Dann kam ein großer Platz, daneben ein richtiger Bauernhof mit Hühnern und einem Taubenschlag – und schließlich an der Ecke zur Neilreichgasse Favoritens ältestes Gasthaus »Zum Stoß am Himmel«. Dahinter erstreckte sich die Wiese bis zum Jaureshof und von der Neilreichgasse bis zur Laxenburgerstraße. Auf dem Weg zu unserem Garten haben wir sie oft schnurspringend oder ballhüpfend überquert, vorbei an spielenden Kindern, strickenden Hausfrauen und kartenspielenden Arbeitslosen.

Im Sommer spielten wir, wenn Mutter heimkam, im Hof, aber im Winter wurde die Wiese zu unserem Paradies. Damals gab es ja noch richtige Jahreszeiten mit heißen Sommern und schneereichen Wintern. Man konnte dort Schlitten fahren, Schneeballschlachten veranstalten, Schneemänner bauen und rodeln.

Zu jener Zeit hielten sich die Vorortkinder fast nur im Freien auf. Die Mütter waren froh, wenn sie ihre kleinen Zimmer-Küche-Wohnungen von Kindern freihalten konnten, man rief sie nur zum Essen nach Haus. Da hörte man dann aus den Fenstern: »Gustl, ham geh! Nochtmoi essn!« Und wenn ein Kind zwischendurch Hunger hatte, rief es zum Fenster hinauf: »Mama, schmeiß ma a Schmoizbrot obe!«

Bei Regenwetter spielten viele auf der Kellerstiege. Aber Trude und ich liebten es, in strömendem Regen barfuß durch die Kastanienallee der Laxenburgerstraße zu laufen. Angst vor Straßenverkehr brauchte man nicht zu haben. Pferdewagen waren nicht gefährlich und Steyr-Babies, die wir wegen ihrer Form nur »Fleischlaberln« nannten, fuhren selten durch unseren Bezirk. Mutter hielt uns von der Straße fern, um uns »vor schlechtem Umgang« zu schützen. Die Armut hatte viele Menschen zu Trinkern gemacht und in den Wirtshäusern kam es oft zu Alkoholexzessen. Im Hof konnten wir oft hören: »Mei Vota hot scho wieder des gaunze Göd versoff'n« oder »meiner haut mi, waun er bsoff'n is.« Daher wollte Mutter auch nicht, dass wir in fremde Wohnungen gehen: »Ich mag diese ›Wohnungsschlieferei‹ nicht.«

So mussten sich Trude und ich daheim unterhalten. Solange Mutter noch lebte war Trude ein fröhliches, lebhaftes Kind und meine liebste Spielgefährtin, obwohl sie fast vier Jahre jünger war. Sie war mir in allem überlegen. Schon in frühester Kindheit konnte sie wunderbar zeichnen und malen. Das Talent hatte sie sicher vom Vater. Aus Stanniolpapier formte sie naturgetreue Tierfiguren, die unsere wenigen Spielsachen ergänzten. In einer Ecke unserer Küche stand Mutters großer schwarzer Holzkoffer, mit dem sie als junges Mädchen nach Wien gekommen war. Dieser Koffer diente uns als Bühne. Trude erfand fantasievolle Spiele und wir dachten uns Geschichten aus, die wir in verteilten Rollen und verstellten Stimmen vorführten.

Die einzige Sparte, in der ich Trude übertrumpfen konnte, war das Turnen. Und das hat mich später ein halbes Jahr Trennung von meiner Schwester gekostet.

Ich konnte gut die »Brücke« und lief sogar in der Brückenstellung auf allen Vieren hin und her. Auch auf dem Kopf konnte ich endlos lange stehen. Besonders meinen Spagat bewunderte Trude. Einmal wollte ich ihr was beibringen, setzte Trude auf meine Schultern und lief mit ihr kreuz und quer durch die Wohnung. »Brauchst ka Angst hobn, i hoit di e bei di Fiaß.«, beruhigte ich die ängstliche Trude. Als ich in die Küche laufen wollte, stieß Trude mit dem Kopf so hart gegen den Türstock, dass sie herunterfiel und regungslos am Boden liegen blieb. Ich erschrak und scharie:

»Trude, bist du tot? Bitte mach die Augn auf! Bitte sei net tot!« Zum Glück stand sie wieder auf, mit einer Beule am Kopf, die man aber unter den Haaren verstecken konnte. »Wirst es der Mama sogn?«, fragte ich angstvoll. »Na«, antwortete sie, »oba mitspün dua i nimma!«

Das erste Hauptschulzeugnis (1934)

Das erste Abschlusszeugnis überraschte mich, denn ich hielt mich eigentlich für eine gute Schülerin. Es gab damals nur vier Noten. Meine Mutter tobte: »Sechs Dreier! Fleiß: Genügend! Passt du denn nicht auf in der Schule? Wo hast du dich herumgetrieben, statt zu Hause zu lernen?«

Vorwürfe über Vorwürfe. Die sieben Einser waren nicht der Rede wert. Ich fühlte mich ungerecht behandelt, von den Lehrern und von Mutter. Ihre Maßnahmen, um eine bessere Schülerin aus mir zu machen, bewirkten eher das Gegenteil. Kein Hofgehen mehr, keine Wiese, nur mehr Abschreiben aus Lehrbüchern.

»Und das ewige Lesen muss auch aufhören! Lies nur mehr deine Schulbücher!« Ich blieb trotz Verbotes Stammgast in der Schulbücherei, die noch ein Überbleibsel aus der Glöckelzeit war. Selma Lagerlöff, Peter Rosegger, Adalbert Stifter, Charles Dickens, ich verschlang sie alle. Heimbringen durfte ich die Bücher natürlich nicht, also las ich sie in Pausen und in faden Unterrichtsstunden.

Mutter las selbst leidenschaftlich gern, doch durch ihre geringe Schulausbildung war sie auf Trivialliteratur beschränkt, die sie sich von ihren Arbeitskolleginnen in der Fabrik ausborgte. Die Bücher von Ganghofer und Courths-Mahler legte sie vor dem Schlafengehen aufgeschlagen in die Lade des Küchentisches, um am nächsten Abend weiterzulesen. Uns Kindern war das Lesen dieser Liebesromane strengstens verboten. Wir lasen sie aber heimlich, während Mutter in der Fabrik war.

So gestraft und von Verboten umgeben, freute ich mich auf die Friedhofsbesuche am Sonntag und danach auf den »Tanten-Besuch« in der Buchengasse. Dort erhielten wir dann heiße Frankfurter mit Senf und russischen Tee. Und wenn Onkel Otto hinzukam, war es besonders lustig. Auch die Besuche von Frau Jaburek, einer Kollegin von Mutter, waren unterhaltsam, vor allem wegen ihres Akzents:

»Warma mir schrecklich arm. Wie hat mein Alter Saufen ang'fangen, i hab ihn rausg'schmissn, und war i dann ganz allan mit meine zwa Gschroppn. I hab g'arbeit als a Kellnerin, und weil hab i niemand g'habt, was aufpasst auf die Kinder, i hab si mitg'nommen in Wirtshaus. Dort hab i sie g'setzt an an Tisch und hab hing'stellt a Kracherlflasch'n. ›Aber langsam trinken‹, hab i ihnen g'sagt, ›weil a zweite Flasch'n kann i net geb'n. Und wenn Wirt sieht a leere Flasch'n am Tisch, er schmeißt euch raus.‹ Und jedemal, wenn bin i mit meine Krieglglasln vorbei g'rennt am Tisch von Kinder, sie hab'n ma zug'rufn: ›Mama, derf ma schon?‹ No ham sie mir so lad tan, dass hab i doch hing'stellt a zweite Floschn.«

Dass Mutter Großmutter Anna Beran als Aufsichtsperson aus dem Altersheim holte, war wohl ihr größter Fehler. Ihr verdankten wir zwar Mutters Holzkoffer, aber sie war schon weit über siebzig und nicht mehr ganz richtig im Kopf. Meistens saß sie mit dem Rosenkranz zwischen ihren Füßen auf dem Küchenschemel und kümmerte sich nicht um uns Kinder. Das gab mir allerdings die Möglichkeit, wirklich strawanzen zu gehen, was mir früher nie eingefallen wäre, weil ich die Trude niemals allein gelassen hätte. Doch da ich mich nun einmal auf die schiefe Bahn begeben hatte, schlitterte ich immer weiter hinein: Ich wurde zur notorischen Lügnerin.

Schulschwänzen und Tantenverbot (1934/1935)

Meine Lügen bestanden aus Heimlichkeiten, Verschweigen und Aufschneiden. Auf viele Lügen kam mir Mutter drauf und es gab jedes Mal ein Donnerwetter und eine Tracht Prügel. In der zweiten Hauptschulklasse schwänzte ich häufig den Französischunterricht, der damals ein Freigegenstand war. Ich hatte schlicht andere Interessen und wollte diesen auch nachgehen. Dafür zeigte Tante Hilda Verständnis. »Man kann das Kind net zwingen, was zu lernen, was ihr net liegt.«

Ich trieb mich lieber bei den Zirkusleuten herum, die auf der Wiese vor unserem Haus ihre Wohnwägen aufgestellt hatten. Begeistert von dem Seiltänzer, hätte ich so gerne meine eigenen Kunststücke zeigen wollen, die Brücke oder den Handstand. Am liebsten wäre ich vom Zirkus engagiert worden, um mit ihnen wegzufahren.

Tante Hilda wusste, dass mich daheim Prügel erwarten würden, und schrieb mir daher die Entschuldigungen für die Schule mit gefälschter Unterschrift meiner Mutter. »Der Gobi hätt' die Erziehungsmethoden seiner Frau sicher net geduldet, der war doch ein absoluter Gegner der Prügelstrafe.«

Doch als dann im Halbjahreszeugnis die Fehlstunden aufschienen und Mutter in der Schule nachfragte, war der Teufel los. Meine verzweifelte Mutter schrie: »Wer hat meine Unterschrift gefälscht? Weshalb hast du geschwänzt? Wo warst du zu dieser Zeit?«

Ich habe Mutter nicht zu sagen getraut, dass ich unter ihrer vermeintlichen Lieblosigkeit so gelitten, und keinen anderen Ausweg mehr sah, als wegzulaufen. Sie zog mich an den Haaren, schüttelte mich und schließlich prügelte sie mir mein Geständnis heraus.

Die Folge war, dass Mutter jeden Verkehr mit den Tanten abbrach, aber dafür auf die bösen Worte von Tante Hermine hörte: »Steffi, das Kind ist durch und durch verdorben. Da hilft nur mehr eine Besserungsanstalt.«

In ihrer Ratlosigkeit wandte sich Mutter an Schwester Gusti von EVJM, die mit dem Pfarrer Rieger zu uns in die Wohnung kam. Beide bestätigten, dass ich sowohl in der Sonntagsschule als auch an den Heimabenden nie ungezogen war, sondern mich stets als aufmerksame Zuhörerin zeigte. Aber eine vorübergehende Trennung von meiner Mutter hielten sie für ratsam.

Die Trennung von Trude fiel mir schwer, der Abschied von Mutter war frostig.

Das evangelische Kinderheim (Februar bis Juni 1935)

Das Heim auf dem Gießhübl gehörte einer evangelischen Gemeinde in Zürich. Auch die Schwestern hatten das helvetische Bekenntnis (HB) nach dem Reformer Zwingli. Daher hörte ich dort auch niemals Lobeshymnen auf das faschistische Deutschland. Fünf fröhliche Monate, also das zweite Halbjahr der zweiten Klasse Hauptschule, verbrachte ich am Gießhübl mit vielen neuen Freunden und gütigen Schwestern, die uns ohne Zwang schöne Gemeinschaftsspiele beibrachten.

Auch in der dortigen Schule gefiel es mir. Ich fühlte mich viel freier und geborgener als daheim.

Einmal wettete ich mit den Buben, dass ich mich traue, um Mitternacht allein durch den Friedhof zu gehen. Obwohl ich bei jedem Geräusch erschrak und hinter jedem Grabstein ein Gespenst vermutete, gewann ich meine Wette. Das hob mein Ansehen bei den Buben und ich bekam den feschesten von ihnen, den vierzehnjährigen Viktor, zum Freund. Ich merkte nicht gleich, wie ungut der war. »Magst du die Jüdin Erna?«, fragte er mich.

»Ich mag sie nämlich nicht, die ist nur scheinhalber evangelisch getauft. Aber ihre Eltern bringen immer so viel Süßigkeiten und sie gibt mir was ab.«

Und als ein anderer Bub beim Essen seine Meinung zur politischen Lage äußerte: »Der Schuschnigg ist mir immer noch lieber als der Verbrecher Hitler!«, schrie Viktor ihn an: »Was, du Saujud wagst es, Hitler einen Verbrecher zu nennen?«

Und schon war die erste Liebe vorbei. Viktor war der erste Nazi in meinem Leben.

Jeden Montag mussten wir eine Postkarte nach Hause schicken. Der Text meiner ersten Karte an die Tanten lautete: »Mir geht es gut. Hierher kann man Pakete schicken.«

An manchen Sonntagen kam mich meine Mutter mit meiner Schwester besuchen. Wir machten ein Picknick mit ihren mitgebrachten Butterbroten und der Flasche Zitronentee. Oder einen Ausflug zum Schwarzen Turm in Mödling, oder auf den Anninger. Einmal beschloss Mutter, ihren einstigen Dienstgeber, den Seifenfabrikanten Fanta zu besuchen, der auf dem Gießhübl eine Villa besaß. Frau Fanta schien erstaunt über den unerwarteten Besuch, doch sie ließ uns auf der Veranda des Hauses Platz nehmen. Ein Dienstmädchen brachte eine Kanne Kaffee und einen Gugelhupf, von welchem Frau Fanta für jeden von uns ein Stück abschnitt. Den ungewohnten bitteren Bohnenkaffee trank ich nicht. Aber während sich meine Mutter mit ihrer früheren »Gnädigen« unterhielt, starrte ich unentwegt auf den Gugelhupf. Bis mir Frau Fanta endlich noch ein Stück auf meinen Teller legte. Der Mutter und meiner Schwester hat sie kein zweites Stück angeboten.

Auf dem Heimweg machte mir Mutter Vorwürfe wegen meiner gierigen Blicke: »So benimmt man sich nicht bei feinen Leuten!«

Doch mir erschien Frau Fanta nicht fein, sondern geizig. Ich verglich sie mit den Tanten in der Buchengasse. Dort kamen ständig Besucher, ohne Einladungen. Und jeder erhielt etwas zu essen, und wenn es auch nur ein Schmalzbrot war. Doch sogar wenn es einmal Buchteln bei ihnen gab, durfte man solange davon essen, bis die Pfanne leer war.

Wieder daheim – ein Neuanfang (Juli 1935)

Als ich nach dem Ende des Schuljahres wieder nach Hause kam, begann für mich ein völlig neuer Lebensabschnitt. Mutter hatte sich zu ihrem Vorteil verändert. Sie beschäftigte sich viel intensiver mit uns. Die Ferien verbrachten wir zwar immer im Garten, doch an Wochenenden unternahm sie mit uns Spaziergänge nach Inzersdorf oder Vösendorf, manchmal wanderten wir auch bis zum Schloss Laxenburg. In ihrem Urlaub machten wir Ausflüge auf den Kahlenberg und den Leopoldsberg, lernten den Burggarten kennen und durften Schwäne füttern im Stadtpark. Das schönste Erlebnis wurde für mich der Besuch der Sternwarte im Türkenschanzpark, wo wir durch ein Fernrohr die Mondkrater und den Saturn mit den Ringen sehen konnten. Danach gab es immer lange Gespräche mit der Mutter, sodass ich es nicht mehr nötig hatte, Geschichten zu erfinden. Später hab ich erfahren, dass Mutter nichts mehr von Tante Hermines Erziehungsstil hielt, sondern sich während meiner Abwesenheit Rat bei meinen Lehrerinnen holte.

Doch die Tanten durften wir weiterhin nicht besuchen, dieser Bruch war endgültig.

Natürlich mussten wir weiterhin im Haushalt helfen, aber vieles geschah gemeinsam mit der Mutter. Wir mussten nicht mehr Befehlen gehorchen. Früher hatte die Arbeit immer schon fertig zu sein, wenn Mutter heim kam. Nun saßen wir gemeinsam am Abend beisammen, stopften oder flickten, und Mutter erzählte uns Geschichten aus ihrer Jugend oder sang uns etwas vor.

Die Mädchen aus unserer Gegend trugen fast alle Schürzen zum Schutz ihrer Kleider. Mutter kaufte uns immer besonders hübsche Schürzen, die jede Woche gewaschen, gestärkt und gebügelt wurden. Frau Jaburek brachte uns hin und wieder abgelegte Kleider ihrer erwachsenen Tochter, die dann von Mutter für uns zurechtgeschneidert wurden. Zu Weihnachten bekamen wir fast immer ein neues Kleid. Mutter nähte gleich mehrere Krägen zum Wechseln, und fürs »Sonntagskleid« machte sie aus Haarschleifen Maschen, die sie mit Druckknopf am Halsausschnitt befestigte.

Im Herbst war Mutter tagelang mit dem Einkochen von Obst beschäftigt. Für die vielen Gläser reichte der Platz oben auf der kleinen Küchenkredenz gar nicht aus, wir mussten sie auch auf die Zimmerkästen stellen. Die anstrengende Einkochzeit lohnte sich dann im Winter, wenn wir das Kompott zum Grießschmarrn oder zu den Bröselnudeln genießen konnten. Und wie gern hatten wir die »Marmeladetatschkerln« aus Erdäpfelteig. Durch den Garten hatten wir reichlich Gemüse, Salat und Obst. Eiernockerln oder Semmelknödel liebten wir. Sonntags kaufte Mutter oft einen Lungenbraten beim Rossfleischhacker. Und das Saftfleisch mit Makkaroninudeln war unser Lieblingsgericht. An hohen Feiertagen gab es sogar Schweinsschnitzel oder ein Backhendl. Hunger kannten wir in unserer Kindheit nicht.

Die Beran-Großmutter war zum Glück nicht mehr bei uns, das Zusammenleben mit ihr war unerträglich geworden. Sie brachte uns Flöhe und Kopfläuse heim, nachdem sie in verwahrlosten Vorstadtbaracken herumgewühlt hatte. Wir Kinder bekamen den Kopf mit Petroleum eingerieben, um sie wieder los zu werden, aber Großmutter weigerte sich, ihre Haare behandeln zu lassen. Sie trug auch im Sommer warme Kopftücher, wattierte Jacken und mindestens drei bodenlange, weite Stoffröcke über einem Unterrock. Sie roch sehr unangenehm, aber Körperreinigung musste Mutter erzwingen. Auf der Straße ging ich immer weit hinter ihr, weil ich mich so für sie schämte. Die stellte sich nämlich auf der Straße einfach mit gespreizten Beinen über einen Kanal und ließ es rinnen. Eklig war sie, und obendrein noch undankbar. Sie war nicht bereit, ihr Fürsorgegeld Mutters Haushaltsgeld beizusteuern. Nein, das ganze Geld landete im Opferstock der Kirche. Nachdem sie auch noch gefährliche Unfälle in der Wohnung verursacht hatte und wir fast abgebrannt wären, brachte Mutter sie zurück ins Altersheim. Es war mir unbegreiflich, warum Mutter danach von schlechtem Gewissen geplagt wurde. Sie hatte doch nie Mutterliebe von ihr erfahren. Während ihrer gesamten Dienstmädchenzeit hatte sie nie einen Antwortbrief von ihr bekommen. Jede Dienstgeberin ist netter zu ihr gewesen als diese Mutter, Anna Beran.

Im Juli 1934 hatten die illegalen österreichischen Nationalsozialisten im sogenannten Juliputsch versucht, die austrofaschistische Regierung abzusetzen und die Macht an sich zu reißen. Bei dem misslungenen Putschversuch hatten sie den Kanzler Engelbert Dollfuß ermordet. Danach wurde der vormalige Justizminister Kurt Schuschnigg Bundeskanzler. Er stand dem Nationalsozialismus und dem Anschluss an das Deutsche Reich kritisch gegenüber, als Monarchist hoffte er eher auf die Rückkehr des Kaisersprösslings Otto von Habsburg.

Mit der Regierung waren weder Mutter noch ihre Freunde einverstanden. Wir Kinder waren unglücklich, dass die Roten Falken und die SP-Zeitungen verboten waren. Uns gingen die Kinderseiten mit Xaverl und Katharina ab. Die Erwachsenen aber spürten bereits die Gefahr des Faschismus und lebten in großer Sorge.

Vor dem Schulanfang der dritten Klasse hatte ich ziemliche Angst. Was sollte ich den Kindern sagen, warum ich ein halbes Jahr in einem Heim gewesen war? Meine Angst war unbegründet, es wurden keine peinlichen Fragen gestellt, die Lehrer hatten die Kinder auf meine Rückkehr vorbereitet. Ich fand schnell zu meinen Freunden zurück und Mutter vertraute mir jetzt, wenn ich mich mit ihnen im Hof, auf der Gasse oder auf der Wiese zum Spielen traf.

Die Lesebücher, die wir ja nur mehr geliehen bekamen, habe ich immer schon zu Beginn des Schuljahres ausgelesen und alle darin enthaltenen Gedichte abgeschrieben. Bald brachte ich Reclamhefte aus der Schule mit, die wir in verteilten Rollen lesen konnten. Nestroys Komödien und Raimunds Zaubermärchen hielten Einzug in die kleine Küche, und der Holzkoffer wurde zum Schauplatz von Grillparzers »Traum ein Leben«. Ich lernte die Rollen von Rustan und Zanga auswendig, und Trude spielte abwechselnd Mirza und Gülnare. So konnten wir uns auch dann weiter mit den Stücken beschäftigen, wenn ich die Hefte wieder abgeben musste. Bei einer solchen »Aufführung« wurden wir einmal von unserer Mutter überrascht, die in ihrer Dorfschule niemals von Grillparzer gehört hatte. Sie wurde zum aufmerksamen Publikum und übernahm schließlich sogar die Rolle des Bischofs in »Weh dem, der lügt«.

Eines Tages empfahl uns unser Deutschlehrer den Besuch des Volkstheaters, in dem »Medea« gespielt wurde. Was für eine Verlockung, Grillparzers Traumwelt auf einer richtigen Bühne zu sehen, die schon beim Spielen auf dem Holzkoffer so wunderbar war. Obwohl wir wussten, dass das Einkommen der Mutter nur knapp die Ausgaben deckte, raunzten wir so lange, bis die Mutter sich erweichen ließ. Am Abend der Vorstellung bei der Theaterkasse kämpften wir allerdings mit den Tränen, als Mutter den letzten Geldschein aus der abgegriffenen Börse nahm, und an seine Stelle die drei kleinen grünen Zettel legte, die uns nun berechtigten, das Haus zu betreten, um ein Wunder zu erleben. Und es war ein Wunder - für alle drei. Auf dem langen Fußweg zurück in die Vorstadt, waren wir sprachlos. Danach unterhielten wir uns viele Wochen lang immer über diesen Abend.

Das Weihnachtsfest feierten wir zum ersten Mal ohne die Tanten. Es gab auch nicht wie früher einen großen Karton mit Christbaumstücken von Tante Anna, die in der Schokoladenfabrik Heller arbeitete. Heuer, 1935, war unser Christbaum nur mit den alten Nüssen geschmückt, die noch Vater vergoldet hatte. Aber unter dem Christbaum lag ein dickes Buch: »Grillparzers gesammelte Werke«. Eine Arbeiterfamilie hatte den Weg zur Literatur gefunden.

Onkel Ottos »Kolchose« (1934–1938)

Onkel Otto war nach den Februarkämpfen vier Jahre arbeitslos, aber nicht untätig. Er war sich auch politisch treu geblieben und verfolgte mit Interesse den Aufbau des Kommunismus in der Sowjetunion.

Mit der Pensionsrückzahlung vom E-Werk und seinen Ersparnissen kaufte er ein kleines Waldgrundstück auf dem Riederberg, das zu Siedlungszwecken freigegeben worden war. Da die meisten der benachbarten Besitzer der etwa tausend Quadratmeter großen Parzellen auch arbeitslos waren, schlug ihnen Onkel Otto vor, eine Siedlungsgemeinschaft zu gründen. Nach Vorbild der russischen Kolchosen sollte das gesamte Siedlungsgebiet gemeinsam gerodet und die benötigten Geräte von der Gemeinschaft bezahlt werden.

Die Siedler waren sofort einverstanden und ersparten sich durch das gemeinsame Rodungs-Werkzeug viel Geld. Durch die Bildung von Arbeitsgruppen ging die Arbeit rasch voran. Eine Gruppe übernahm das Fällen der Bäume, eine andere die Entästung und Schlichtung der Baumstämme, die nächste grub die Baumwurzeln aus, und auch der Caterpillar musste nur einmal über das gesamte Rodungsgebiet gemietet werden.

Fast den ganzen Sommer lang verbrachten die Siedler auf dem Berg, nachdem es Onkel Otto gelungen war, einige Zelte aus dem Bestand der verbotenen Roten Falken und des Kommunistischen Jugendverbandes zu organisieren. Zunächst hoben sie nur einen Gemeinschaftsbrunnen und einige Senkgruben aus. Aber dafür nahmen sie sich die Zeit, in die Türen der primitiven Plumpsklos herzförmige Gucklöcher zu schnitzen. Die Frauen übernahmen die Verpflegung für alle und kochten das Essen in Kesseln über dem Feuer.

Der Onkel besaß neben seinem Organisationstalent auch einen blendenden Humor. Alles was er sagte, wurde mit Witz vorgebracht. Und da er mit seinen über dreißig Jahren noch blödeln konnte wie ein Schulbub, überließen ihm die Siedler auch die Freizeitgestaltung. Die schwer arbeitenden Frauen und Männer, vor allem die jüngeren unter ihnen, waren für jede Art von Unterhaltung dankbar. Onkel Otto erfand die verrücktesten Spiele, um die Leute für den nächsten schweren Arbeitstag bei Laune zu halten.

Später bauten sie gemeinsam ihre kleinen Blockhütten und das übrig gebliebene Holz wurde verkauft. Mit dem Erlös konnten sie wieder Lebensmittel einkaufen. Gemüse und Erdäpfel bekamen sie in großen Mengen billig beim Bauern und auch die Lebensmittelgeschäfte gewährten einen Mengenrabatt.

Nach und nach entstanden aus dem einstigen Waldgrund Gärten, in denen sie Obstbäume pflanzten und Gemüsebeete anlegten. Und ganz im Sinne der Gemeinschaft wurde dann auch die Ernte geteilt.

Onkel Otto hatte also in Österreich die erste Kolchose gegründet.

Die Siedler hatten meinen Onkel natürlich schon zu Beginn zu ihrem Obmann der »Genossenschaft« Riederberg gewählt, aber da er auch ständig politische Reden schwang, wurde aus der Gemeinschaft bald eine kommunistische Zelle.

Diese feste Gemeinschaft bestand einige Jahre. Solange die Leute arbeitslos waren, hielten sie zusammen wie Pech und Schwefel.

Mutters letztes Lebensjahr (1936)

Angeblich nur unter Druck schloss Schuschnigg 1936 das Juliabkommen mit dem Deutschen Reich, in dem er Zugeständnisse an die Nationalsozialisten machte, dafür aber von Adolf Hitler die Unabhängigkeit Österreichs zugesichert bekam. In der Folge wurden 17.000 österreichische Nationalsozialisten amnestiert.

Vertrauensleute der Nationalsozialisten wurden in das austrofaschistische Regierungskabinett aufgenommen. In die Vaterländische Front wurde das »Volkspolitische Referat« als nationalsozialistische Opposition in die Partei eingliedert. Zahlreiche zuvor verbotene nationalsozialistische Zeitungen wurden legalisiert. Die Nationalsozialisten erhielten durch diese Entwicklungen zusehends Auftrieb.

Ich habe das Jahr 1936 als Mutters letztes Lebensjahr zwar lebhaft in Erinnerung, doch die politischen Vorgänge blieben von mir weitgehend unbemerkt.

Wie ungerecht es auf dieser Welt zuging, hätte ich eigentlich schon damals merken müssen. Doch gerade in diesem Jahr fühlte ich mich sehr zufrieden und glücklich.

Ein großes Ereignis war für Trude und mich der Besuch der Volksoper. Mutter hatte zufällig zu meinem dreizehnten Geburtstag in meiner Schule verbilligte Karten für eine Vorstellung der Kienzl-Oper »Der Evangelimann« erhalten. Trude und ich waren hingerissen von der volkstümlichen Musik und dem Text, der absolut unserer religiösen Einstellung entsprach.

Mutter nahm lebhaft Anteil an meinem Schulunterricht. Doch im Gegensatz zu früher empfand ich diese Anteilnahme nicht als Kontrolle, sondern als echtes Interesse.

Um den Erdkundeunterricht nicht so trocken erscheinen zu lassen, hatte uns die Lehrerin empfohlen, Reiseprospekte zu sammeln und die Bilder in unsere Geografiehefte zu kleben. Mutter ging mit mir auf der Ringstraße von einem Reisebüro zum anderen, um solche Prospekte einzuholen. Ich erinnere mich an ihre bittere Bemerkung, als sie drinnen blätterte: »Diese Prospekte sind nicht für uns gemacht, sondern für Leute mit Geld, die sich Reisen in ferne Länder leisten können.«

Auch ihre plötzliche Abneigung gegen den EVJM verstand ich damals nicht. Sie wollte mir die weißen Kniestrümpfe nicht kaufen, die von allen Mädchen bei uns in der Volkstanzgruppe getragen wurden.

»Das kommt überhaupt nicht in Frage. Weiße Stutzen, daran erkennt man doch die Nazis. Was treibt ihr sonst noch in diesem Verein? Welche Lieder singt ihr?« Ich wusste noch, Kriegslieder mag sie nicht, also sang ich ein harmloseres vor: »Was ist des Deutschen Vaterland? Ist's Pommerland, ist's Schwabenland? Ist's Land der Steirer, ist's Tirol? Das Land und Volk gefiel mir wohl. Doch nein, nein, nein, das ganze Deutschland soll es sein!«

Mutter schüttelte den Kopf: »Das darf doch nicht wahr sein! Wir gehören doch nicht zu Deutschland, wir sind Österreicher, auch wenn ich gegen diese Regierung bin. Deutschland rüstet zu einem neuen Krieg. Das ist auf gar keinen Fall unser Vaterland! Ich möchte nicht, dass du weiter zu diesen Heimabenden gehst!«

Ich hoffte, Mutter würde sich das nach den Semesterferien noch einmal überlegen. Denn der EVJM war der letzte Verein, wo ich mit Kindern spielen, lachen und singen konnte. Seit 1934 waren doch die Kinderfreunde verboten und damit auch die schönen alljährlichen Kinderbälle im Gemeindebau Troststraße 62.

Soweit ich mich erinnern kann, gönnte sich Mutter niemals etwas nur für sich. Wie armselig und traurig ihr kurzes Leben war, wurde mir erst später bewusst. Ich kann nur hoffen, dass sie wenigstens in den sechs Jahren ihrer Ehe glücklich gewesen ist, sofern ihr das Wissen um Vaters Krankheit ein echtes Glücksgefühl ermöglichte.

Ihre spärliche Garderobe habe ich noch in Erinnerung. Sie bestand aus zwei Baumwollkleidern für den Sommer, zwei Röcken und einigen Blusen, einer langen selbst gestrickten Wolljacke mit abnehmbarem Futter, mit der sie auch im Winter zur Arbeit ging. Den schäbigen Stoffmantel und die Pudelhaube trug sie nur bei grimmigster Kälte. Im Kasten hingen zwar noch ein schwarzer Wintermantel mit Pelzkragen, ein dunkelblaues Kleid und ein Paar Seidenstrümpfe. Aber die zog sie nur zu ganz seltenen, außergewöhnlichen Anlässen an. Zu Hause und im Garten trug sie ihre Kleiderschürzen.

Der Besitzer der Imperial-Feigenkaffefabrik, Herr Kuhlemann, hat 1936 die Betriebsführung seinem Schwiegersohn übergeben. Aus den Gesprächen, die Mutter mit Frau Jaburek führte, erfuhr ich, dass dieser Baron von Trauteneck ein noch mieserer Ausbeuter war. Wenn laut Stechuhr ein Arbeiter auch nur um fünf Minuten zu spät kam, wurde ihm eine ganze Stunde vom Lohn abgezogen. Unter seiner Führung wurde der Überstundenzuschlag von 50 auf 25 Prozent herabgesetzt, was gesetzlich leider gedeckt war. Außerdem behauptete Frau Jaburek, dass er ein Nazi sei. In seinem Haus lägen überall Nazibroschüren herum und Hitlers Buch »Mein Kampf« hätte sogar einen Ehrenplatz auf dem »Nachtkastl« des Barons. Sie wusste das, weil sie sich zum wöchentlichen Großreinemachen in seiner Villa gemeldet hatte. Das tat dann auch Mutter und opferte für ein paar Schillinge Zuverdienst einmal pro Monat ihren freien Nachmittag.

In der Fabrik gab es einen Betriebsrat, dessen Vertrauensmänner der »Einheitsgewerkschaft« angehörten, der einzigen von der Regierung zugelassenen Gewerkschaft. Die illegale Arbeiterpartei forderte aber ihre Mitglieder auf, in dieser sogenannten »Gelben Gewerkschaft« mitzuarbeiten, um den Arbeitern besser helfen zu können. Ein solcher »geheimer Gewerkschafter« war Herr Dunkel. Der kam jeden Sonntag zu uns in den Garten, um irgendetwas am Haus zu bauen. »Er macht das nur aus Gefälligkeit, einen Zimmermann könnten wir uns nicht leisten«, erklärte uns Mutter.

Herr Dunkel sah gut aus, und da er immer zu Späßen aufgelegt war, mochten wir ihn. Außerdem verdankten wir ihm unsere Schaukel. Doch nun begann ich ihn zu beobachten, ich witterte eine ernste Gefahr. Und dann konnte ich beobachten, wie Herr Dunkel vom Dach runter rief: »Stefferl, mein Schatz, reichst du mir bitte den Hammer rauf!« Und dann setzten sie sich auf unsere Gartenbank, und da erlaubte sich der Kerl, einfach seinen Arm um Mutters Schulter zu legen. Und ich hörte besorgt ihr Turteln: »Ach Franz, unsereiner hat doch gar kein Glück!« »Sag das nicht, Stefferl! Mein Glück sitzt neben mir!« Und als Mutter dann mit ihrem einzigen schönen Kleid samstags zu den »Waschtagen« in die Villa Trauteneck ging, sagte ich zwar nichts, aber ich glaubte ihr nicht.

Ein Trost für mich ist, dass ich ihr wenige Monate vor ihrem Ableben noch eine große Freude machen konnte. Mit meinem wirklich guten Jahreszeugnis. Neun »Sehr gut« und sechs »Gut«, sogar im Freifach Französisch. Der Dreier in Schönschreiben interessierte Mutter nicht. Da auch Trudes Zeugnis gut ausgefallen war, ließ uns Mutter zur Belohnung wunderschöne Dirndlkleider machen.

Mutters Tod (September 1936)

An einem Sonntag im September 1936 hat meine Mutter in unserem Schrebergarten schwer gearbeitet. Einen abgestorbenen Marillenbaum grub sie mit Krampen und Schaufel alleine aus. Obwohl ein benachbarter Siedler ihr diese Arbeit abnehmen wollte, lehnte Mutter ab. Abends trug sie dann noch den schweren Oleanderbaum zum Überwintern nach Hause. Als sie sich dann ganz erschöpft ins Bett legte, war sie schweißgebadet und zitterte am ganzen Leib. »Das ist nur Schüttelfrost«, beruhigte sie uns. »Ich hab mich wahrscheinlich erkältet.«

Am nächsten Tag kam sie von der Arbeit vorzeitig heim, und ich ließ den Arzt holen. Doktor Lehner wohnte im Nebenhaus, und als ich ihm bebend meine Bitte vortrug, kam er mit mir mit. Ich erinnere mich noch an seinen Ausruf an Mutters Bett: »Um Gottes Willen, Frau Sokopp! Sie müssen sofort ins Spital!«

Mutters Einwand, sie könne uns Kinder doch nicht allein lassen, ließ er nicht gelten. Er schrieb die Anforderung für einen Krankenwagen aus und schickte mich damit zur Polizei. Die Diagnose war vermutlich in lateinischer Sprache geschrieben, aber das Wort »Lebensgefahr« konnte ich entziffern. Als die Sanitäter die Mutter auf einer Bahre hinaustrugen, sagte sie noch zu mir: »In der Kredenzlade liegt meine Geldbörse. Geh zur Frau Janik, sie wird dir beim Einkaufen und Kochen helfen!«

Die nächsten vier Tage habe ich wie einen Albtraum in Erinnerung. Frau Janik, die auf unserem Gang wohnte, war immer eine gute Nachbarin gewesen. Sie lud uns ein, bei ihr zu essen. Doch ich wollte unbedingt Mutters Anweisung befolgen.

Als wir sie im Franz-Josefs-Spital besuchten, erzählte ich ihr voll Stolz, dass ich eine Paradeissauce mit Reis gekocht habe. Mutter sah so elend aus. Ihr Haar war weiß geworden und ihre aufgeschwollenen Lippen waren ganz schwarz. Das Sprechen fiel ihr schwer. Ich erinnere mich, dass sie mir auftrug, täglich den Wecker aufzuziehen. Das dürften ihre letzten Worte gewesen sein.

Als wir sie am 21. September zum letzten Mal sahen, erkannte sie uns nicht mehr. Die Klosterschwester brachte uns zu ihrem Bett und sagte: »Frau Sokopp, Ihre Kinder sind da! Machen Sie doch die Augen auf!« Doch Mutter hat nicht mehr reagiert. Ich war bei ihrem Tod dreizehn und Trude neun Jahre alt.

»Es ist was Wunderbares um eine Mutter.
Andere mögen dir gut sein,
aber nur deine Mutter kennt dich,
behütet dich, geht auf für dich in Liebe
und hat für alles ein Verzeihn.
Sie entschuldigt noch, wo das Verstehen aufhört.
Ein einzig Unrecht nur - ein einziges begeht sie,
wenn sie zum letzten Schlaf die Augen schließt,
um dich in dieser Welt allein zu lassen.«
(Alter Spruch)

Wiedersehen mit den Tanten (September 1936)

Eineinhalb Jahre waren wir von den Tanten getrennt gewesen, doch an Mutters Todestag trafen wir sie vor dem Spital. Dabei erfuhren wir, dass sie uns während der ganzen Zeit der Trennung nie aus den Augen gelassen hatten. Immer wieder hatten sie in einiger

Entfernung von der Schule auf uns gewartet, um sich zu überzeugen, dass wir gesund und wohlauf waren. Sie erzählten, dass sie durch Bekannte in der Feigenkaffeefabrik von Mutters Krankheit erfahren haben und versicherten uns, dass sie sich mit ihr ausgesöhnt hätten. Ob das stimmt oder nicht, erscheint mir nicht wichtig, sie waren jedenfalls sofort wieder zur Stelle, als wir sie brauchten. Und dann war plötzlich die ganze Sokopp-Familie in unserer Wohnung versammelt.

Alle fünf Geschwister meines Vaters: Wicki, Hilda, Hermine, Rosa, und Otto. Und dazu kam noch unser Pfarrer Rieger. In der folgenden Beratung über Trudes und meine Zukunft führte Tante Rosa das große Wort, weil sie ja die einzige »Vermögende« in der Familie war, die auch das Begräbnis zahlen konnte.

Sie, die sich bis jetzt nie um uns gekümmert hatte, die sogar ihre Tochter Käthe immer nur stiefmütterlich behandelte, spielte sich plötzlich als Familienoberhaupt auf.

Sie entschied, dass Mutter nicht zu Vater ins Grab gelegt würde, sondern am evangelischen Matzleinsdorfer Friedhof begraben wird.

Sie entschied, dass wir nicht bei den Tanten leben dürften, sondern ins evangelische Waisenhaus kommen müssten. Pfarrer Riegler bestärkte sie zwar darin, aber nur, weil er die evangelische Schule am Karlsplatz für Wiens beste Hauptschule hielt.

Tante Wicki und Tante Hilda wären sofort bereit gewesen, uns bei sich aufzunehmen. Doch weil sie arbeitslos waren, hätten sie kein Sorgerecht erhalten. Also übernahmen Tante Rosa und ihr Mann Onkel Pepi die Vormundschaft, sie besaßen eine Fleischerei am Viktor-Adler- Markt und hatten viel Geld.

Tante Rosa hätte uns also das Waisenhaus ersparen können. Mit ihrer finanziellen Unterstützung wäre darüber hinaus ein Verbleib in der Buchengasse möglich gewesen. »Geld verdirbt den Charakter«, lautet ein geflügeltes Wort, und das Waisenhaus kostete ihnen keinen Groschen.

Nur mit unseren Schulsachen verließen wir die Wohnung in der Troststraße, um sie nie mehr wiederzusehen. Das begriffen wir Kinder damals aber noch nicht. Wir schliefen bis zum Begräbnis bei Tante Anna. Eines der Ehebetten war ja dort frei, weil Onkel Otto zu der Zeit am Riederberg seine Blockhütte hatte.

In Trauerkleidern von Tante Rosa standen wir Kinder dann am Grab der Mutter, umringt von viel Familie. Wir ahnten damals noch nicht, dass uns die Zukunft brutal aus dieser Familie reißen wird. Der Abschied von Mutter war auch der Abschied von unserer Kindheit.

Auch von meiner Schule musste ich mich verabschieden, es fiel mir nicht leicht. Das merkte auch meine Klassenlehrerin, Frau Riedel.

»Ossy, ich bin immer für dich da. Komm zu mir, wenn du Kummer hast.«

Und als sie mich zum Abschied voll Mitgefühl in die Arme schloss, konnte ich endlich weinen.

6. Das Evangelische Waisenhaus (1936–1938)

Das Ende der Kindheit

Was nun folgte, war derart schrecklich, dass ich die Fähigkeit eines Charles Dickens besitzen müsste, um dieses Grauen auch für den Leser spürbar zu machen. In einer Kaserne hätte nicht mehr Zucht und Ordnung herrschen können als in diesem Heim für sechzig elternlose Kinder, die nichts nötiger gebraucht hätten als ein wenig Zuneigung. Davon konnten wir Waisenkinder nur träumen.

Der Tod der Mutter und der Einzug ins Waisenhaus war ein gewaltsamer Bruch unserer bis dahin ziemlich unbeschwerten Kindheit, der uns sehr verändert hat. Während ich widerspenstig und bockig wurde, war Trude völlig in sich gekehrt, wie von einem Panzer umgeben, durch den auch ich keinen Zugang fand. Unsere kindlichen Spiele hatten ein jähes Ende gefunden, und nun machte sich auch der Altersunterschied bemerkbar. Während ich mich in maßloser Wut gegen den Herrgott auflehnte, weil er sich nicht damit begnügt hatte, mir in frühester Jugend den Vater zu nehmen, war Trude völlig erstarrt. Ich schrie meine Wut hinaus, als Pfarrer Rieger mich damit trösten wollte, »dass Gott in seiner unendlichen Güte die Mutter von ihrem irdischen Leid erlöst hat«. Doch Trude war ganz apathisch.

»Antreten zum Morgengebet!

Antreten zum Frühstück!«

In diesem Befehlston begann unser Tag. Das Frühstück, den grauen Klumpen Haferbrei, konnte ich in der Früh trotz ständigen Hungers nicht runterwürgen.

»Antreten zum Schulgang!«

In Reih und Glied, in der unverkennbaren »Kluft der Waisenhäusler« begann der Marsch in die Karlsschule. Das trockene »Schusterlaibchen«, das wir für die Schule erhielten, habe ich immer schon auf dem Schulweg aufgegessen. Nach der Schule hieß es wieder:

»Antreten im Speisesaal!«

Dort standen zwei lange Tische. In vier Reihen zu je fünfzehn Kindern warteten wir mit unseren Blechtellern auf den Aufruf zum Essen fassen:

»Erste Reihe! Zweite Reihe!«

Doch vor dem Essen fragte die Vorsteherin, eine lange dürre Hopfenstange mit Pferdegebiss in ihrem harten Siebenbürgendeutsch: »Wer hat Strrrafe?«

Wer dumm genug war zu gestehen, dass er von der Schule aus eine Strafarbeit zu schreiben hatte, wurde nun noch einmal bestraft – zuerst mit Essensentzug, danach mit Spiel- oder Leseverbot. Und diese böse Frau mussten wir »Lieb Mutter« nennen.

Auch das Mittagessen war weder gut noch ausreichend. Wir Kinder waren ständig hungrig, und daher gab es immer ein wahres Wettrennen um einen eventuellen Nachschlag. Am Sonntag gab es meistens Gulasch – aus vier Kilogramm Fleisch für sechzig Kinder!

Nach der Schule war »Lernstunde«. Das war aber keine Stunde, sondern ein ganzer »Schweigenachmittag«. In absoluter Stille hatten wir zunächst die schriftlichen Hausübungen zu erledigen, aber danach auch noch alles aus den Merkheften für Geografie, Geschichte, Naturgeschichte u. s. w. auswendig zu lernen. Das Gelernte mussten wir unter Vorlage der Hefte den »Fräuleins« aufsagen.

Jede der vier Erzieherinnen hatte fünfzehn Kinder abzuhören. Bei so vielen Vorträgen täglich schenkten sie den einzelnen nicht mehr viel Aufmerksamkeit und merkten gar nicht, dass ich oft wochenlang dieselbe Lektion herunterleierte.

Die Erzieherinnen standen natürlich selbst unter dem Druck der Vorsteherin, deren Erziehungsmethoden nur aus Befehlen und Verboten bestand. Widerspruch wurde nicht geduldet und jede kleinste Ungezogenheit strengstens bestraft. Schläge mit dem Lineal über die Hände und Ohrfeigen ins Gesicht waren durchaus üblich.

Die Schülerinnen der dritten und vierten Hauptschulklassen kamen nur selten in den Genuss der kärglichen Freizeit zwischen »Schweigenachmittag« und Abendessen, denn da wurden wir zum Erdäpfelschälen und Gemüseputzen eingeteilt.

Nach dem Abendessen, das meist nur aus Erdäpfelsalat und einem Stück Brot bestand, oder aus trockenen Nudeln mit etwas Streukäse, durften wir noch eine halbe Stunde lesen. Da mir diese Zeit nicht genügte, nahm ich mein Buch heimlich in den Schlafsaal mit, um nachts auf dem Klosett bei spärlichem Licht weiterzulesen.

Vor dem Schlafengehen aber mussten wir noch bei der Vorsteherin zum Gute-Nacht-Gruß antreten und im Chor rufen: »Küss die Hand, gute Nacht, lieb Mutter soll gut schlafen!«

Die Samstage hasste ich am meisten. Da war nach den Schulaufgaben die sogenannte »Putz- und Flickstunde« angesetzt. Wir mussten die Tische schrubben, die Schlafsäle und Waschräume sauber machen, die Holztreppen mit Wachs einlassen und dergleichen mehr. Wir waren froh, wenn wir uns endlich zum Strümpfe-Stopfen und Wäsche-Ausbessern hinsetzen konnten. Bei dieser Arbeit musste gesungen werden. Die Buben bekamen samstags andere Arbeiten zugeteilt. In der warmen Jahreszeit Gartenarbeit und im Winter Schneeschaufeln.

Fräulein Martha und Fräulein Grete waren für die Mädchen zuständig. Während Martha strengstens auf die Einhaltung der Regeln achtete, die uns zu Demut und Gehorsam erziehen sollten, konnte es sich Grete als Verlobte eines Pfarrers leisten, die eine oder andere Regel zu umgehen. Wenn sie guter Laune war, las sie uns sogar im Schlafsaal noch eine Geschichte vor.

Fräulein Hilde und Fräulein Wilma waren die Erzieherinnen der Buben. Hilde habe ich nur als farblose, ewig griesgrämige Jungfer in Erinnerung. Wilma aber, die hatte keinen Druck von oben nötig. Die war selbst bösartig. Wenn ich in späteren Jahren von KZ-Aufseherinnen hörte oder las, sah ich immer Wilmas schönes, glattes Gesicht mit den harten blauen Augen vor mir. Sie war einmalig im Ersinnen härtester Strafen für jedes Vergehen der Zöglinge. Obwohl klein und zierlich, verfügte sie über eine Stimme, die selbst die großen Buben erzittern ließ.

Am Sonntag hatten wir nach dem Mittagessen zwei Stunden im Hof »Spielzeit«, wobei es uns bei Strafe verboten war, während dieser Zeit das Haus zu betreten. Die Vorsteherin und die Fräuleins wollten ruhen. Eines Tages erhielt Hubert beim Völkerballspiel einen scharfen Ball auf die Nase, die dann heftig blutete. Als er ins Haus lief, um die Blutung zu stillen, wurde er von Fräulein Wilma erwischt. Zur Strafe musste er mit blutender Nase bis zum Ende der »Spielzeit« auf den Stufen knien.

Später erkannte ich, was sie mit ihrer Methode erreichen wollte. Getreu dem Befehl des »Führers« sollten die Buben »zäh wie Leder und hart wie Kruppstahl« werden.

Trude hielt sich immer abseits von den übrigen Kindern im Heim, wollte kaum essen, nicht spielen, man konnte sie nicht einmal zum Sprechen bringen. Ich hatte große Angst um sie und bat die Vorsteherin inständigst, wenigstens neben ihr schlafen zu dürfen. Doch es wurde keine Ausnahme gemacht. Ihr Bett stand im Schlafsaal der Volksschülerinnen und meines in dem der Hauptschülerinnen, und diese Ordnung musste eingehalten werden. Als ich Trude eines Nachts heftig weinen hörte und zu ihr eilte, um sie zu trösten, wurden wir beide bestraft, weil wir die Nachtruhe gestört hatten.

Ich habe mich in späteren Jahren oft gefragt, ob der Aufenthalt im Waisenhaus wirklich so schrecklich war. Doch meine Schwester und ich haben dann unsere Erinnerungen ausgetauscht und konnten übereinstimmend feststellen, dass diese »Hölle« keineswegs nur eine Ausgeburt unserer kindlichen Fantasie war.

Eines ist uns jedoch bei den Gesprächen über unsere Kindheit klar geworden: Die Erzieherinnen hatten auch kein leichtes Leben. Vielleicht hatten sie am Vormittag, wenn wir in der Schule waren, einige Stunden zur freien Verfügung. Aber nachts mussten sie uns wieder beaufsichtigen. Mit Ausnahme des Abendessens nahmen sie die Mahlzeiten mit uns gemeinsam ein und erhielten denselben Fraß vorgesetzt wie wir. Und natürlich waren sie auch an den Wochenenden da.

Es gab damals fast 700.000 Arbeitslose in Österreich, da mussten sie wohl froh sein, überhaupt einen Arbeitsplatz zu haben. Vielleicht war die Unzufriedenheit mit dem eigenen Schicksal der Grund dafür, dass niemand in dem grauen Haus in der Hamburgerstraße sich jemals um den Seelenzustand der Kinder gekümmert hat.

Selbst als Trude wegen einer vom Schularzt festgestellten Rückgratverkrümmung ein Gipsmieder mit einer äußerst unangenehmen Kopfstütze tragen musste, wurde ihr kein Mitleid entgegengebracht.

Wir fühlten uns als die Nummern, die wir vom Waisenhaus zugeteilt bekommen hatten. Wir mussten sie in unsere Kleider und Strümpfe einsticken. Wenn wir bei der Wäscheausgabe nach Nummern aufgerufen wurden, fühlten wir uns gebrandmarkt, ich mit der Nummer 27 und Trude mit der Nummer 19. Die Wäsche wurde nur einmal in der Woche gewechselt, auch da gab es keine Ausnahme. Wenn ich während meiner Menstruationstage die Hose beschmutzte, musste ich abends die Blutflecken notdürftig auswaschen. Oft war die Hose bis zum Morgen nicht trocken. Dann musste ich sie eben in feuchtem Zustand anziehen.

Die Anstaltskleidung der Mädchen bestand aus einem schwarz-weiß-rot-karierten Flanellkleid für den Winter und aus zwei völlig gleichen schwarz-weiß-roten Baumwollkleidern im Dirndlschnitt für die warme Jahreszeit. Ich wäre damals schon glücklich gewesen, wenn sich wenigstens die beiden Sommerkleider farblich voneinander unterschieden hätten. Das Flanellkleid mussten wir vom Beginn der Heizperiode bis zu deren Ende tragen. Man kann sich vorstellen, wie das »duftete«, bis man es endlich gegen das Dirndl austauschen konnte. Wer ein eigenes Kleid hatte, durfte es am Sonntag zum Kirchgang anziehen.

Ein Jahr lang trugen Trude und ich dabei die Trauerkleider. Im zweiten Jahr bekamen wir von Tante Rosa, unserem Vormund, neue Sonntagskleider. Die schwarzen Strümpfe aus der Trauerzeit blieben uns jedoch noch lange erhalten. Erst als man sie wirklich nicht mehr stopfen konnte, wurden sie durch graue oder braune Baumwollstrümpfe im »Zwei-glatt-zwei-verkehrt-Muster« ersetzt. Ganz schlimm fand ich die dunklen Lodenumhänge mit Kapuze, weil wir daran schon von weitem als »Waisenhäusler« erkannt wurden.

»Fantasie« (Ossy 1937, im Alter von 14 Jahren)

»Was ist das Leben denn, als Suchen nur und Sehnen.
Erwarten kannst du die Erfüllung nie.
Und kann vom Glück ich mir mein Teil nicht nehmen,
such ich den Trost mir in der Fantasie.
Da seh ich auch im Winter grüne Bäume.
Da bleiben keine Wünsche unerfüllt.
Ich flüchte mich in meine Träume
und aller Erdenschmerz ist schon gestillt.«

Erster Ausgehsonntag

Jeden vierten Sonntag hatten jene Kinder Ausgang, die den Tag bei Verwandten verbringen konnten. Trude und ich kamen in diesen Genuss, denn wir hatten ja unsere »Tanten«. Gleich beim ersten Besuch bei ihnen erlebten wir eine Überraschung. Das Zimmer in der Buchengasse war mit den Schlafzimmermöbeln aus unserer elterlichen Wohnung eingerichtet. »Wir wollten, dass ihr euch nun hier bei uns zu Hause fühlt«, sagte Tante Hilda. Und es wurde unser Zuhause, auf das wir uns jeden Ausgehsonntag freuen konnten.

Zum Glück standen aber auch noch einige mir vertraute altdeutsche Möbel aus der Zeit der Großeltern im Zimmer. Die alte Kommode zwischen den Fenstern, mit den riesigen Schubladen und der Marmorplatte. »Trumeaukasten« hieß sie, weil über ihr ein großer Spiegel im Goldrahmen hing. Auch der »Diwan«, das niedrige Sofa mit schwarzer Lederpolsterung, stand noch da. Aber was war aus Mutters schwarzem Holzkoffer geworden, der sie ihr ganzes Leben begleitet hat?

Da ereiferte sich Tante Wicki: »Die Rosl hat euer Wohnung ausg'ramt, und wollt ollas dem Oltwarendandler ondrah'n. ›Alles nur Glumpert‹, hat's g'mant. Mit Müh und Not hamma die Zimmereinrichtung für eich retten können, weu ma den Obtransport söba zohlt hab'n. Unsre eigenen Möbeln liegen zerlegt im Köller. Mit an ausgeliehenen Leiterwagerl hamma euere Sochn Stück für Stück zu uns obe g'führt. Den Lusta hamma net mitnehma dürf'n, weu wir jo ka elektrisches Liacht haben.«

Trude weinte vor Glück, als ihr die Tanten ihr Puppenbettchen mit dem alten abgewetzten Teddybären und der Negerpuppe Topsy in die Hand drückten.

Ich sah mich dagegen vergeblich nach vertrauten Gegenständen unserer Wohnung um. Dem Wecker im goldfarbenen Uhrgehäuse, der aus Seife geschnitzten Büste von Franz Schubert, den Trude »Schubertlanzl« getauft hatte. Auch die Spielsachen, die uns die Tanten gekauft hatten, waren weg. Das Puppengeschirr, die Springschnur, das Diabolospiel, der Ball, die Dominosteine und das schöne

Gartenwerkzeug mit Rechen, Schaufel und Harke. Ich war dann doch froh, als ich in der Lade unseres Wäschekastens noch einige Gegenstände aus Mutters Besitz vorfand: Ihr Fotoalbum, die Mappe mit der Gedichtsammlung, ihr Haushaltsbuch aus dem Jahr 1923, Vaters Brief von 1922, sein Gewerkschaftsbuch und die schmalen Papierstreifen mit seinen Erinnerungen an den Ersten Weltkrieg. Von den Kinderbüchern waren uns nur mehr Ludwig Bechsteins Märchenbuch und Gertrud Getzners »Wintermärchen« geblieben. Und ab Montag begannen wir, die Tage bis zum nächsten Ausgehsonntag zu zählen.

Heimabende im Waisenhaus

Bei den Heimabenden wurden neben Volksliedern auch sehr viele Kriegslieder gesungen. Was hätte wohl Mutter dazu gesagt?

»Argonnerwald, Argonnerwald, ein stiller Friedhof wirst du bald.
In deiner kühlen Erde ruht so manches tapfere Soldatenblut…
Auf, auf, Kameraden, aufs Pferd, aufs Pferd, in den Kampf für die Freiheit gezogen!
Im Felde, da ist der Mann noch was wert. Da wird das Herz noch gewogen…«

Sogar die Lieder, die wir bei der täglichen Morgenandacht im Festsaal singen mussten, hatten oft etwas Kriegerisches an sich. »Wir treten zum Beten vor Gott, den Gerechten« stammt aus dem Dreißigjährigen Krieg und soll das Lieblingslied Hitlers gewesen sein. Die zweite Strophe beginnt folgendermaßen:

»Wir loben dich oben, du Lenker der Schlachten,
und flehen, mögst stehen uns fernerhin bei.
Dass deine Gemeinde nicht Opfer der Feinde…«

Dass Gott gerecht sei, glaubte ich schon seit dem Tod meiner Mutter nicht mehr. Doch nun wurde er mir als »Schlachtenlenker« vorgestellt. Das passte schon besser zu ihm als der liebende Vater, zu dem ich nie mehr freiwillig gebetet habe.

Bei der Morgenandacht musste jeden Tag ein Kind das »Vaterunser« vorbeten. Für die jüngeren war das oft eine Qual. Aber auch wenn sie aufgeregt herumstotterten, bis ihnen die Tränen kamen, wurden sie von dieser Pflicht nicht entbunden. Auch vor und nach den Mahlzeiten wurde gebetet: »Wir danken dir o Herr für deine Gaben«, auch wenn diese viel zu wenig waren und uns gar nicht schmeckten.

Die Abendandacht in den Schlafsälen begann immer mit einem Lied: »Der Mond ist aufgegangen…« oder »Weißt du wie viel Sternlein stehen…« Wann hatten wir schon die Gelegenheit, den Mond oder die Sterne zu sehen?

»So nimm denn meine Hände, und führe mich bis an mein selig Ende.« Manchmal habe ich dieses selige Ende herbeigesehnt. Das Abendgebet durften wir uns aussuchen, ich wählte immer dieses:

»Herr, dein Auge geht nicht unter,
wenn es bei uns Abend wird,
und du bleibest immer munter,
und bist wie ein guter Hirt,
der auch in der finstren Nacht
über seine Herde wacht.
Darum hilf uns, Deinen Schafen,
dass wir alle sicher schlafen. Amen.«

Wir waren ja wirklich Schafe, eingeschlossen in einer Herde, aus der es kein Ausbrechen gab.

Freunde im Waisenhaus

Im Waisenhaus schloss ich mit Mädchen Freundschaft, die einen ähnlichen Freiheitsdrang wie ich verspürten. Gretl Svoboda war ein Jahr älter als ich, durfte aber nach ihrer Schulentlassung bei ihrer jüngeren Schwester im Heim bleiben. Sie arbeitete ohne Bezahlung, nur für Kost und Unterkunft, als Küchen- und Hausmädchen. Doch sie musste sich, ebenso wie die Zöglinge, der allgemeinen Hausordnung unterwerfen und bekam auch keinen Ausgang. Ihr Hass auf die Vorsteherin und die Fräuleins war daher ebenso groß wie meiner. Das machte uns zu dicken Freundinnen und wir heckten gemeinsam viele Streiche aus.

Eines Nachts kletterten wir durch das Dachfenster hinaus auf das steile Dach, an dessen unterer Kante eine niedrige Mauer mit der Aufschrift »Evangelisches Waisenhaus« stand. Vor einem Absturz waren wir also sicher. Dann saßen wir im Nachthemd ganz oben auf dem Dachfirst und genossen die »Freiheit«, indem wir jene Schlager sangen, die innerhalb des Hauses verpönt waren. Es war ein unbeschreiblich herrliches Gefühl, unter dem nächtlichen Himmel zu sitzen, und den ständigen Späheraugen entronnen zu sein. Ich wünschte mir damals, die Nacht würde ewig dauern.

Leider bekam ich durch die kühle Nachtluft Bauchweh und musste neben dem Rauchfang einen »Haufen« hinterlassen. Später hat mir Gretel oft vor den ahnungslosen Kindern zugerufen: »Wie kommt denn der Spinat aufs Dach? Die Kuh kann doch nicht fliegen?« Und niemand verstand, warum wir über diesen scheinbar sinnlosen Spruch so lachen konnten.

Während unser Abendessen aus kaltem Salat bestand, wurde für die Erzieherinnen ein Abendessen separat gekocht. Wir beneideten sie natürlich um die Fleischlaibchen, die Schinkenfleckerln oder die geröstete Leber, weil wir solche Leckerbissen niemals erhielten. Wenn ich mit Gretl Küchendienst hatte, rächten wir uns, indem wir in ihren Bohnenkaffee spuckten oder ihre Suppe versalzten.

Einmal hatte Gretl besondere Wut auf unsere Peinigerinnen. Wir sollten Krautfleisch für die Fräuleins kochen: »Heute werde ich ihnen das Kraut ganz besonders wässern!«, lachte sie schadenfroh. Sie ließ mich vor der Küchentüre Schmiere stehen, während sie ihre Hose runterließ und in die Krautschüssel »pischte«.

Auf meine Freundschaft mit dem Zögling Otto war ich sehr stolz. Denn er befasste sich mit mir, obwohl mein Niveau nicht annähernd an seines heranreichte. Aber nach ebenbürtigen Freunden hätte er in diesem Haus ohnehin vergeblich gesucht.

Ich war schon immer eine schreckliche Aufschneiderin gewesen und lebte meine Fantasie auch im Waisenhaus aus. Ich erzählte einigen Mädchen, unter dem Siegel der Verschwiegenheit, dass meine Schwester und ich eigentlich unter falschen Namen lebten. Unsere wirklichen Namen seien Sonja und Tatjana Sokopierski von Sokoloff, und wir wären russische Prinzessinnen, die während der Revolution flüchten mussten. Wir hätten Grauenvolles erlebt und würden auch hier von bösen Bolschewisten verfolgt werden. Eine ähnliche Geschichte hatte ich einmal in einem Courts-Mahler-Roman meiner Mutter gelesen.

Trotz meiner Bitte um absolute Geheimhaltung war diese Geschichte auch Otto zu Ohren gekommen. Er nahm mich zur Seite und riet mir, mich über historische Ereignisse zu informieren, bevor ich meine Märchen erzähle. Zur Zeit der Russischen Revolution sei ich noch gar nicht auf der Welt gewesen. Und dann erzählte er mir, unter welch fürchterlichen Bedingungen das Volk im Zarenreich lebte und dass es sich erst durch die Revolution befreite. »Sei froh«, sagte er, »dass du aus dem Arbeiterstand kommst und nicht dieser blutigen Ausbeuterklasse angehörst.«

Im Laufe der Zeit erfuhr ich, dass Ottos älterer Bruder Kommunist war, wie mein so jung verstorbener Cousin Bertl. Otto las mir seitenlange Briefe von seinem Bruder vor, die von Klassenkampf, Marx und Lenin handelten. Ich habe nichts verstanden. Aber endlich konnte ich jemandem beichten, dass auch meine Tanten Kommunisten sind. Bis jetzt war mir das eher unangenehm, Mutter hat sie doch deshalb »Abtrünnige« genannt. Aber eines verstand ich, dass man die Arbeiter über ihre Unterdrücker aufklären muss. Denn was Unterdrückung bedeutet, konnte ich hier am eigenen Leib verspüren.

Gelegentlich bekamen wir hohen Besuch vom Vorstandskomitee des Evangelischen Waisenversorgungsvereins, das unser Heim subventionierte. Das bedeutete Großputz für uns Zöglinge. Aber während des Besuches durften wir unsere Sonntagskleider tragen und bekamen sogar eine Jause mit Kakao und Kuchen.

Wenn dann der Herr Kommerzialrat, die Frau Hofrat oder der Herr Schulrat fragten: »Seid ihr auch immer brav und folgt der herzensguten ›Lieb Mutter‹?«, riefen wir alle im Chor: »Jaaa!« Unsere Augen aber schielten bereits zu den gedeckten Tischen.

Manchmal suchte eine Frau Gräfin eine »Haustochter« für die gröbere Arbeit bei ihr. Es wurden zum Glück immer die genommen, die die zaghaftesten Antworten gaben. Mit meinem Mundwerk und selbstbewussten Auftreten stand ich nie zur Wahl.

Die wirklich reichhaltige Bibliothek des Heimes verdankten wir dem Wohltätigkeitsverein. Ich habe viel von ihr Gebrauch gemacht. Doch wenn ich mich heute daran erinnere, waren es ausschließlich Bücher, die man auch später, während der nationalsozialistischen Herrschaft, lesen durfte: »Therese Etienne« und »Via mala« von John Knittel, »Der König der Bernina« und »An heiligen Wassern« von Jakob Christoph Heer, Wilhelm Hauffs Märchen und sein Roman »Lichtenstein«. Dies war bereits eine sehr »ausgesuchte« Literatur.

In der Weihnachtszeit des Jahres 1936 erhielt ich von Bürgermeister Schmitz eine Einladung ins Wiener Rathaus zu einer »Jause für Waisenkinder«. Im großen Saal waren Tische für hunderte Kinder gedeckt. Von unserem Heim waren nur Otto und ich eingeladen – zufällig denke ich. Bei dieser Weihnachtsfeier wurde die jährliche »Mautner-Markhof-Stiftung« verlost, und ich hab sie gewonnen!

Fünfhundert Schilling auf einem Sperrkonto, über die ich mit 21 Jahren verfügen durfte.

Nach Meinung der Tanten hätte das Geld für meine Aussteuer gereicht. Aber als ich wirklich volljährig war, konnte man damit nur mehr einige Lebensmittel am Schwarzmarkt kaufen.

Rosa und Pepi Pürstinger

Es gibt fast nur Schlechtes über unseren Vormund, Tante Rosa, zu sagen, doch kochen konnte sie. Essen war überhaupt das Wichtigste in ihrem Leben, und einmal im Monat ließ sie uns, ihre zwei verwaisten Nichten, daran teilhaben.

Onkel Pepi holte uns am »Ausgehsonntag« nach dem Kirchgang mit dem Gigerlwagen ab und brachte uns in seine Wohnung in der Jagdgasse, ganz in der Nähe der Buchengasse. Tante Rosa wartete schon mit dem Mittagessen auf uns. Zuerst gab es eine Rindsuppe mit riesigen Fettaugen und Eingetropftem. Onkel Pepi schwärmte jedes Mal: »Das ist ein Supperl, das bekommt ihr in keinem Wirtshaus!«

Und dann wurde ein Berg von Schnitzeln auf den Tisch gestellt, und wir durften essen soviel wir wollten. Als Nachtisch gab es köstliche Tortenstücke vom Liedermann, »der besten Konditorei Favoritens«, wie man uns nicht oft genug versichern konnte. Und das nachfolgende Obst war natürlich »das schönste vom ganzen Markt«. Es war für uns wie im Schlaraffenland. Ausgehungert wie wir waren, stopften wir auch alles in uns hinein, bis wir fast platzten. Doch wir Kinder spürten, dass dies nicht von Herzen kam, sondern nur Protzerei einer »Geschäftsfrau« war, die sogar innerhalb der Familie mit ihrem Reichtum prahlte.

Während die Pürstingers ihren Mittagsschlaf hielten, durften wir die Tanten in der Buchengasse besuchen. Dort warteten bereits Topfenpalatschinken auf uns und Naschsachen, die sich die Tanten vom Mund abgespart hatten. Doch dort gab es auch Liebe und Wärme. Dort durften wir uns ausweinen. Dort wurde uns zugehört und Trost zugesprochen, der freilich nur aus dem Versprechen bestand: »Wartet nur bis wir Arbeit haben, dann holen wir euch raus!«

Um sechs Uhr gab es Abendessen bei Tante Rosa, das wir wieder verschlangen. Obwohl uns im Heim immer todübel wurde, und wir uns in der Nacht regelmäßig übergeben mussten, freuten wir uns auf die nächste Fressorgie.

Auf einer der Heimfahrten mit dem Gigerlwagen erzählte uns Tante Rosa einmal voll Stolz die Geschichte über den Erwerb ihres Reichtums. Herr Aderhold, Pepis Jugendfreund und leidenschaftlicher Spieler, hatte große Summen am Trabrennplatz verloren. Pepi, der weichherzige Kleinbürger, gab ihm ein Darlehen, doch Rosa verlangte dafür Sicherheiten, die den Wert des Darlehens bei Weitem überschritten. Auf diese Weise gelangte sie zunächst in den Besitz seines Rennpferdes, zu dem sie sich einen Einspänner kaufte, den oben genannten »Gigerlwagen«. Herrn Aderhold konnte man aber weiter ausnehmen. Als er wieder eine größere Summe benötigte, blieb sie so lange hart, bis er ihr seinen Weingarten in Stammersdorf samt Weinkeller und Wochenendhaus verpfändete. Als der Rückzahlungstermin herannahte, hätte ihm Pepi gern Aufschub gewährt, weil der Weingarten die Existenzgrundlage seines Freundes bildete. Doch Rosa bestand unerbittlich auf Einhaltung des notariell festgelegten Termins. Als der ganze Besitz wirklich an sie überging, schoss sich Herr Aderhold eine Kugel in den Kopf. Wir Kinder waren entsetzt über diese tragische Geschichte und die Hartherzigkeit unserer Tante Rosa. Doch sie war sich sicher: »Um den is net schad. A leichtsinniger Spieler ist ka Träne wert.«

Spätere »Ausgehsonntage« in Stammersdorf konnten wir daher nicht mehr genießen.

Denn dort sahen wir in Tante Rosa nicht den Vormund, sondern die Mörderin. Mit meinem Freund Otto konnte ich über diese ungeheuerliche Geschichte reden. Denn er sah darin seine politischen Ansichten bestätigt, dass die Reichen um ihren Besitz zu vermehren, buchstäblich über Leichen gehen.

Von den Tanten Wicki und Hilda erfuhr ich später noch mehr über Tante Rosas Habgier. Ihre Wohnung war mit kostbaren Möbeln überladen, und sie prahlte über ihre Sitzbadewanne, die »erstmals auf der Pariser Weltausstellung gezeigt wurde«.

Sie wusste mit ihrem Geld gar nichts anzufangen, der Besitz allein und das Renommieren damit genügten ihr. Sie ging weder ins Theater noch ins Kino, las nie ein Buch, und in der Zeitung interessierten sie nur die Lokalberichte. Bei unseren monatlichen

Besuchen sprach sie nur über Fleischpreise, oder schimpfte über ihre Bedienerin und die Wäscherin. Und natürlich kannte sie den ganzen Tratsch vom Viktor-Adler-Markt, wo sie ihren Fleischhauerstand hatte.

Als 1933 die Breitner'sche Reichensteuer abgeschafft worden war und mit ihr auch alle sozialen Errungenschaften des »Roten Wien«, triumphierte Tante Rosa über den Sturz des »Roten Gesindels«. Das war der Grund, weshalb wir Tante Rosa hassten. Sie blickte voll Verachtung auf ihre arbeitslosen Schwestern Hilda und Wicki. »Diese Kummerln, haben's selbst zu nix gebracht, und wollen daher uns Besitzende enteignen. Die gehör'n doch alle hinter Schloss und Riegel!«

Sie betrachtete sich selbst als Wohltäterin, wenn sie Tante Wicki hin und wieder ein Kilo Faschiertes oder ein Sackerl Grammeln gab, wenn die hilfsbereite Schwester Arbeiten des Gehilfen übernahm, wie den Pferdestall ausmisten und den Marktstand reingen.

Als ich 1937 konfirmiert werden sollte, fragte die Vorsteherin, ob man für mich ein Festkleid beim Waisenversorgungsverein ausborgen sollte. Da entrüstete sich Tante Rosa, wie konnte man annehmen, dass sich die »gutsituierte Geschäftsfrau« kein Kleid für ihr Mündel leisten könne. Selbstverständlich würde sie mir auch eine goldene Uhr zu diesem Anlass schenken, erklärte sie hochmütig. Für mein Festkleid kaufte Tante Rosa nicht den allgemein üblichen weißen Satin, sondern »rosa Sonnengold«, damit ich es, entsprechend gekürzt, auch später tragen könne. Doch nähen musste es Cousine Hilda, die gelernte aber arbeitslose Schneiderin war. Hilda war eine der drei Töchter von Tante Hermine, jener strengen Frau, die mich bei Mutter damals als durch und durch verdorben bezeichnet hatte. Sie war meine Lieblingscousine und geriet mehr nach ihrem Vater, Florian Blasiček. Sie hatte seinen Humor und seine hübsche Stimme geerbt, war immer fröhlich und überhaupt nicht eingebildet. Um ihr erstes selbstverdientes Geld kaufte sie sich eine Gitarre und nahm Klavierunterricht, obwohl sie sich noch kein Klavier leisten konnte. Wir hatten sie alle gern. Sie nähte mein Konfirmationskleid, aber obwohl sie das Geld bitter nötig gehabt hätte, nahm sie keines an. »Wir sind doch eine Familie«, meinte sie gütig, »da hilft man eben einander«.

Der Konfirmationsunterricht in der Gumpendorfer Kirche bot mir eine willkommene Abwechslung. Einmal wöchentlich konnte ich einige aufsichtsfreie Stunden genießen. Oft schwänzte ich auch und lief zu Fuß nach Favoriten, um wenigstens eine knappe Stunde bei den geliebten Tanten zu verbringen.

Beim Festakt der Konfirmation in der Kirche konnte ich mich absolut nicht auf den »Heiligen Geist« konzentrieren, der mich nun überkommen sollte. Nach der Einnahme der Hostie wartete ich ängstlich auf den Schluck Wein aus dem goldenen Kelch und hatte nur einen Gedanken: »Hoffentlich trenz ich das schöne Kleid nicht an!«

Nach der Kirche bekam ich das Mittagessen bei Tante Rosa – ohne Trude, denn dieser Festtag galt ja nur für mich. Das Kleid und die goldene Uhr hat mir Tante Rosa am selben Abend wieder abgenommen. »Viel zu schade für das Waisenhaus«, meinte sie. Ich habe weder das Kleid noch die Uhr jemals wiedergesehen.

Die Evangelische Karlsschule (1936/1937, vierte Hauptschulklasse)

In der prominenten Schule am Karlsplatz gab es Freiplätze für die Waisenkinder, und das galt als besonderes Privileg. Ich empfand das nicht so, denn dort habe ich erstmals den Unterschied zwischen »Arm und Reich«, den ich bisher nur aus Büchern kannte, schmerzlich selbst erfahren müssen. Da saß ich nun inmitten der Töchter von Fabrikanten, Geschäftsleuten und Intellektuellen, die sich das teure Schulgeld leisten konnten. Da saß ich in meinem nach Schweiß riechendem Flanellkleid und meinen schwarzen Strümpfen, zwischen den schön gekleideten, nach Sauberkeit duftenden Mädchen. Da saß ich mit knurrendem Magen und musste zusehen, wie sie ihre schön verpackten Jausenbrote hervorholten und oft gar nicht aufaßen, weil ihnen der Belag nicht zusagte. Ich hasste alle diese behüteten Mädchen wegen ihrer Kleidung, ihrer bunten Heft- und Bucheinbände und wegen ihrer Füllfedern. Nur wir Waisenmädchen schrieben noch mit dem Federstiel, nur für uns mussten die Tintengläser noch gefüllt werden. Ich hasste sie wegen ihrer Unbekümmertheit selbst bei schlechten Noten. Ich hasste sie, weil sie von Theaterbesuchen erzählen konnten, wenn wir von Nestroy, Raimund oder Lessing lernten, weil sie Autogramme von den Schauspielern herzeigten. Ich war völlig unvorbereitet mit einer Welt in Berührung gekommen, von der ich ausgeschlossen war.

Wenn mir die Mädchen freundlich eine Wurstsemmel anboten, lehnte ich stolz ab. Stattdessen ging ich im Turnunterricht statt aufs WC heimlich in die Garderobe und durchsuchte ihre Schultaschen nach Essbarem. Auch Füllfedern stahl ich, nur um sie am Heimweg wegzuwerfen. Ich hätte ja weder im Heim noch in der Schule damit schreiben können. Aber was mir verwehrt war, sollten auch andere nicht haben.

Häufig musste ich meine Hassgefühle gewaltsam aufrechterhalten, um nicht dem Charme einzelner Mädchen zu erliegen. Da war zum Beispiel Kitty, die mit ihren frechen Antworten selbst die Lehrer zum Lachen brachte. In Geschichte wurde sie einmal gefragt, warum Napoleon 1799 plötzlich zurück nach Paris gekommen sei. Schlagfertig antwortete sie: »Bestimmt nur, damit Sie mich heute danach fragen können, Herr Professor.« Natürlich stimmte ich in das allgemeine Gelächter mit ein. Doch mein nächster Gedanke war: »Als Tochter eines Augenspezialisten kann sie sich das leisten. Mir hätte man so eine Antwort bestimmt nicht durchgehen lassen«.

Wenn Helene ein Gedicht aufsagen durfte, war es in der Klasse so still wie in einer Kirche. Schon wenn sie den Titel des Gedichtes sagte, überlief mich eine Gänsehaut.

Doch wenn ich aus meiner Faszination erwachte, dachte ich: »Wenn ich so oft ins Theater gehen dürfte wie Helene, könnte ich auch so gut rezitieren.« Und als sie einmal das Bild des Burgschauspielers Fred Liewehr mit dessen Autogramm auf ihrer Bank liegen ließ, zerriss ich es in kleine Stücke.

Mit Schaudern denke ich daran, was wohl aus mir geworden wäre, wenn mich die Tanten nicht nach dem Waisenhaus in ihre liebevolle Obhut genommen hätten.

Auch den Lehrerinnen und Lehrern brachte ich keine Sympathie entgegen, obwohl ich niemals von ihnen ungerecht behandelt wurde. Nie hätte ich zugegeben, wie sehr mir der Unterricht gefiel. In der Hauptschule in Favoriten hatte es keinen Musiksaal mit einem Flügel gegeben, haben wir niemals Werke von Schubert, Mozart und Beethoven gehört. Aber ich wollte nicht für etwas dankbar sein, das eigentlich nur den »Reichen« geboten wurde und an dem ich nur gnadenhalber teilhaben durfte.

In der alten Schule hatte ich immer die besten Aufsätze geschrieben, die meist vorgelesen wurden. Doch nun beschränkte ich mich auch bei den interessantesten Themen auf knappe, trockene Formulierungen, die nur gut bewertet wurden, weil ich keine Rechtschreibfehler machte. Einmal jedoch erregte ich mit meinem Aufsatz Aufsehen. Das Thema lautete: »Was ich einmal werden möchte« und ich schrieb:

»Es ist zwecklos, darüber nachzudenken, welchen Beruf ich einmal ausüben möchte. Darüber habe nicht ich zu entscheiden. Das Beste, was den weiblichen Zöglingen des Waisenhauses passieren kann, ist, dass man einen Dienstplatz für sie findet. Ich will aber kein Dienstmädchen werden. Lieber gehe ich auf den Strich.«

»Auf den Strich gehen« ist etwas Unanständiges, aber mehr wusste ich nicht. Ich bekam mein Heft nicht zurück, sondern musste zur Frau Direktor. »Deine Klassenlehrerin hat beschlossen, diesen Aufsatz nicht zu benoten. Nur weil du aus dem Waisenhaus kommst, sehen wir von weiteren Maßnahmen ab«, sagte sie in ernstem aber ruhigen Ton. Ich aber antwortete aufgebracht: »Geben Sie mir mein Nichtgenügend, aber verschonen Sie mich mit Ihrem Mitleid!«

Es wurde nie mehr darüber gesprochen und in meinem Abschlusszeugnis hatte ich in Deutsch ein »Gut«.

Abschlussausflug auf die Rax (1937)

Im Juni 1937 bildete ein Dreitage-Ausflug auf die Rax den Abschluss der vierten Hauptschulklasse. Die Kosten für uns vier Waisenmädchen übernahm der Elternverein. Ich wünschte mir sehnlichst, diesen Ausflug mitzumachen. Doch da ich bisher alle freundlichen Annäherungsversuche meiner Klassenkameradinnen abgelehnt hatte, geriet ich nun in Panik. Wir sollten in einem Gasthof in der Prein in Dreibettzimmern untergebracht werden, und zwar nach den Wünschen der Schülerinnen. Ich musste nun befürchten, dass keines der Mädchen Wert darauf legen würde, mit mir ein Zimmer zu teilen. Die drei anderen Waisenmädchen hatten Freundinnen in der Klasse, ich nicht.

Doch zu meinem größten Erstaunen suchten sich Liesl und Alma mich als dritte aus, und ich nahm das Angebot natürlich an. Unterschiedlicher konnten wir drei Zimmergenossinnen nicht sein. Die selbstbewusste blonde Liesl war die vorlauteste Schülerin der Klasse, aber bereits Elevin im Staatsopernballett. Alma war dagegen eine Jüdin mit Brille und schwarzen Löckchen und sehr schüchtern trotz guter Noten.

Diese drei Tage auf der Rax waren die schönsten, die ich in meiner Waisenhauszeit erlebt habe. Ich war zum ersten Mal im Gebirge und ich war überwältigt von der Schönheit der Landschaft. Wir machten herrliche Wanderungen, wurden in einem Gasthof ausgezeichnet verpflegt, tranken kuhwarme Milch in einer Sennhütte und abends gab es lustige Gesellschaftsspiele oder gemeinsames Singen.

Am interessantesten aber waren die nächtlichen Gespräche mit Liesl und Alma in unserem Zimmer. Da erfuhr ich nun, dass dieses von mir so verhasste Bürgertum keineswegs eine einheitliche Klasse war, dass manche der mir so »reich« erscheinenden Bürger selbst in ihrer Existenz bedroht waren.

»Ohne die Gagen, die ich durch gelegentliches Mitwirken bei Ballettaufführungen erhalte, hätten wir uns die Karlsschule nicht leisten können«, erzählte Liesl. »Die Rechtsanwaltskanzlei meines Vaters bringt nur mehr wenig ein.«

Almas Vater hingegen besaß eine kleine Strumpffabrik und klagte über schleppende Zahlungseingänge der Kunden. Manche Forderungen an Geschäftsleute waren überhaupt uneinbringlich, weil diese in Konkurs gehen mussten. Und besonders beängstigend empfand Alma die antisemitischen Flugblätter, die immer wieder in Vaters Fabrik auftauchten.

Schade, dass dieser Ausflug erst so spät stattfand. Ich hätte dieses letzte Schuljahr vielleicht besser genützt, wenn ich früher erkannt hätte, dass nicht meine Mitschülerinnen für das herrschende Gesellschaftssystem verantwortlich waren. An meiner Außenseiterstellung hätte dies freilich nichts geändert. Eine Integration in den Klassenverband war für uns Waisenkinder nicht möglich, weil wir an all den außerschulischen Aktivitäten der Schulkameradinnen nicht teilnehmen durften.

Ich fragte mich oft, warum nicht alle Waisenhauskinder so verbittert waren wie ich. Die meisten Kinder ertrugen geduldig alle Schikanen. Manche versuchten sich durch besonderen Eifer bei den Fräuleins »Liebkind zu machen«, ohne dass ihnen das einen Vorteil brachte. Vielleicht hat sie der jahrelange Aufenthalt in diesem Heim allmählich zu Duckmäusern gemacht. Rebellen wie mich gab es nur wenige. Dabei kam es ja nicht einmal zu einer offenen Rebellion. Wir konnten uns nur mit Lügen, Heimlichkeiten und kleinen heimtückischen Racheakten ein wenig helfen.

Abschlusszeugnis und Sommerferien (1937)

Der Unterricht in der Karlsschule war vom Lehrplan her dem der Mittelschule angeglichen. Mit entsprechenden Zeugnisnoten konnte man ohne Aufnahmeprüfung in die fünfte Klasse eines Realgymnasiums übertreten.

Otto hatte die ganze Schulzeit hindurch in allen Gegenständen nur »Sehr gut« erhalten. Er wurde am Ende des Schuljahres, als bester Schüler der Karlsschule, in einem feierlichen, mir unvergesslichen Festakt mit dem »Schillerpreis« ausgezeichnet. Sämtliche Schüler und Schülerinnen aus allen Klassen waren in der Aula versammelt, und der Schulchor sang ein von Beethoven vertontes Lied, dessen Text wie für Otto geschrieben schien:

»Wer ist ein starker Mann?
Der, dem sein eigner Wille,
und keines Zwingherrn Grille
Gesetze geben kann.
Der ist ein starker Mann!«

Und nach einer sehr schönen Ansprache der Frau Direktor wurden Otto sämtliche Werke von Friedrich Schiller überreicht. Ottos Musterzeugnis und seine Klugheit waren die besten Voraussetzungen für eine Weiterbildung im Gymnasium. Doch für den mittellosen Waisenknaben Otto bestand eine solche Chance nicht. Er wurde nach Klosterneuburg zu einem Tischler in die Lehre geschickt. Meine Klassenkameradinnen Resi und Edith wurden von der Vorsteherin des Waisenhauses als Dienstmädchen vermittelt, und Steffi konnte durch die Hilfe einer Verwandten eine Stelle als Friseurlehrling antreten.

Die Sommerferien verbrachten wir in einem Heim in Schladming. Für mich war schon die Bahnfahrt ein Erlebnis. Ich hatte noch nie vorher eine so weite Reise unternommen. Während der ganzen Fahrt stand ich am offenen Fenster, ich habe mich nicht einmal zum Mittagessen hingesetzt. Das brachte mich um den Genuss meines Fleischlaberls, das mir in Hieflau durch den Fahrtwind entrissen wurde. Das muss mich so hart getroffen haben, denn heute noch assoziiere ich den Ort Hieflau mit dem Verlust meines Fleischlaberls. Der Aufenthalt in Schladming war für mich zwar kein reines Vergnügen, aber es gefiel mir dort wesentlich besser als im Wiener Heim. Als »Schulentlassene« musste ich den ganzen Tag arbeiten. Doch mit Ausnahme des Hausputzes konnte ich die meisten Arbeiten im Freien verrichten. Beim Erbsenauslösen, Fisolenputzen und Kartoffelschälen saß ich mit Gretl vor dem Haus und konnte immerhin die schöne Aussicht genießen. Und beim Kirschen- und Stachelbeerpflücken landeten auch einige Früchte in meinem Mund. Außerdem genoss ich die wunderschönen Ausflüge, die wir in das Dachsteingebiet unternahmen.

Jeden Samstag durften wir abends das Platzkonzert besuchen. Dort lernten wir Burschen kennen, die die Uniform der »Hitlerjugend« trugen, was aber niemanden zu stören schien. Auch wir gaben uns fröhlich mit ihnen ab. Eines Abends hatten sie auf den umliegenden Bergen riesige Hakenkreuze aus mit Pech beschmiertem Holz aufgestellt und beim Einbruch der Dunkelheit entzündet. Ich war vom Anblick der flammenden Hakenkreuze und dem Gesang der Hitlerjugend so sehr beeindruckt, dass ich langsam begann, Ottos Lehren zu vergessen.

In der Handelsschule (September 1937 bis Juni 1939)

Tante Rosa und Onkel Pepi hatten mich nur ausgelacht, als ich den Wunsch äußerte, in ein Gymnasium zu gehen: »Was für unsere eigene Tochter gut war, wird doch wohl auch für dich genügen.« Ich erhielt stattdessen einen Freiplatz in der privaten Handelsschule auf dem Wiedner Gürtel, die vor Jahren auch deren Tochter Käthe absolviert hatte. »Kaufmännische Wirtschaftsschule des Wiener Frauen-Erwerb-Vereines« war der genaue Titel. Dort hatte ich zu meiner Freude nur am Nachmittag Unterricht. Am Vormittag war dort nämlich die »Höhere Lehranstalt für wirtschaftliche Frauenberufe« einquartiert, das sogenannte »Knödelgymnasium«.

Während meine Klassenkameradinnen und auch meine Freunde Otto und Oskar das Waisenhaus verlassen mussten, durfte ich wegen Trude noch bleiben. »Wir erweisen dir mit deinem weiteren Aufenthalt im Heim eine besondere Gnade, der du dich hoffentlich durch gute Lernerfolge und vorbildliches Benehmen würdig erweisen wirst«, ermahnte mich die Vorsteherin, Frau Helene Lani.

Sie war verärgert darüber, dass ich mich durch den Nachmittagsunterricht nun nicht mehr an den streng geregelten Tagesablauf halten konnte. Ich konnte nun meine Hausaufgaben am Vormittag erledigen und brauchte die lästige Lernstunde im Waisenhaus nicht mehr mitzumachen. Montag bis Freitag hatte ich fünf Stunden Unterricht, von 13 Uhr 30 bis 18 Uhr 30. Daher musste ich das Mittagessen etwas früher als die anderen Kinder erhalten.

Der Samstag war für mich am schönsten. Ich hatte am Vormittag von elf bis zwölf Uhr Religion, und durfte bis zum Nachmittagsunterricht in der Schule bleiben. Dort bekam ich ein ausgezeichnetes von den Schülerinnen der Haushaltsschule gekochtes Mittagessen. Am Nachmittag hatte ich nur drei Stunden Unterricht. Doch gleich zu Schulanfang fälschte ich den Stundenplan, indem ich zwei weitere Unterrichtsstunden hinzufügte. Die dadurch gewonnene Freizeit nützte ich für Spaziergänge in der Stadt oder für Besuche bei den Tanten.

Nachdem ich nun den Küchendienst und die samstägige Putz- und Flickstunde nicht mehr mitmachen musste, wurden mir andere Arbeiten am Vormittag übertragen. Sofort nach dem Frühstück hatte ich die Mädchenschlafräume im ersten Stock zu kehren, den Waschraum mit den drei Toiletten zu säubern und den Schuhputzraum in Ordnung zu bringen. Das nahm viel Zeit in Anspruch und vor den Toiletten graute mir. Da sich zehn Mädchen in der Früh ein Klosett teilen mussten, blieb kaum Zeit dazwischen die Wasserspülung zu betätigen oder die Klobrille abzuwischen. Ich hatte oft Mühe, den Frühstückshaferschleim bei mir zu behalten, wenn ich die stinkenden Häuseln putzen musste.

Aus Spargründen wurde die Zentralheizung nur im Erdgeschoß und im zweiten Stock aufgedreht. Im Erdgeschoß befanden sich der Speisesaal, der Festsaal, ein Nähzimmer, die Kanzlei der Vorsteherin und ihre Privaträume. Im zweiten Stock wohnten die Fräuleins, aber auch die frühere Heim-Vorsteherin und eine pensionierte Erzieherin. Da diese zwei Alten auch aus Siebenbürgen stammten wie unsere »Lieb Mutter« Frau Lani, und genauso hässlich waren, wurden sie von uns: »Die drei Hexen« genannt.

Ungeheizt aber blieb der erste Stock, auch im strengsten Winter. Hier lagen die Schlafzimmer der Kinder, ihre Waschräume, und ein Lernzimmer. In diesem Lernzimmer musste ich den Rest des Vormittags verbringen, um meine Schulaufgaben zu machen. Obwohl ich dort wegen der Kälte meistens im Mantel saß, war ich froh, dass ich diesen Raum für mich allein hatte. Da ich die Hausübungen meistens in den Schulpausen erledigt hatte, konnte ich mich ungestört dem Lesen widmen. Wenn ich auf dem Gang Schritte hörte, versteckte ich das Buch und beugte mich über meine Hefte. Wieder eine Heimlichkeit, die mir den trostlosen Alltag im Waisenhaus etwas erträglicher machte.

Für die Handelsschule wurde mir gestattet, meinen eigenen Mantel zu tragen. Den hatte mir noch meine Mutter gekauft, eine Nummer zu groß, deshalb passte er noch.

Um aber nicht mit dem schäbigen Anstaltskleid in der Schule sitzen zu müssen, fand ich auch hier einen Ausweg. Im Vorraum zu den Toiletten befand sich ein Kasten, in dem unsere Sonntagskleider aufbewahrt wurden. Vor der Schule zog ich mich am Klosett heimlich um und lief dann mit dem vom Mantel verdeckten Sonntagskleid aus dem Haus. Diese täglichen Umkleideszenen vor und nach der Schule verursachten mir immer große Aufregung. Aber ich nahm das Risiko erwischt zu werden auf mich, um mich nicht allzusehr von den Mädchen meiner Klasse zu unterscheiden. Einmal ertappte mich Else, eines unserer Hausmädchen, in dieser Verkleidung, zeigte jedoch Verständnis für mein Problem. Sie bot mir sogar an, ihr eigenes Sonntagskleid hin und wieder anzuziehen.

Der Unterricht in der Handelsschule hat mich mit Ausnahme von Englisch kaum interessiert. Wirtschaftsgeografie, Steno und Maschinschreiben waren einigermaßen erträglich, und in Warenkunde gab's wenigstens Spaß mit dem Lehrer. Beim Lernen für die Prüfungen hatte ich das Gefühl, dass mir aus den Büchern nur trockener Staub entgegen wirbelte. Der Professor für Betriebs- und Bürgerkunde konnte nicht genug Lobesworte für das Arbeitsbeschaffungsprogramm der Schuschnigg-

Regierung finden. Im Rahmen dieses Programms wurden mithilfe tausender zum Arbeitsdienst einberufener Jugendlicher die Wiener Höhenstraße, die Großglockner-Hochalpenstraße und die Reichsbrücke erbaut. Der einzige Lehrausgang, den wir in der Handelsschule unternommen haben, führte uns im Oktober 1937 zur »Eröffnung der Reichsbrücke«. Unter den Klängen einiger Musikkapellen wurde das Band zur Freigabe des mächtigsten Brückenbaus über die Donau geschnitten. Die 1225 Meter lange Reichsbrücke war anstelle der einsturzgefährdeten, 1876 erbauten, Kronprinz-Rudolf-Brücke errichtet worden, die von den Wienern nach der Tragödie von Mayerling »Selbstmörderbrücke« genannt wurde. Damals, im Oktober 1937, sagte unser Professor, dass dieses gigantische Bauwerk die Jahrhunderte überdauern würde. Wir glaubten ihm.

Deutsch und Geschichte waren in der Hauptschule meine Lieblingsgegenstände gewesen. Sie waren der Mittelpunkt meiner kindlichen Erlebniswelt. Voll Andacht lauschte ich, wenn Balladen von Schiller oder Fontane vorgetragen wurden oder lyrische Gedichte von Mörike und Eichendorff. Was kann spannender sein, als die Geschichte der alten Ägypter, Griechen und Römer oder die aufregende Geschichte der Reformation? Der Held meiner Kindheit hieß nicht Clark Gable, sondern Martin Luther. Den Thomas Münzer hat man mir allerdings verschwiegen.

In der Handelsschule fehlten jedoch Literatur und Geschichte. Also habe ich mich die meiste Zeit gelangweilt. Eine Ausnahme bildete nur der Englischprofessor, »Mister Lancelot Nash«. Ihm verdanke ich die einzigen Sternstunden meiner Handelsschulzeit. Er war ein Gentleman vom Scheitel bis zur Sohle. Wenn Mister Nash mich höflich ansprach, »Miss Sokopp, would you be kind enough…«, hatte ich tatsächlich das Gefühl, schon erwachsen zu sein.

Meine Lehrjahre (1937–1939)

Jeden Abend holten mich die Tanten von der Schule ab, um mich ins Waisenhaus zu begleiten. Sie brachten mir immer etwas zu essen mit, eine Leberkäsesemmel oder auch ein Reindl mit Zwetschkenknödel, die ich dann auf dem Heimweg aß. Auch Trude konnte ich immer etwas mitbringen.

Von Tante Rosas genau abgezählten Straßenbahnfahrscheinen für meinen Schulweg verkaufte ich die Hälfte an meine Mitschülerinnen. Denn weder Regen noch Schneegestöber hätten mich davon abhalten können, den Rückweg von der Schule gemeinsam mit den Tanten zu Fuß zurückzulegen.

In dieser Zeit begannen meine Lehrjahre. Nicht für meinen Beruf, sondern für meine menschliche Entwicklung. Denn der politische Geschichtsunterricht, den mir vor allem Tante Hilda auf dem allabendlichen Heimweg erteilte, war interessanter, lehrreicher und verständlicher als sämtliche Unterrichtsstunden der Schule. Mein

Geschichtsunterricht in der Schule hatte mit dem Ersten Weltkrieg geendet, mit dem Zerfall der österreichisch-ungarischen Monarchie und der Gründung der Republik Österreich am 12. November 1918. Im Alter von 15 Jahren hatte ich auch noch eine romantische Vorstellung vom Kaiserhaus und ich bat die Tanten, von ihrer Kindheit in der Monarchie zu erzählen.

»I hob ja die Herrschaften nie kenneng'lernt«, erzählte Tante Wicki. »Dort, wo sich die aufg'halten haben, san wir nie hinkommen. Aber i war dabei, wie dem Kaiser sein sechzigjähriges Regierungsjubiläum g'feiert word'n is. Des war im Achterjahr, da san wir grad von der Laxenburgerstraßn in die Buchengassn umzog'n. Alle Volksschulkinder von Wien hab'n müss'n mit die Lehrer nach Schönbrunn zur Huldigung vom Kaiser gehen. Im Firmungskleid, hat's g'heißn. I bin aber net g'firmt word'n. Da hat sich die Mutter geärgert, weils mir a neues Kladl hat kauf'n müss'n. ›Wenn s so viel Geld für den ganz'n Trachtenzirkus am Ring ausgeben können, dann könnens a die Kladln für die Kinder zahl'n.‹ Der Vater hat's beruhigt und g'mant: ›So kummt die Wickerl wenigstens zu an neuen Sonntagskladl‹. Aber zu was haben wir Kinder a Sonntagskladl braucht? Wir san ja eh nirgends hingangen und zum Spieln im Arthaberpark hätt i's eh net anzog'n. Aber g'falln hab i mir dann schon in dem langen weißen Kleid und der groß'n weiß'n Maschn in die Haar. Schuh haben's mir a no kauf'n müss'n. Des kaiserliche Jubiläum is den Eltern ganz schön teuer kommen. I hab mi aber g'freut auf die Feier, weil i noch nie in Schönbrunn war. Und dann san wir stundenlang in da Sonn g'standen, vielleicht 100.000 Kinder, und mir is schlecht word'n.«

»Na und«, fragte ich damals die Tante aufgeregt, »hast du dann den Kaiser g'sehn?«

»Na, g'sehn hab i eam net. Wie er endlich rauskommen is, hab i grad speiben müssen.«

Von der Kaiserfamilie habe ich durch Tante Wickis Erzählung zwar nichts erfahren, aber dafür vom Alltag seiner »Untertanen«. Was seit der Gründung der Republik in meinem Land geschehen war, hatte ich zwar zum Teil selbst erlebt, jedoch nicht begriffen und auch nicht erklärt bekommen. Einen zeitgeschichtlichen Unterricht gab es während meiner Schulzeit nicht. Sogar das Wort »Faschismus« hatte ich noch nie gehört. Im EVJM und im Waisenhaus wurde nur vom »Nationalsozialismus« gesprochen und von dem »genialen Führer«, der Deutschland schon jetzt aus den Fesseln des »Schandvertrags« von Versailles befreit habe und es zu ungeahnter Größe führen werde.

Zum Glück konnte ich mit den Tanten jeden Tag nach der Schule alles besprechen, was mir am Herzen lag, und sie füllten auch geduldig meine geschichtlichen Lücken.

»Faschismus« erfuhr ich nun, ist die absolute und uneingeschränkte Diktatur des Kapitals. Wenn die mächtigen Industrieherren sich durch eine kraftvolle Arbeiterbewegung bedroht fühlen, greifen sie zu dieser schärfsten Form der Unterdrückung. Sie schaffen dann alle demokratischen Einrichtungen ab und beherrschen alle Lebensbereiche der arbeitenden Menschen mit Polizei- und Militärgewalt. Um diese Gewaltherrschaft zu errichten, bedienen sie sich eines Mussolinis, eines Francos, eines Dollfuß' und eines

Hitlers. Und ich erfuhr auch vom »Versailler Vertrag«, den der EVJM »Schandvertrag« nannte. Dabei wurden nämlich dem besiegten Deutschland Bedingungen auferlegt, die den Profitinteressen der Großkonzerne entgegenstanden.

Tante Hilda erklärte: »Dass Hitler Brandreden dagegen hält, und zur Rückeroberung verlorener Gebiete aufruft, passt den Stahl- und Hüttenkonzernen Krupp und Thyssen, dem Chemiekonzern IG-Farben und den anderen Konzernen. Daher unterstützen sie auch großzügig die NSDAP, deren Führer Hitler ist. Von dort kommt auch das viele Geld für Uniformierung und Ausrüstung der SS und SA. Die sind die Drahtzieher.«

Ein anderes Mal erklärte mir Tante Hilda, dass Faschismus in jedem Land andere Zielsetzungen hat, mit denen die Massen des Volkes gewonnen werden. In Deutschland ist es die Idee des »Herrenvolkes«, die ihnen das Gefühl gibt, allen anderen Nationen überlegen zu sein. In Österreich ist es der »Klerikalfaschismus«, der sich auf die Kirche stützt. Und da erinnerte ich mich, dass wir bis zu meinem Schuleintritt einen Prälaten namens Seipel als Bundeskanzler hatten.

Einmal fragte ich die Tanten: »Warum seid ihr eigentlich Kommunisten geworden? Warum habt ihr die Sozialdemokratische Partei verlassen, die doch so viele großartige Reformen durchgesetzt hatte? Warum habt ihr den Weg verlassen, den Großvater und mein Vater gegangen sind?

Und die Tanten erwiderten: »Nicht wir haben den Weg verlassen, sondern die Partei.

Nicht wir haben Verrat am Sozialismus begangen, sondern die Parteiführung hat uns verraten. Wenn dein Großvater und dein Vater den Februar 34 erlebt hätten, wären sie danach auch Kommunisten worden. Die SP-Führung hat immer nur revolutionäre Worte im Mund g'führt. Jahrelang hat sie uns eing'redet, dass wir ›Gewehr bei Fuß‹ stehen soll'n und nur den richtigen Zeitpunkt abwarten müss'n. Und der letztmögliche richtige Zeitpunkt wäre im März 1933 g'wesen, nachdem sie davor schon so viele Gelegenheiten versäumt hab'n. Wie die Kommunistische Partei verboten word'n is, hat man sich mit einem lauwarmen Protest in der Arbeiterzeitung begnügt, anstatt sofort zum Generalstreik aufzurufen. Die Kommunisten haben damals zurecht die Solidarität der Sozialdemokraten g'fordert, und sie haben uns Sozialisten g'warnt: ›Wir sind nur die ersten, als nächste kommts ihr dran!‹ Und genauso ist es auch gekommen. Ich bin 1914 der Sozialdemokratischen Partei beitreten«, fuhr Tante Hilda fort, »damals war ich 17 Jahr alt. Ich hab ihr zwanzig Jahre lang angehört und alle Höhen und Tiefen mitg'macht. Und ich hab mir immer wieder die Zweifel an der Richtigkeit ihrer Politik von den Parteiführern zerstreuen lassen. Was wir für hitzige Debatten im Familien- und Freundeskreis g'führt haben, aber unsere Bedenken sind immer wieder durch die blendenden Artikel von so großartige Journalisten wie Austerlitz und Otto Bauer weggefegt word'n. Es war ja auch ein erhebendes und beruhigendes Gefühl, einer riesigen Partei anzugehören, und sich von ihrer Macht immer wieder überzeugen zu lassen. Heut hamma ka Macht mehr, und dafür ist die Parteiführung verantwortlich z'machn. Die haben immer Angst vor der eigenen Courage g'habt – eigentlich vor der Courage von ihre Anhänger. Heut waß i, dass die Sozialdemokratische Partei scho damals, wie ich ihr beitreten bin, den marxistischen Weg verlassen hat.

Du bist enttäuscht, weil wir aus der Partei austreten san, in der dei Großvater und dei Vater a Leben lang kämpft haben? Was glaubst du, wie enttäuscht wir waren, wie wir erkannt haben, dass diese Partei uns systematisch in die Niederlage geführt hat.«

Die Tanten haben auch nach ihrem Austritt aus der Sozialdemokratischen Partei immer mit größter Hochachtung von Victor Adler gesprochen, dem Einiger der österreichischen Arbeiterbewegung auf dem Hainfelder Parteitag. Tante Hilda war fest davon überzeugt, dass die Partei unter seiner Führung eine der Prinzipienerklärung von Hainfeld gerechtere Richtung eingeschlagen hätte. Doch Victor Adler ist am 11. November 1918 – einen Tag vor der Ausrufung der Republik gestorben.

Den ganzen Tag freute ich mich auf die interessanten Gespräche, aber mehr noch auf die bedingungslose Liebe und Güte, die mir die Tanten entgegenbrachten. Der allabendliche Weg von der Handelsschule am Wiedner Gürtel über die Blechturmgasse, Ziegelofengasse und Rüdigergasse bis zum Waisenhaus in der Hamburgerstraße wärmte mich bis in die Nacht hinein. Ich weiß nicht, ob mir bewusst war, wie sehr ich meiner Schwester gegenüber im Vorteil war, die die Gesellschaft der Tanten nur einmal im Monat genießen durfte. Aus einem Gedicht, das Trude damals schrieb, geht hervor, wie einsam sie sich gefühlt haben muss.

»Das Lindenblatt« (Trude ca. 1937, im Alter von elf Jahren)

»Weht ein Blatt im Winde. Losgelöst vom Stamm
einer alten Linde. Weiß nicht, wie es kam.
War es wie die andern nicht so fest gefügt,
dass es musste wandern? Woran es liegt,
wüsst ich nicht zu sagen. Nur die Linde dort
hört ich leise klagen, und das Blatt trieb fort.
Trieb ins graue Städtchen, wo kein Baum mehr steht.
Und das Lindenblättchen flehte im Gebet:
»Der du lässt die Wolken mit den Winden zieh'n,
warum musst ich fallen, bin noch frisch und grün?
Inne hält es lauschend – keine Antwort kam.
Bis der Wind es rauschend wieder mit sich nahm,
und das Blatt der Linde, eh der Tag vergeht,
einem kranken Kinde in das Fenster weht,
das die blassen Hände zitternd darum schließt,
und vor Glück am Ende eine Träne fließt.
In das enge Zimmer, dumpf und kaum erhellt,
drang ein grüner Schimmer aus des Sommers Welt.

Bin ein Blatt im Winde, einsam fortgeweht.
Weiß nicht, wo die Linde meiner Heimat steht.
Weiß nicht, was des Lebens Zweck ist oder Ziel.
Fragte oft vergebens: ›Sag, warum ich fiel?‹
Fragte, bis die Träne heiß ins Auge stieg.
Wartete auf Antwort – doch der Himmel schwieg.
Möchte doch am Ende mich ein sanfter Wind
wehen in die Hände einem kranken Kind.«

Neue Freundinnen

Der Kontakt zu meinen Klassenkameradinnen konnte sich, solange ich im Waisenhaus lebte, nur auf die Schule beschränken. Ich hatte aber das Vergnügen neben Mitzi Fröhlich zu sitzen, die ihrem Namen alle Ehre machte. Auch während des Unterrichts flüsterte sie mir ständig lustige Bemerkungen zu, und in den Pausen spielte sie den Klassenkasperl, indem sie die Lehrer verspottete. Frau Dünnebier zum Beispiel konnte ein »L« nur mit an den Zähnen liegender Zunge aussprechen. Niemand konnte diesen Sprachfehler so gut imitieren wie Mitzi:

»Die Rechnung über die Kodloniadlwaren kommt ins Haben, die Zahdlung ins Sodl. Wenn Sie die Zahdlung für die Wodle wieder fadlsch verbuchen, fdliegen Sie!«

Betriebskunde sollten wir in der letzten Stunde haben, meinte Mitzi. Da könnten wir Licht sparen, weil die Glatze vom Professor eh wie ein Scheinwerfer leuchtet.

Und wenn er mit am Rücken verschränkten Armen in der Klasse auf und ab ging, murmelte sie mir zu:

»Falls er seine Hände sucht, sag ich ihm, dass er sie am Hintern hat.«

Die vor mir sitzende Edith Jandak habe ich sehr bewundert. Sie war gertenschlank und sah mit ihrem dunklen Teint und den schwarzen Haaren ungeheuer rassig aus. Ihre Eltern besaßen eine Schneiderwerkstatt, und sie war daher das am besten gekleidete Mädchen in der Klasse. Da sie auch am Samstag den evangelischen Religionsunterricht besuchte und danach mit mir im Nachmittagsunterricht in der Schule blieb, verband uns eine lose Freundschaft. Als ich ihr klagte, dass ich im Waisenhaus wie in einem Gefängnis lebe und die Schule meine einzige Verbindung zur Außenwelt sei, tröstete sie mich:

»Mir geht's auch nicht besser. Mein Vater will für jede Viertelstunde, die ich zu spät komme, eine Erklärung. Im Kino darf ich nur jugendfreie Filme ansehen, weil ich meine jüngere Schwester mitnehmen muss. Und jeden Samstag müssen wir mit Vater ins Jörgerbad schwimmen gehen. Immer zehn Längen, und er stoppt dann die Zeit. Mich schickt er in die Handelsschule, damit ich ihm später den Buchhalter und den Steuerberater ersparen soll. Und meine Schwester wird Schneiderei lernen müssen, ob sie will oder nicht. Glaub mir, das Waisenhaus kann nicht schlimmer sein als ein Patriarch als Vater.«

Ich hätte trotzdem gern mit ihr getauscht.

Franziska Stein war auch ein nettes Mädchen. Wenn mich die Tanten nicht abholen konnten, fuhr ich mit ihr nach Hause. Mit der Linie 118 bis zum Margaretengürtel, und dann mit der Stadtbahn bis zur Pilgrambrücke. Sie wohnte nämlich in der Hamburgerstraße Nummer neun, in einer Werkswohnung über der Batteriefabrik Beatrix, in der der Vater angestellt war.

»Komm doch zu mir hinauf«, lud mich Franziska einmal ein, »ich habe wunderschöne Platten von Martha Eggert und Jan Kiepura«.

Zum Glück hatte ich meine zwei gefälschten »Freistunden« am Samstag, und die nützte ich, um mit ihr mitzukommen.

Diesen Tag werde ich wohl nie vergessen, denn da sah ich zum ersten Mal ein Wohnzimmer. Ich war zunächst sprachlos vor Bewunderung. Da gab es einen Bücherschrank, der fast bis zur Decke reichte, beim Fenster stand ein Piano, die Glasvitrine enthielt wunderschönes Porzellangeschirr und Kristallgläser, und oben auf der Vitrine stand ein siebenarmiger Kerzenleuchter aus Silber, den ich damals noch nicht als jüdisches Symbol erkannte.

»Mein Gott, ist das eine schöne Wohnung«, stieß ich hervor, und Frau Stein lachte: »Schön findest du sie? Schau einmal durch's Fenster, da siehst du nur Fabrikshof. Und weil wir nur zwei Zimmer haben, muss Franziska hier auf der Couch schlafen.«

»Die haben noch nie eine Arbeiterwohnung gesehen«, dachte ich, aber glücklich über diese Einladung, setzte ich mich an den großen runden Tisch, und genoss die gemeinsame Jause mit der freundlichen Familie. Zwei schöne Stunden verbrachte ich bei Franziska. Danach habe ich jahrelang von so einer Wohnung geträumt. Meine eigene wollte ich genauso einrichten wie diese.

Als ich Tante Rosa einmal fragte: »Was geschieht denn mit mir, wenn ich mit der Handelsschule fertig bin?«, antwortete sie: »Naja, da wird man dir halt irgendwo ein Kabinett mieten«.

Zu Franziskas Geburtstagsfeier war ich auch eingeladen. Da sie an meinem Ausgehsonntag stattfand, durfte ich hingehen. Auf dem Tisch stand eine große Geburtstagstorte mit 15 Kerzen, und nach der Jause überraschte uns Frau Stein mit zwei Kinokarten, die sie für uns gekauft hatte. Ganz traurig erklärte ich ihr die strengen Vorschriften im Waisenhaus, dass ich auch am Sonntag um sieben Uhr zurück sein muss, und daher nie und nimmer die Erlaubnis bekommen würde.

Frau Stein aber überredete mich zu dem Kinobesuch, sie würde die eine Stunde Verspätung der Vorsteherin erklären, während wir im Kino sitzen. Ich war beruhigt und genoss den Film. Als sie uns nach der Vorstellung abholte, sagte sie zu mir:

»Du brauchst keine Angst zu haben. Ich hab mit der Vorsteherin gesprochen. Die sieht zwar wirklich zum Fürchten aus, aber zu mir war sie ganz höflich. Sie meint nur, dass man solche Ausnahmen nicht gern macht, weil das den Neid der anderen Kinder erregen könnte.«

Aber als ich ins Waisenhaus kam, hatte die Vorsteherin ihre Maske bereits abgelegt.

Frau Lani schäumte vor Wut, ihr ohnehin hässliches Gesicht verzerrte sich zur abscheulichen Fratze. Ihre Augen quollen aus den Höhlen und sie brüllte bis ihr der Schaum vor dem Mund mit den vorstehenden Zähnen stand. So hatte ich sie noch nie gesehen. Sie hatte völlig die Beherrschung verloren. Eine solche Frechheit sei ihr in ihrer ganzen Laufbahn noch nicht untergekommen, schrie sie. Man hat sie einfach überrumpelt.

Das war es also, was sie so fassungslos machte. Die absolute Herrscherin, der niemand zu widersprechen wagte, deren bloßes Erscheinen schon genügte, um jedes Gespräch verstummen zu lassen, vor der man demütig den Blick zu Boden senkte, diese Allmächtige war überlistet worden. Nicht von mir, sondern von jemandem außerhalb ihres Machtbereiches. Das hab ich damals schon begriffen, und ich empfand endlich so etwas wie Genugtuung.

»Du mieses Weib«, dachte ich, »da war also jemand schlauer als du. Das hat dich getroffen. Brüll nur weiter, vielleicht trifft dich der Schlag.«

Erziehung zum Nationalsozialismus (1937–1938)

Ende 1937 wurden die Heimabende umgestaltet. Für die jüngeren Kinder fanden sie nach wie vor im Speisesaal statt, doch die Zöglinge der vierten Hauptschulklasse und die beiden Hausmädchen Else und Grete hatten nun den »Lehrgang für deutsche Geschichte« zu besuchen. Er fand jeden Freitag von 6 Uhr 30 bis 8 Uhr im Lernzimmer statt. Dafür wurde sogar das Abendessen vorverlegt.

Den Vorsitz hatte nach wie vor Fräulein Wilma, aber die Vorträge hielt Hillo von Stockert, ein Mädchen, das im Heim eine absolute Vorzugsstellung genoss. Ihre Mutter betrieb in Amstetten einen lukrativen Weinhandel und zahlte einen beträchtlichen Monatsbeitrag im Heim, um der Tochter den Schulbesuch in Wien zu ermöglichen. Voll Stolz erzählte sie uns, dass sie nach der Matura nach Deutschland übersiedeln werde, weil ihre Schwester in Berlin die engste Mitarbeiterin des Reichsjugendführers Baldur von Schirach ist.

Ich ärgerte mich zwar, dass ich mich von Hillo, die ja nur ein Jahr älter war als ich, belehren lassen musste, aber sie machte ihre Sache sehr gut. Ich erinnere mich genau an den Vortrag über die Gründung des Deutschen Reiches durch den preußischen Ministerpräsidenten Otto von Bismarck, dem es in den Jahren 1866– 1871 gelungen war, die verschiedenen deutschen Königreiche und Fürstentümer zu einer Nation zu einigen. König Wilhelm I. wurde zum deutschen Kaiser gewählt, und die schwarz-weiß-rote Fahne wurde zur Reichsfahne erklärt. Danach sangen wir das »Deutsche Flaggenlied«.

Der Schüler Hubert Flicker rief: »Das gilt nicht für uns. Wir brauchen dieser Flagge nicht unser Leben weih'n, denn unsre Fahne ist rot-weiß-rot!«

Scharf entgegnete Fräulein Wilma, dass wir natürlich auch zur deutschen Nation gehörten. Da brachte Hubert alle unsere Namen ins Spiel:

»Dostal, Prohaska, Sokopp, Svoboda. Wir sollen deutsche Vorfahren haben?« Beleidigt rief das Hausmädchen Gretl Svoboda: »I bin aber ka Behmin!«

Da meldete ich mich schließlich zu Wort und erwiderte Gretel: »Tu dir nix an! Meine Mutter war eine Tschechin. Und Svoboda ist ein sehr schöner Name, er heißt auf Deutsch ›Freiheit‹. Wennst willst, nenn ich dich ›Gretl Freiheit.‹« Danach hat Gretl tagelang nicht mit mir gesprochen.

Als ich den Tanten vom letzten Heimabend erzählte, konnte mir Tante Hilda den Begriff »Nation« sogar wissenschaftlich erklären, darüber hatte sie in einer illegalen kommunistischen Zeitschrift gelesen:

»Man spricht von einer Nation, wenn drei Voraussetzungen gegeben sind: Ein gemeinsames Land, gemeinsame Geschichte und eine gemeinsame Sprache. Österreich hat nie zu Deutschland gehört, und daher haben wir auch eine andere Geschichte als die Deutschen. Das einzige Gemeinsame ist die Sprache.«

»Und net amol des«, warf Tante Wicki ein. »I lern zwar die kommunistischen Zeitungen net auswendig wie die Hilda-Tant. Aber dafür hör i dera Piefkinesin vom Zwanzgerhaus zua, wenn die beim Greißler eikauft. Die sogt zu die Paradeiser Tomaten, zum Karfiol Blumenkohl und zu die Karotten Mohrrüben. Neilich hots a halbes Kilo Quark verlangt, und der Greißler hot glaubt, sie wü Quargeln, bis der endlich draufkummen is, dass die an Topfn mant.«

Ich kann nicht behaupten, dass es den Tanten schon damals gelungen ist, eine österreichische Patriotin aus mir zu machen. Ich musste mir oft genug ihre scharfe Kritik an der Schuschnigg-Regierung anhören. Wenn ich trotzdem Hillo widersprechen wollte, so deshalb, weil ich sie wegen ihrer vielen Privilegien nicht leiden konnte. Sie durfte ins Gymnasium gehen, was Tante Rosa mir verwehrte. Sie durfte ihre eigenen Kleider tragen und damit am Nachmittag fortgehen. Und vor allem wurde sie als einzige von uns von der Vorsteherin mit Hochachtung behandelt.

Nächsten Freitag sprach Hillo über den Weltkrieg und die Waffenbrüderschaft, die zwischen dem deutschen Reich und der österreichisch-ungarischen Monarchie bestand. Danach las sie uns vom Blut unserer tapferen Soldaten in Verdun vor und vom Schrei nach Rache an den Franzosen.

Und wieder musste ich Hubert bewundern, der auf dem Weg zum Speisesaal sang:

»Nie, nie woll'n wir Waffen tragen, nie, nie woll'n wir wieder Krieg!

Lasst die hohen Herren sich einander schlagen, wir tun einfach nicht mehr mit.«

Fräulein Wilma bestrafte ihn sofort wegen »Ruhestörung«. Es war uns ja strengstens verboten, die beiden »Hexen« im zweiten Stock zu stören.

Die meisten Teilnehmer dieses Lehrgangs fanden Hillos Vorträge und Kriegslieder spannend. Besonders Gruselgeschichten aus der revolutionären Nachkriegszeit in Deutschland fanden Anklang. Da seien kommunistische Judenknechte mordend und brandschatzend durchs Land gezogen, bis die tapferen Soldaten der Reichswehr dem verbrecherischen Treiben ein Ende gemacht haben, indem sie ihre jüdischen Anführer Karl Liebknecht und Rosa Luxemburg erschossen. Triumphierend habe man die Leiche der polnischen Jüdin in den Berliner Landwehrkanal geworfen.

Ich wusste nichts über die Zustände im Nachkriegsdeutschland, dennoch hat mich der Ekel erfasst, als Fräulein Wilma begeistert in die Seiten griff und sang:

»Es schwimmt eine Leiche im Landwehrkanal,
Sie ist schon ganz schlatzig, ganz patzig und schal.
Reich sie mir mal her, aber drück nicht zu sehr,
denn sonst stinkt die Leiche noch mehr.«

Die Tanten waren entsetzt über dieses geschmacklose, einem pervertierten Nazigehirn entsprungene Machwerk. Es war ihnen ein Bedürfnis, dass ich die wahre Geschichte dieser großartigen Frau kennenlerne. Wenn ich die Tanten besuchte, durfte ich oft einen Blick in die große Schachtel werfen, in der sie kommunistische Flugblätter, Exemplare der verbotenen »Roten Fahne« und andere illegale Zeitschriften aufbewahrten. Und dort erfuhr ich, was für eine bewundernswerte Frau Rosa Luxemburg gewesen ist, die zeitlebens für die Rechte der Arbeiterschaft gekämpft hat. Sie hatte in Deutschland die Kommunistische Partei gegründet. Das konnte die Sozialdemokratie nicht zulassen und beauftragte die Rechten aus Justiz und Armee, die Zentren der Linken zu zerstören. Man knallte Karl Liebknecht und Rosa Luxemburg auf brutalste Art nieder und warf danach Rosas Leiche in den Landwehrkanal.

Meine Abneigung und mein Misstrauen gegen Hillo wurden immer größer. Ich öffnete heimlich ihren versperrten Spind und fand die Broschüre, aus der sie ihr Wissen bezieht. Darauf stand: »Anleitung zur Gestaltung der Heimabende im Bund deutscher Mädchen«. Tante Hildas Mutmaßung hatte sich also bestätigt, man wollte im Waisenhaus Nazis aus uns machen. Aufgeregt eilte ich in die Küche, um Gretl und Else von meiner Entdeckung zu berichten: »Die NSDAP ist doch verboten, genau wie alle Parteien«, sagte ich, »was die da mit uns machen, ist ungesetzlich!«

Doch den beiden Hausmädchen war das egal. Sie waren froh, sich am Heimabend etwas ausruhen zu können und schöne Lieder zu singen.

Ich hingegen wartete hellhörig auf Hillos nächste Nazi-Propagandarede. Und diesmal erlagen ihr fast alle Zuhörer. Denn es ging um die Juden, die sie für alles Elend der Welt verantwortlich machte. Für die Arbeitslosen in den Städten und für das Elend der Bauern auf dem Land. Sie erzählte von skrupellosen jüdischen Kaufleuten, die ihre Kunden in den Ruin treiben. Von geldgierigen jüdischen Bankiers, die den Bauern Wucherzinsen aufbrummten, und so billig zu ihren Höfen kamen.

Die Judenfrage

Um die Judenfrage zu klären, half mir Tante Wicki: »Das ist typisch für die Nazi. Die Schuld an der Not, die man net selber beseitigen kann, schiebt ma einfach den Juden in die Schuh. Es stimmt, dass die Bauern an die Bankschulden zugrund gehen. Aber des is egal, ob der Bankbesitzer a Jud oder a Christ is. Alle Banken arbeiten nach dem gleichen Prinzip. Der Sparer erhalt niedrige Zinsen, dafür muss ma für an Kredit hohe Zinsen zahl'n. So machen die Banken ihren Gewinn. Und wenns falsch spekulieren, dann gehens bankrott und der klane Sparer schaut durch de Finger. Zu an Sparbuach hammas nie brocht, aber über die Versatzämter wiss ma Bescheid. Dabei ist des Dorotheum a staatliche Einrichtung und hat nix mit Juden z'tuan.

Da trogn die armen Teifl ihre Mäntel und Decken hin für a bissl a Darlehn. Für des zahl'ns dann monatelang Zinsen, aber am End könnens das Darlehen meistens doch net zruckzahl'n. Dort haben wir scho viel verlurn, was wir uns mühselig erworben haben.«

»Aber warum geht man denn dann nur auf die Juden los?«, fragte ich nach.

Und da antwortete Tante Hilda: »Den Antisemitismus hab'n gar nicht die Nazis erfunden, der is schon uralt. Zuerst war's die Kirchn, die in den Juden den Christusmörder g'sehn hat und ihnen daher alle Schandtaten zug'schriebn hat. Und bei vielen Leuten is es der Neid, weil die Juden viel gscheiter sind als wir. Die hab'n durch die jahrhundertelange Verfolgung ihren Verstand schärfen müssen, um überleben zu können. Deshalb haben sie mehr Intellektuelle, Ärzte, Rechtsanwälte, Universitätsprofessoren und natürlich auch Gschäftsleut, Fabrikbesitzer und Bankdirektoren. Auch der ärmste Jude lasst seine Kinder studiern, damit er ihnen den Existenzkampf erleichtert.

Aber es gibt in jedem Volk gute und weniger gute Menschen. Für mich war der beste Mensch der Jude Karl Marx, der den Arbeitern die Lehre vom wissenschaftlichen Sozialismus bracht hat. Und als nächster: Der Jude Victor Adler, der den Sozialismus auch bei uns hat verwirklichen woll'n. Dabei haben es beide net notwendig g'habt. Sie stammen aus wohlhabenden Familien, die haben die Not gar net am eigenen Leib g'spürt. Und trotzdem haben sie ihr ganzes Leben damit verbracht, für ein menschenwürdiges Dasein der Arbeiter zu kämpfen.«

Tante Wicki erzählte: »I war als ganz junges Madl, glei nach'n Kriag, Hüfs-Krankenschwester in an jüdischen Spital. Des war der schenste Posten, den i jemals g'hobt hob. I hob die Leibschüssln brocht, die Bettn gmocht und des Essn austeilt.

Oba, obwohl i die anzige Christin dort war, die Schwestern, die Ärzte und die Krankn warn lauter Juden, hab'n mi olle gern g'hobt, weil i immer guat aufg'legt war. Die Patienten haben g'sogt: ›Wenn die Schwester Hedwig ins Zimmer kommt, dann geht die Sonn auf.‹ Sowas hab i nie vorher und a nachher nimmer g'hört.

Na, und da war ein Doktor, Freudensprung hat er g'heißn, der war zu alle liab und freindlich. Er hat mi halt guat leid'n können, weil i die Kranken zum Lachen bracht hab. ›Lachen ist die beste Medizin,‹ hat er g'sagt, und er selber war a für jede Hetz z'haben. Und dann hat er mi halt öfters nach Dienstschluss abpasst und mi g'fragt, ob er mi begleiten derf. I hob nix dageg'n g'habt, weil der Weg zur Tramway ziemlich weit war, und in der Finstern bin i net gern allein gangen. Er wollt immer, dass i ihm was von mir erzähl. Und wie i ihm g'schildert hab, wies bei uns daham zuageht, hat er si z'rissen, wahrscheinlich is ihm no nie jemand mit so an losen Mundwerk übern Weg g'rennt. Und wie er von der politischen Arbeit von mein Vatern g'hört hat, war er ganz begeistert, weil er nämlich selber a Roter war. Da hat er mi dann g'fragt, ob er vielleicht meinen Eltern seine Aufwartung machen darf. Ha, ha, seine Aufwartung – bei uns daham in dem Loch. I hab mir halt immer a andere Ausred ausdenk'n müssen, aber irgendwann hab i's der Mutter g'sagt. Da hat s aufg'horcht, hat ihr Arbeit steh'n lass'n, hat sie am Diwan g'setzt und g'sagt, i soll mi zu ihr setzn. ›Wickerl‹, hat's g'sagt, ›sei gscheit. Du schaffst dir nur an Kummer, wennst dich auf so was einlasst. Da kann nix draus werd'n‹. ›Warum?‹, hab i sie g'fragt, ›weil er a Jud is?‹ ›Na‹, hat's g'sagt,

›weil er a Arzt is. Und für a G'spusi bist ma z'guat. Und wenn er's ernst meint, dann wärs noch schlimmer. Für an Arzt hast net genug Bildung. Des könnt nur bös end'n‹.

Naja, sie hat mir net lang zured'n müss'n, i hab scho selber g'wusst, wo mei Platz is. I kann doch net amal g'scheit nach der Schrift red'n. Wie i dann der Mutter g'sagt hab, dass i kündigt hab, hat sie g'sagt: ›Es is zwar schad um den schönen Posten, aber i glaub, es war richtig.‹ Und der Meinung bin i a.«

Mir wäre viel lieber gewesen, wenn Tante Wickis Bekanntschaft mit dem jüdischen Arzt eine romantische Fortsetzung gefunden hätte.

Auch das Einkaufen bei unserem netten jüdischen Greißler, Herrn Weinwurm, würde keine Fortsetzung finden. Ich erfuhr von den Tanten, dass er demnächst seinen Laden einem Herrn Siegmeth übergeben wird, gegen Leibrente. Tante Hilda war ganz betroffen, weil sie noch eine Menge Schulden bei ihm hatte. Aber er sagte:

»Darüber machen Sie sich keine Sorgen, Frau Sokopp. Sie waren jahrelang eine gute Kundschaft, und schon Ihre Mutter, Gott hab sie selig, hat bei mir eingekauft. Ich übergeb das Geschäft mit dem gesamten Warenlager, aber unter alle Schuldenkonten hab ich einen Schlussstrich gezogen. Und dem Siegmeth hab ich gesagt, dass er auch auf Kreide geben muss, weil er sonst kaum Kunden haben wird.«

Die Tanten mussten mich nicht erst drauf hinweisen, ich merkte es selber, dass ich hier wieder ein Beispiel eines hochanständigen Juden erlebt habe.

Nach den Tantenbesuchen fühlte ich mich immer sicherer und gestärkter, und ich nahm mir fest vor, bei Hillos nächsten Hetzreden gegen Juden zu widersprechen. Und ich habe es auch getan, als Hillo davon sprach, dass sich Deutschland von diesen krummnasigen, plattfüßigen Fremdkörpern befreien müsse. »Wieso sprechen wir so abfällig über die Juden, Jesus war doch auch ein Jude?« »Das war er nicht«, antwortete Hillo, »Jesus stammte aus Galiläa, er sprach nicht hebräisch, sondern aramäisch. Und wenn du die Bibel gelesen hast, dann müsstest du wissen, dass Jesus immer wieder gegen die jüdischen Schriftgelehrten aufgetreten ist.« »Ich habe die Bibel gelesen«, wagte ich erneut zu widersprechen. »Natürlich war er Jude. Er wurde in Bethlehem geboren. Seine Eltern mussten zur Volkszählung dorthin ziehen, weil Joseph aus dem Hause Davids kam.«

Da mischte sich Fräulein Wilma mit schriller Stimme ein: »Das war vor 2000 Jahren. Seither haben sich die Juden über den gesamten Erdball ausgebreitet, sich in den verschiedensten Ländern eingenistet, wo sie nach der Vorherrschaft streben. Im Übrigen wünsche ich nicht, dass du mit deinen blöden Bemerkungen den Vortrag unterbrichst!«

»In der Straßenbahn« (Ossy 1938, im Alter von 15 Jahren)

»Heute in der Straßenbahn,
auf der Plattform, kalt und offen,
hab ich frierend angetroffen
einen müden, alten Mann.
Hab ihm, da es warm im Wagen,
einen Platz dort angetragen.

Zweimal tausend Jahre Leid
sahn mich an aus weiter Ferne.
Er deutet nach dem gelben Sterne
angeheftet seinem Kleid.
Schamesröte auf den Wangen
bin ich dann zu Fuß gegangen.«

Entzauberung (1937/1938)

Die letzten Wochen des Jahres 1937 waren nicht leicht für mich. Es plagten mich ständig Zweifel. Denn trotz der Aufklärung durch die Tanten konnte ich mich der Nazipropaganda nicht ganz entziehen. Natürlich war ich beeindruckt, von den Bildern der »Bauten Adolf Hitlers« und auch von den Reichsautobahnen, laut Hillo einzigartig in Europa. Niemand konnte den wirtschaftlichen Aufschwung in Deutschland bestreiten, der die restlose Beseitigung der Arbeitslosigkeit zur Folge hatte.

Tante Hilda behauptete zwar, dass der Aufschwung lediglich der Aufrüstung zu verdanken sei, und dass auf den Autobahnen bald die Panzer gegen Osten rollen werden. Aber musste das stimmen? Woher sollte sie das wissen, sie war doch nur eine einfache Arbeiterin? Und auch die Kommunisten, die in der Buchengasse verkehrten, waren bloß einfache Arbeiter. Konnte man ihnen denn eine genaue Kenntnis der Verhältnisse in Deutschland zutrauen?

Im Waisenhaus wurde nie von einem Anschluss Österreichs an Deutschland gesprochen. Tante Hilda aber sagte schon 1937, dass Hitler die Absicht habe, Österreich zu annektieren. Es gäbe in Deutschland einen Mangel an Rohstoffen, und man brauche Österreichs Erze, sein Erdöl, sein Aluminium, seine Wasserkraft und natürlich auch die Goldreserven der österreichischen Nationalbank. Und da es der deutschen Rüstungsindustrie bereits an Arbeitskräften mangelte, sei man sogar an unseren Arbeitslosen interessiert. Sie machte mir richtig Angst vor dieser Nazidiktatur, die noch viel schlimmer würde, als bei uns. Onkel Otto würde als ehemaliger Schutzbündler sofort ins Gefängnis wandern. Doch andererseits erschien mir meine Zukunft, ohne eine radikale Veränderung in Österreich, absolut hoffnungslos. Da könnte ich mich nur ins Heer der Arbeitslosen einreihen.

Um den Kopf frei von Zukunftssorgen zu bekommen, nutzte ich öfter die beiden »freien« Stunden am Samstag für Spaziergänge in der Inneren Stadt. Bis zur Oper fuhr ich mit der Straßenbahn, die Linie 66 hatte dort ihre Endstation. Dann wanderte ich meistens auf der Ringstraße zum Burgtor, durchquerte die Burg zum Michaelerplatz, um dann einige Minuten vor dem »Demel« am Kohlmarkt stehen zu bleiben. Mehr noch als die wunderbaren Torten und kunstvollen Marzipangebilde in der Auslage interessierten mich die elegant gekleideten Leute, die aus dieser berühmten Konditorei herauskamen. Man konnte ihnen das Vergnügen noch anmerken, das ihnen der Aufenthalt an einem der kleinen runden Marmortische bereitet hatte. Und wenn ich hin und wieder eines ihrer Gespräche belauschen konnte, erschienen sie mir wie aus einer anderen Welt. So sprach man in meinen Kreisen einfach nicht:

»Die Gräfin Palffy hab' ich heute vermisst. Hast g'hört was die Serviererin zu mir g'sagt hat? ›Herr Baron haben einen sitzen!‹ Originell, nicht?«

Ich selbst hätte natürlich nie gewagt, dieses vornehme Aristokratenlokal zu betreten, in dem die Gäste in der dritten Person angesprochen wurden. Dann spazierte ich oft weiter über den Graben zur Kärntnerstraße, um mir immer wieder aufs Neue die Auslagen anzusehen.

An einem nasskalten Novembertag hatte ich dort ein schauriges Erlebnis. An der Ecke Kärntnerstraße-Walfischgasse gab es ein Reisebüro, über dessen Portal in großen leuchtenden Lettern die Aufschrift »Das Deutsche Eck« prangte. In der Auslage stand ein riesiges Ölgemälde, das Adolf Hitler in Wehrmachtsuniform mit aufgestelltem Mantelkragen zeigte. Eine schwarze Haarsträhne fiel ihm in die Stirn seines grimmigen Gesichtes.

Vor dieser Auslage stand eine große Gruppe von Männern. Sie trugen weiße Stutzen, schwarze Kniehosen mit breitem Ledergürtel und einem Schulterriemen über den weißen Hemden. Die rechte Hand zum Hitlergruß erhoben standen sie da, minutenlang, in schweigender Andacht – wie vor einem Götzenbild. Ich blieb gebannt stehen. Es war ein gespenstiger Anblick, der mir den kalten Schauer über den Rücken jagte. Auch andere Passenten hielten inne, und bald war die Gruppe von einer großen Menschenmenge umringt. Ein Mann neben mir sagte kopfschüttelnd: »Das sind wohl Verrückte vom Verein: ›Verkühle dich täglich.‹«

Und ein anderer antwortete ihm: »Ich wünschte, es wären bloß Verrückte. Aber ich fürchte, diese Fanatiker werden uns noch bald zu schaffen machen.«

Dann kamen zwei Polizisten und brüllten: »Was ist denn da für ein Auflauf? Weitergehn, weitergehn!« Mit drohend erhobenem Gummiknüppel trieben sie die Menge auseinander. Ich eilte auf die andere Straßenseite und konnte noch sehen, wie die »Weißhemden« sich zu einem Zug formierten. Auf den Befehl des Anführers:

»Achtung! Im Gleichschritt, marsch!« zogen sie ab, ungehindert von den Polizisten, deren Drohung offenbar nur den Zusehern gegolten hatte.

Dieses groteske Schauspiel habe ich nur ein einziges Mal erlebt, denn danach zwang mich der Wintereinbruch meine Spaziergänge einzustellen. Meine beiden Freistunden verbrachte ich nun immer in der Buchengasse, wo ich mich in dem überheizten Zimmer aufwärmen und meinen ständigen Hunger stillen konnte.

Da platzte ich dann häufig mitten in eine kommunistische Versammlung hinein, die jedoch meinetwegen nicht unterbrochen wurde. Die Tanten hatten mich wohl den Genossen gegenüber als vertrauenswürdig bezeichnet. Fast immer wurde bei solchen Zusammenkünften von irgendwelchen Verhaftungen berichtet. Während die Nazis bei ihren Umtrieben unbehelligt blieben, wurden Kommunisten nach wie vor verfolgt. Ich erinnere mich an die Bestürzung der Genossen, als sie von der Verhaftung des jungen Dichters Jura Soyfer erfuhren.

Onkel Otto berichtete einmal von einer Hausdurchsuchung. Seine Frau Anna lag mit Fieber im Bett, was aber die Polizisten nicht daran hinderte, die ganze Wohnung auf den Kopf zu stellen. Als sie erfolglos abgezogen waren, sagte Tante Anna: »Na, war's net guat, dass i dir verboten hab, die Scheißblattln hamz'bringen? Jetzt sitzast scho im Häfn, wenn die was g'fundn hättn.« Und Onkel Otto antwortete: »Die haben nix finden können, weil du drauf liegst. Des ganze Zeug is unter deiner Matrotzn.«

Mich hat das damals erheitert, obwohl die Sache ja eigentlich nicht zum Lachen war.

Die Wohnung der Tanten war die letzte des Hauses Buchengasse 100, in die 1937 der elektrische Strom eingeleitet wurde. Zu dieser Maßnahme mussten sich die Tanten entschließen, weil Herr Siegmeth nach der Übernahme des Weinwurm-Geschäftes kein Petroleum mehr führte. Zum Glück fanden sie einen Elektriker, bei dem sie die Kosten für die Leitungsarbeiten in monatlichen Raten abstottern konnten. Der Verputz an den aufgestemmten Wänden war aber noch lange sichtbar, denn für den Maler fehlte das Geld. Die neuen Glühlampen hingen nun an einem Kabel herunter und ließen die Räume noch armseliger erscheinen als zur Zeit der abgeschirmten Petroleumlampen, deren verrußte Glaszylinder von Tante Wicki immer sorgfältig mit Zeitungspapier geputzt worden waren. Doch zu Weihnachten wurden die Tanten von einem besonderen Solidaritätsakt der Genossen überrascht. Zum Dank dafür, dass sie die Wohnung immer wieder als Parteilokal benutzen durften, hatten sie gemeinsam einen mehrarmigen Leuchter für das Zimmer und einen emaillierten Lampenschirm für die Küche gekauft.

Es ist erstaunlich, dass die häufigen geheimen Versammlungen in der Wohnung der Tanten nie von der Polizei entdeckt wurden, obwohl aus gelegentlichen Bemerkungen der Hausbewohner zu entnehmen war, dass ihnen das ständige Kommen und Gehen von »Besuchern« schon aufgefallen war. Als einzige Schutzmaßnahme wurde die Tür zwischen Zimmer und Küche geschlossen, damit die Gespräche nicht auf dem Gang belauscht werden konnten. Und auf dem Zimmertisch lag immer ein Paket Spielkarten bereit, um bei unerwünschtem Besuch eine Kartenrunde vorzutäuschen. Ich wünschte mir zwar jeden Samstag, dass keine derartige Zellensitzung stattfinden würde, weil ich die Tanten lieber für mich allein gehabt hätte. Doch wenn diese Hoffnung nicht erfüllt wurde, hörte ich bei den Gesprächen aufmerksam zu.

Einmal waren dort so viele Menschen anwesend, dass das Zimmer förmlich aus den Nähten platzte. Sie saßen dicht gedrängt auf dem Diwan und rund um den Tisch, man hatte sogar das Bettzeug ins Kabinett gebracht, um auch auf den Matratzen der Betten Sitzplätze zu schaffen. Ich musste meine Germtaschen auf dem Fußboden sitzend essen, und in dem von Zigarettenqualm erfüllten Raum konnte ich kaum die Gesichter der Anwesenden wahrnehmen. Der Grund für das große Interesse war der Besuch zweier Genossen, die von ihrer Reise nach Berlin berichteten. Mit einer Delegation der Einheitsgewerkschaft waren sie einer Einladung der Deutschen Arbeitsfront (DAF) gefolgt. Das interessierte mich brennend. Endlich Berichte aus Deutschland, die nicht von Hillo stammten. Und sie waren wirklich aufschlussreich:

Sie erzählten von den Werksküchen in den Betrieben, wo sie jedes Mal nur Kartoffeln und Heringe bekamen, offenbar dort die Hauptnahrung der Arbeiter. Eine andere Einrichtung, die sich »Kraft durch Freude« (KdF) nannte, organisierte zwar Betriebsausflüge und Tanzabende, aber unter Zwang, denn die Teilnahme daran war für alle Arbeiter verpflichtend. Befremdend auch die neuen Titel: »Gefolgschaftsführer« statt Fabrikdirektor, und »Gefolgschaft« statt Belegschaft.

Bei den Gesprächen, die unsere Genossen in den Fabriken führten, zeigten die Arbeiter keine Begeisterung für das neue Regime, die »Gefolgschaft« wirkte total eingeschüchtert. Die Genossen merkten auch, dass Konsumgüter dort viel teurer waren als bei uns, und meinten: »Jetzt wissen wir, warum man bei uns die Deutschen ›Marmeladebrüder‹ nennt. Die schmieren sich Marmelade aufs Brot, weil es die Butter kaum mehr gibt. Wir haben uns überzeugen können, dass der Slogan ›Kanonen statt Butter‹ wirklich auf die deutsche Wirtschaft zutrifft.«

Und noch eine »Hillo-Behauptung« wurde von den Anwesenden als Lüge enttarnt. Das Versprechen: »Jedem Arbeiter sein Auto.« In Wahrheit war das reine Verschleierungstaktik der Nazimachthaber. Enorme Propaganda für den »Volkswagen«, nur um vom Mangel an wichtigeren Konsumgütern abzulenken. Sie erzählten uns, dass Millionen deutscher Arbeiter sich monatelang fünf bis zehn Mark für den Ankauf eines Wagens vom Lohn abziehen ließen, obwohl das Werk, in dem die Autos hergestellt werden sollen, noch gar nicht stehe und von der Produktion so genannter »friedlicher Fahrzeuge« überhaupt keine Rede sein könne. Es sei mittlerweile auch in Berlin kein Geheimnis mehr, dass alles Geld und alle Kraft nur in Armee und Rüstung gesteckt werde.

Einen Gebrauchsgegenstand lernten sie dort kennen, der in Deutschland in großen Mengen hergestellt wurde und ebenfalls über die DAF zwangsweise an die Arbeiter verkauft wurde. Der sogenannte »Volksempfänger«. Ein kleiner Radioapparat, mit dem man nur den Deutschlandsender hören konnte. Das Gerät war billig, man war ja interessiert daran, die Nazipropaganda, die vielen Hitler- und Goebbelsreden in jedes Wohnzimmer zu bringen. Ausländische Sender gab es natürlich nicht.

»Wenn man durch Berlins Straßen geht«, erzählten die Berichterstatter, »hat man den Eindruck, dass die meisten Menschen uniformiert sind. Da sieht man die grünen Uniformen der Wehrmacht, die blauen der Luftwaffe, die braunen der SA und die furchterregenden schwarzen der SS, auf deren Kappen ein Totenkopf prangt. Dazu kommen die Uniformen der Hitlerjugend und des Reichsarbeitsdienstes.«

Ich weiß heute nicht mehr, ob die beiden Gewerkschafter selbst Freunde in Berlin hatten, oder ob ihnen die Partei in Wien Adressen von deutschen Genossen mitgegeben hat. Sie hatten jedenfalls Gelegenheit, auch mit Antifaschisten zu sprechen. In geheimen Verstecken, immer in Angst erwischt zu werden. Und was sie dort erfuhren und uns berichteten, hat mir wirklich Angst eingejagt.

Zum ersten Mal hörte ich von Konzentrationslagern in Deutschland. Lager, in die man ohne Gerichtsverhandlung eingeliefert werden kann. Dachau, in der Nähe von München, wurde namentlich erwähnt. Konzentrationslager, die errichtet wurden, um sich der Gegner des Naziregimes ganz rasch entledigen zu können. Es genügte angeblich schon die geringste Kritik am Nationalsozialismus, oder eine Beschwerde wegen unliebsamer Zustände im Betrieb, um in so ein Arbeitslager gebracht zu werden, aus dem es keine Wiederkehr gab. Und wer sich mehrmals vor verpflichtenden Naziveranstaltungen drückte, galt schon als »asoziales Element«, das bespitzelt werden musste und dann plötzlich über Nacht verschwunden war. Die Aufsicht über die Häftlinge in den Lagern hatte die gefürchtete SS, die Männer in ihrer schwarzen Uniform und dem Totenkopf.

Durch die in der Buchengasse gewonnenen Erkenntnisse hegte ich nun doch das Bedürfnis, auch andere vor der tödlichen Gefahr des Nationalsozialismus zu warnen. Doch wie sollte ich das tun, ohne zu verraten, woher mein angeeignetes Wissen stammte?

Und musste ich nicht Angst vor den Nazis im Waisenhaus haben, wenn ich als »asoziales Element« enttarnt und die ganze Buchengasse eingesperrt würde?

Ein letztes Aufbäumen gegen Nazis (Februar 1938)

An einem Samstag in der zweiten Hälfte des Februar 1938 hatte ich ein großartiges Erlebnis, von dem ich nicht ahnen konnte, dass es sich um ein letztes Aufbäumen des schon lange in Agonie liegenden Landes handelte.

Ich saß in der Straßenbahn, Linie 118, und war auf dem Weg zur Religionsstunde, die um elf Uhr beginnen sollte. Etwa hundert Meter vor meinem Schulhaus auf dem Wiednergürtel blieb die Straßenbahn plötzlich stehen, weil ein davorstehender Straßenbahnzug die Weiterfahrt verhinderte. Nach einer Weile meldete uns der Fahrer, dass die ganze Strecke bis zum Südtirolerplatz blockiert sei. Ich stieg also aus, um das letzte Stück zu Fuß zu gehen. »Wahrscheinlich ein Verkehrsunfall«, dachte ich. Doch dann hinderte mich plötzlich etwas daran, die Schule zu betreten. Da lag etwas in der Luft, ein unbestimmtes Gefühl sagte mir, dass etwas Besonderes vorgefallen ist. Zusammen mit den anderen ausgestiegenen Fahrgästen eilte ich zum Südtirolerplatz. Und was ich dort sah, blieb mir unauslöschlich im Gedächtnis.

»Die Revolution ist ausgebrochen«, war mein erster Gedanke, als ich die riesige, lärmende Menschenmenge auf dem Platz sah.

»Weg mit den Nazis aus der Regierung«, »Nieder mit den Faschisten«, »Hitler hat uns nichts zu befehlen!« So ertönte es in tausendstimmigen Sprechchören.

Über die Favoritenstraße und die Laxenburgerstraße wälzten sich weitere Menschenmassen auf den Südtirolerplatz zu. Rot-weiß-rote und rote Fahnen flatterten, und Transparente wurden hochgehalten mit antifaschistischen Losungen und Emblemen der Arbeiterparteien, die ich seit fünf Jahren nicht mehr in der Öffentlichkeit gesehen hatte. Flugblätter wurden massenhaft verteilt, von denen ich einige ergatterte. Demonstranten hatten die drei Pfeile oder Sichel und Hammer angesteckt, manche sogar beide Abzeichen gleichzeitig und immer wieder zogen Formationen von Jugendlichen an mir vorbei, in blauen Hemden und mit roter Papiernelke im Knopfloch.

Ich stand nur staunend da, begriff nichts, und wurde auch aus den Flugblättern nicht klug. Die Texte lauteten etwa so:

»Schuschnigg hat Österreich an Hitler verkauft! Wehrt euch!«
»Ein Nazi als Innenminister! Lasst es nicht zu!«
»Das Abkommen von Berchtesgaden bedeutet Auslieferung an Deutschland!«
»Für ein freies und demokratisches Österreich!«
»Auf zum Kampf!«

Ich versäumte nicht nur die Religionsstunde, sondern auch das Mittagessen in der Schule. Und als ich dann auch zu spät zum Maschinschreibunterricht kam, war ich nicht die einzige. Auch in anderen Bezirken hatten ähnliche Demonstrationen stattgefunden. Die Mädchen waren sehr aufgeregt, sodass uns die Lehrerin eine kurze Erklärung gab: »Unser Herr Bundeskanzler hatte eine Unterredung mit Hitler in Berchtesgaden, derzufolge Österreich den Nationalsozialisten freie Betätigung gestatten muss.«

»Aber das war keine Nazidemonstration, Frau Professor«, rief ich, »Das waren Gegner der Nazis mit roten Fahnen und Transparenten!«

»Naja, meinte sie, »es ist klar, dass nun auch die Sozialdemokraten die gleichen Rechte verlangen. Aber beruhigt euch, die Regierung wird sehr bald für Ruhe und Ordnung sorgen. Ich habe vollstes Vertrauen zu Herrn von Schuschnigg.«

Zum Glück hatte ich meine zwei erschwindelten »Freistunden« und eilte sofort nach der Schule in die Buchengasse, um zu erfahren, was denn wirklich geschehen war.

Dort erfuhr ich, dass die von Hitler erzwungene Regierungsumbildung den Aufstand der Bevölkerung verursacht hatte. Und Tante Hilda nannte mir einige der inakzeptablen Forderungen, die Hitler an Schuschnigg gestellt hatte:

> Der Nationalsozialist Arthur Seyß-Inquart muss Innenminister werden, und bekommt dadurch die Befehlsgewalt über die gesamte österreichische Exekutive.
> Alle inhaftierten Nationalsozialisten, auch Brandstifter und Mörder, müssen binnen drei Tagen auf freien Fuß gesetzt und voll rehabilitiert werden.
> Allen Nationalsozialisten muss volle Betätigungsfreiheit gewährt werden.

Jetzt verstand ich auch die Flugblätter, die ich mitgebracht hatte. Ich war begeistert über die schnelle Reaktion der illegalen Arbeiterorganisationen, denen es trotz Verbotes ihrer Presse, trotz jahrelanger Unterdrückung und Verfolgung innerhalb weniger Stunden gelungen war, die Arbeiterschaft zu informieren und zu mobilisieren. In den nächsten Tagen kam ich fast immer zu spät zur Schule, weil ich die gewaltigen Demonstrationen beobachten wollte, gegen die sogar die mittlerweile unter nationalsozialistischer Führung stehende Polizei machtlos war.

Am 20. Februar 1938 hielt Adolf Hitler eine Rede vor dem deutschen Reichstag. An diesem Sonntag wurde ein großer Radioapparat im Festsaal aufgestellt, wo wir uns die Rede anhören mussten. Damals hörte ich zum ersten Mal Hitlers krächzendes Gebrüll, das immer wieder durch »Sieg-Heil-Rufe« der Mitglieder des Reichstages unterbrochen wurde. Er sprach von den Grenzländern Tschechoslowakei und Österreich, die eigentlich zusammengehören, und dass diese besonders mit Österreich eine gemeinsame Geschichte und Kultur teilen. Unserem Bundeskanzler Schuschnigg dankte er, weil er Verständnis für den gemeinsamen Weg zeige, im Interesse des gesamten deutschen Volkes, dessen Söhne wir alle seien, ganz gleich wo die Wiege unserer Heimat stehe...«

Nach dem nicht enden wollenden Applaus erklang die deutsche Hymne, in die wir alle einstimmen mussten.

Als danach noch das Horst-Wessel-Lied ertönte, lernte uns Fräulein Wilma gleich Text und Melodie. Diesmal nicht nur den Teilnehmern am Lehrgang für deutsche Geschichte, sondern allen Kindern, auch den Volksschülern.

Ein gefährliches Abenteuer (1938)

Am Abend begab ich mich zu Gretl und Else in die Küche.«Lassts euch net blöd machen von der Hitlerrede und unseren Nazifräuleins. In Wirklichkeit wird gegen die Hitler-Schuschnigg-Vereinbarung tagtäglich auf den Straßen demonstriert.«

Und zur Bekräftigung meiner Behauptung übergab ich ihnen die Flugblätter, die ich gesammelt habe. Else und Grete waren nur auf meine Berichte angewiesen, die ich ihnen dann Abend für Abend voll Begeisterung lieferte. Denn die Hamburgerstraße, in der sich das Waisenhaus befand, war eine ruhige Nebengasse, da war von dem Aufruhr in der Stadt nichts zu merken. »Kinder, ihr habts ja keine Ahnung, was sich da draußen tut.« Und Gretl antwortete: »Woher soll i denn des wissen, i bin ja da eing'sperrt und kann nirgends dabei sein.«

An einem Vormittag kam sie zu mir ins Lernzimmer und bat mich, mit ihr nachts auszubrechen. Ich war zu jeder Schandtat bereit, erinnerte ich mich doch auch gern an unseren nächtlichen Ausflug auf das Dach. Aber dieses Abenteuer schien mir unmöglich. Gretl ließ jedoch nicht locker und überzeugte mich schließlich. Else zur Mithilfe zu bewegen, war viel schwieriger, sie hatte Angst, erwischt zu werden.

»Mich lassts ausm Spiel. Ihr habts ja Verwandte, aber i hab niemand. Mi holt garantiert die Fürsorge.« Gretl ließ aber kein Mitleid aufkommen: »Na wenn schon. Im Fürsorgeheim kanns a net schlimmer sein als da.«

Um etwa ein Uhr in der Nacht weckte uns Gretl, und mit unseren Kleidern unter dem Arm schlichen wir auf Zehenspitzen hinunter ins Nähzimmer. Es war totenstill, als wir aus dem Fenster stiegen, vor dem Else Wache hielt. Mühelos kletterten wir über den schmiedeeisernen Zaun des Vorgartens. Es war dunkel, denn die Straßenbeleuchtung war auf die Hälfte reduziert. Wir liefen zur Wienzeile, doch die einzigen Menschen, die uns begegneten, waren zwei Betrunkene, die aus einem Branntweinerlokal gegenüber vom Naschmarkt heraustorkelten. Wir liefen weiter zum Getreidemarkt. Doch auch hier war es ganz ruhig und menschenleer.

»Da ist ja gar nix los«, rief Gretl. »Was hast du mir da für Lügen auftischt, von Raufereien, Demonstrationen, Kundgebungen. Wo san de? Wegen de paar Schmiererein auf der Straßn jagst du mi ausm Haus?«

Ich war ganz verdattert. »Aber Gretl, das war doch deine Idee, du warst ganz versessen auf den Ausbruch. Ich hab dir erzählt, was tagsüber los war. Und manche Demonstrationen haben wirklich bis in die Nacht dauert.« Doch Gretl war zu sehr enttäuscht: »Wo san jetz deine kämpfenden Arbeiter? Die liegen friedlich in ihre Bettn. Ich Trottel, hab dir glaubt und dafür mein Posten riskiert. Ich glaub dir nix mehr, ich geh ham!«

Zu unserem Pech hielten uns noch in der rechten Wienzeile zwei Wachleute an: »Was machts denn ihr um diese Zeit noch auf der Straßen?« Da nahm ich allen

Mut zusammen und stotterte: »Wir waren eingeladen und haben uns verspätet. Bitte halten Sie uns nicht auf, unsere Eltern sind sicher schon ganz besorgt um uns.«

Der eine Polizist wollte unsere Ausweise sehen, aber der andere war gutmütiger: »Lass sie laufen, die schauen ja wirklich nicht aus wie Strichmadln«. Diese Begegnung gab Gretl den Rest: »Die haben uns für Hurna g'halten und hätten uns verhaften können. Das is alles deine Schuld. Lass di ja nimmer bei mir in der Kuchl seh'n! Mit dir bin i fertig!«

Als wir zum Waisenhaus kamen, half uns Else durchs Fenster hinein und jammerte:

»Sowas mach ich nie mehr wieder, i bin fast g'storben vor Angst.« Gretl darauf: »Bedank di bei dera Kanaille! Es hat überhaupt nix zum seh'n geb'n.«

Else war nicht so nachtragend. »Die Gretl ärgert si jetz, weil sie das Risiko umsonst eingangen is. Sie wird si scho wieder beruhigen!« Aber Gretl hatte mir nach diesem Abenteuer tatsächlich die Freundschaft aufgekündigt.

Einige Tage nach der Hitlerrede zeigten mir die Tanten einen Artikel in der Zeitung:

»Entsprechend dem Beschluss einer Konferenz wurde gestern in allen österreichischen Betrieben eine Resolution zur Unterschrift aufgelegt, in der sich die Arbeiter zur Unabhängigkeit und Freiheit Österreichs bekennen. Die Zahl der Unterschriften hat bereits eine Million überschritten. Auch gewerkschaftlich nicht organisierte Arbeiter und Arbeitslose beteiligen sich an der Aktion…«

Ich war damals voll Hoffnung, weil ich durch die Tanten in meiner Überzeugung gestärkt wurde, dass so ein Treuebekenntnis zu Österreich von der Schuschnigg Regierung honoriert werden müsste.

Unser Deutschlehrer in der Handelsschule machte uns am 24. Februar 1938 darauf aufmerksam, dass Schuschnigg am Abend im Parlament vor dem Bundestag eine Rede halten werde, die mit Lautsprechern auf den Platz vor dem Parlament, und im Rundfunk für alle Welt übertragen werden würde. Er forderte uns auf, diese Rede unbedingt anzuhören, was aber im Waisenhaus nicht möglich war. Aber schon am nächsten Tag erfuhren wir, dass aus diesem Anlass eine der größten Demonstrationen stattgefunden hat. Zehntausende zogen mit Transparenten über die Ringstraße und ein Meer von rot-weiß-roten Fahnen bedeckte den Platz vor dem Parlament. Und Tante Hilda, Tante Wicki und Onkel Otto waren mittendrin.

Unser Deutschlehrer schwärmte von dieser Rede. Seine Stimme überschlug sich förmlich vor Begeisterung, als er ihn zitierte: »Ich vertraue auf den Herrgott, der unser Land nicht verlassen wird. Rot-weiß-rot bis in den Tod!«

Am Abend gab es im Waisenhaus wieder einen Heimabend. Als Hillo von mir den Text des Deutschlandliedes wissen wollte, sagte ich, ermutigt durch die Geschehnisse der letzten Tage: »Den kann ich leider nicht. Aber ich kann dir alle vier Strophen der österreichischen Bundeshymne aufsagen. Die haben wir nämlich heute in der Schule gesungen.«

Das trug mir natürlich wieder harten Tadel ein und die Bemerkung, dass ich diesen Text wohl kaum mehr brauchen würde. Damit behielt sie leider Recht.

Beim nächsten Ausgehsonntag holte uns Cousine Käthe vom Waisenhaus ab. Unterwegs beobachteten wir eine Rauferei zwischen Arbeiterdemonstranten und Nationalsozialisten. Die Arbeiter, die in der Überzahl waren, rissen den Nazis die Abzeichen und Hakenkreuzbinden ab, worauf diese Reißaus nahmen. Beim Mittagessen fragte Käthe ihre Mutter: »Gelt Mama, wir sind keine Nazis?«

Und Tante Rosa antwortete daraufhin: »Nein, die sind das gleiche Gesindel wie die Roten!«

Beim Tanten-Besuch am Nachmittag trafen wir auch Onkel Otto. Da hörten wir endlich ihre Version der Schuschnigg-Rede. Sie standen ja alle drei direkt vor dem Parlament. Und sie erzählten, dass die Rede immer wieder von Buh-Rufen der Menge begleitet war. Vor allem als Schuschnigg behauptete, dass jeder in diesem Lande vor dem Gesetz gleichberechtigt sei. Und als der Kanzler »Gott schütze Österreich« rief, schrien die Tanten und Onkel Otto mit dem Sprechchor mit: »WIR schützen Österreich!«

Ich erfuhr auch, dass am 7. März 1938 die Floridsdorfer Konferenz mit 400 Delegierten stattgefunden hatte, wo es um die Frage ging: »Sind die Arbeitervertreter bereit, für die Verteidigung Österreichs einzutreten?« Ich freute mich zu hören, dass unsere Kommunisten für ein bedingungsloses Zusammengehen mit Schuschnigg gegen die Nazis waren. Aber leider stellten die Sozialdemokraten Bedingungen. Sie verlangten zuerst die Legalisierung der freien Gewerkschaften und eine Amnestie. Und Schuschnigg war natürlich nicht bereit, diese Forderungen zu erfüllen.

Onkel Otto war ganz entsetzt, als ich ihm erzählte, dass wir im Waisenhaus Nazilieder singen müssen. Da wollte er eines hören und ich sang:

»Es zittern die morschen Knochen
der Welt vor dem roten Krieg.
Wir haben den Schrecken gebrochen,
für uns war's ein großer Sieg.

Wir werden weiter marschieren,
wenn alles in Scherben fällt.
Denn heute gehört uns Deutschland,
und morgen die ganze Welt.«

»Des is ja unglaublich«, regte sich Onkel Otto auf, »Die sogn sogar in ihre Lieder ganz deutlich, was sie vorhab'n. Wir miassn mit der Rosl reden. Die kann doch net zualassn, dass die Kinder in so einer Umgebung aufwachsen.«

Und dann wandte er sich an mich: »Wie sogst du, fongt des Liad an? ›Es zittern die morschen Knochen? Waßt wos, waunn du unbedingt mitsingen muasst, dann singst halt ›Es zittern am Oarsch die Knochen‹. Des merkt kaner, ober du singst da's leichter.«

Ohne Blödeln ging es bei Onkel Otto auch in den ernsten Stunden nicht. Wie ernst die Lage wirklich war, konnte ich damals – zwei Monate vor meinem 15. Geburtstag - noch nicht ahnen. In Favoriten sah ich immer nur wenige Nationalsozialisten. Onkel Otto wusste aber aus der Zeitung, dass sie andernorts in großen Massen ihr Unwesen treiben, Fackelzüge veranstalten und Nazisprüche rufen. Und mit Erlaubnis des neuen Innenministers, den Onkel Otto »Scheiß in Quark« nannte, durften auch auf Wohnhäusern Hakenkreuzfahnen gehisst werden.

Volksbefragung abgesagt (März 1938)

Am 10. März 1938 sah man überall Menschen mit der Wiener Zeitung in der Hand. Schuschniggs »Aufruf an das Volk von Österreich« war darin abgedruckt, und jeder wollte ihn lesen. Auch ich kam zu einer Zeitung. Es ging um die Volksbefragung, die am Sonntag, den 13. März 1938 für alle Österreicher stattfinden sollte. Er verlangte ein offenes Bekenntnis zur Heimat vor der ganzen Welt und bat um Überwindung der Parteienzerklüftung und um den deutschen Frieden nach außen und innen. Sein Ziel war ein freies und deutsches, unabhängiges, soziales, christliches und einiges Österreich, das sich zu Volk und Vaterland bekennt. Und deshalb forderte er das Volk auf, »wie ein Mann aufzustehen«, und mit »JA« zu stimmen.

Am nächsten Tag, es war Freitag, der 11. März, sammelte ich massenhaft Flugblätter verschiedenster politischer Orientierungen. Einheitsgewerkschaft, Gewerbebund, Bauernbund, Katholische Aktion, Vaterländische Front. Sie alle riefen das Volk auf, mit »Ja« zu stimmen. »Ja, ja und tausendmal Ja!« Jetzt endlich dachten auch die Sozialdemokraten nicht mehr daran, ihr »Ja« von Bedingungen abhängig zu machen.

Als ich jedoch von der Schule kam und ins Lernzimmer eilte, um pflichtgemäß am Heimabend teilzunehmen, erfuhr ich, dass die Volksbefragung abgesagt worden war. Um 18 Uhr hatte man im Radio die Meldung durchgegeben, dass sie auf unbestimmte Zeit verschoben sei. Fräulein Wilma war gerade dabei, Schuschnigg der gemeinen Manipulation zu bezichtigen, als Fräulein Martha ins Zimmer stürzte und rief: »Kommt sofort alle hinunter zur Kanzlei, Schuschnigg wird seinen Rücktritt bekannt geben!«

Der Radioapparat war vor der Kanzlei aufgestellt, und alle übrigen Kinder waren bereits auf dem Gang versammelt. Dann konnten wir die erregte Stimme des Bundeskanzlers hören. »...Der Herr Bundespräsident beauftragt mich, dem österreichischen Volk mitzuteilen, dass wir der Gewalt weichen. Wir haben... unserer Wehrmacht den Auftrag gegeben, für den Fall, dass der Einmarsch durchgeführt wird, ohne Widerstand sich zurückzuziehen... Gott schütze Österreich!«

Nachdem das Radiogerät abgeschaltet worden war, schrie Fräulein Wilma vor Freude: »Den Schurken sind wir los! Kinder wir haben gesiegt.« Doch die Vorsteherin gebot ihrem Jubelgeschrei Einhalt, sie wollte jetzt keine Kundgebung von ihr, sondern lieber einen ruhigen Rückzug der Kinder. Als Gretel an mir vorbei ging, stieß sie mich mit der Faust unsanft in die Seite und zischte mir zu: » Na was sagst jetzt, du Obergscheite?« Ich sagte gar nichts, weil ich wie vom Schlag gerührt war. »Wir weichen der Gewalt«, hatte der Kanzler gesagt. Mein Gott, was wird denn jetzt auf uns zukommen? Ich hatte eine schlaflose Nacht.

Nach der Morgenandacht am nächsten Tag hielt Frau Lani eine kleine Ansprache:

»Wir haben jetzt eine neue Regierung. Herr Seyß Inquart ist jetzt unser Bundeskanzler. In der Stadt herrscht Ruhe und Ordnung, sodass ihr ohne Sorge zur Schule gehen könnt.« Dann wurden wir in den Vorgarten geführt. Das Haustor und alle Fenster im Erdgeschoß waren mit Girlanden aus Tannenreisig und schwarz-weiß-roten Schleifen geschmückt, und vor unseren Augen wurde aus dem Dachfenster feierlich die Hakenkreuzfahne entrollt. Unsere Fräuleins waren also nachts fleißig gewesen.

Als ich dann am späteren Vormittag zur Schule fuhr und von der Stadtbahn in den 118er umstieg, war auch der Triebwagen bereits mit Hakenkreuzfähnchen geschmückt. An diesem Samstag, den 12. März 1938, holte mich Tante Wicki von der Schule ab, um mich ins Waisenhaus zu begleiten. Tante Hilda war gar nicht mitgekommen.

Sie erzähle mir, dass Bundespräsident Miklas zwar den Rücktritt Schuschniggs zur Kenntnis nehmen musste, sich aber geweigert hatte Seiß-Inquart zum Kanzler zu ernennen. Ich konnte diese unglaubliche Veränderung, die sich innerhalb von nur 48 Stunden vollzogen hatte, nicht begreifen. »Wir dürf'n uns jetzt einige Tag net seh'n«, sagte die Tante, »und du sollst auf kan Fall zu uns in die Buchengasse kommen. Wir san ja als Antifaschisten bekannt und woll'n dich und Trude net in Gefahr bringen. Man kann ja net wissen, was diesen Verbrechern noch einfallt. Den Onkel Otto haben's heut Nacht mit der Polizei aus der Wohnung g'holt, der Blecha Fritzl is a vom Dienst net ham kumman.«

Auf dem Weg begegneten uns jubelnde Menschen mit Hakenkreuzfahnen und Hitlerjugend in Uniform. Auf manchen Auslagen stand »Juda verrecke!«, es war zum Fürchten. Tante Wicki ermahnte mich, alle Anordnungen im Heim zu befolgen.

»Sobald wir sicher san, dass für uns ka Gefahr besteht, werden wir die Rosa-Tant bitten, dass sie euch aus dem Waisenhaus raus nimmt.«

Ich weinte bitterlich, als Tante Wicki sich von mir verabschiedet hatte, gerade jetzt hätte ich den Beistand der Tanten gebraucht. Ich hatte Verständnis für ihre Vorsicht, aber gleichzeitig fühlte ich mich in Stich gelassen.

Empfang der deutschen Truppen (13. März 1938)

Im Waisenhaus hatte man wohl schon seit längerem mit einem bevorstehenden Umsturz gerechnet, denn genau am 13. März übergab man uns neue Frühjahrsdirndl und erstmals auch weiße Stutzen. In dieser Aufmachung sollten wir zur Ringstraße marschieren, um den Empfang der deutschen Truppen hautnah mitzuerleben.

Dieser 13. März 1938 war ein ungewöhnlich warmer Vorfrühlingstag. Vom blitzblauen Himmel strahlte die Sonne herab auf sechzig fröhliche Waisenkinder, die zum ersten Mal einen Ausflug machen durften. Begleitet wurden wir von den drei Erzieherinnen Wilma, Martha und Hilde. Am Ende der Wiedner Hauptstraße, kurz vor dem Ring, blieben wir wegen des Gedränges stehen, und Fräulein Wilma sagte:

»Wir müssen versuchen, zusammen zu bleiben. Sollten wir jedoch von dem Gedränge getrennt werden, dann treffen wir uns nach der Parade hier vor dem Café Pöchhacker. Die Hauptschüler nehmen je ein Volksschulkind bei der Hand und lassen sie nicht aus den Augen!«

Diese Maßnahme war nötig, denn für die meisten von uns war diese plötzliche Freiheit etwas völlig Neues. Ich nahm also Trude bei der Hand, und wir seilten uns gleich am Ring von den anderen ab. Es gelang mir, uns durch das dichte Spalier »durchzuwurschteln« und direkt hinter der Postenkette Aufstellung zu nehmen.

Und dann zogen sie an uns vorbei, die deutschen Brüder, in feldgrauer Uniform, den Stahlhelm auf dem Kopf, bewaffnet bis an die Zähne, den Blick stur geradeaus gerichtet, unberührt vom Jubelgeschrei der Bevölkerung: »Sieg Heil! Willkommen in Wien!« Die dichten Reihen nahmen die ganze Breite der Ringstraße ein, zwischen den Formationen der Wehrmacht tauchten immer wieder Panzerfahrzeuge auf und über uns flogen hunderte Kampfflugzeuge. Auf mich wirkte dieser Aufmarsch furchterregend, und das Freudengeheul der Menschen im Spalier konnte ich nicht begreifen. Trotzdem flüsterte ich Trude beruhigend zu, als ich das Zittern ihrer Hand in der meinen verspürte: »Du brauchst ka Angst haben. Die werden uns bestimmt nix tun, wenn sie doch so freundlich empfangen werden.«

Doch meine – damals elf Jahre alte – Schwester flüsterte zurück: »I hab eh ka Angst. Waßt, i glaub die Nationalsozialisten woll'n eh dasselbe wie die Kommunisten. Die Svoboda Trudl sagt, dass jetzt alle a Arbeit krieg'n, also a die Tanten. Und dann brauchen wir bestimmt net im Waisenhaus bleiben«. Ich widersprach ihr nicht. Auf Tante Wickis Anraten hatte ich ihr ja sogar Onkel Ottos Verhaftung völlig verschwiegen.

Und dann schwoll das Gebrüll plötzlich zu einem noch ohrenbetäubenderen Lärm an, der sogar das Dröhnen der Flugzeuge übertönte. Wie ein Lauffeuer hatte sich die Kunde verbreitet. »Jetzt kommt der Führer! Heil unserm Führer! Führer wir danken dir! Sieg heil! Ein Volk, ein Reich, ein Führer!«

So erklang es in Sprechchören rund um uns. Wir wurden von den Menschenmassen fast erdrückt. Die Schutzleute hatten Mühe, den Ansturm der Menge zurückzudrängen. »Ich möchte ihn auch seh'n«, rief Trude »Bitte heb mich hoch!«

Ich tat ihr den Gefallen, sie war viel kleiner als ich, aber wegen ihres Gipsmieders fast zu schwer. Dann rollte das Auto an uns vorbei, Hitler stand aufrecht im Wagen und grüßte die Menge mit erhobener Hand. Hinter ihm saßen einige bewaffnete SS-Männer, doch vor einem gezielten Schuss aus einem Fenster des Heinrichshofes, vor dem wir standen, hätten sie ihn nicht schützen können. Hitler hatte offenbar keinen Grund, ein solches Attentat zu fürchten. Er wurde doch als Befreier begrüßt. Danach lichteten sich die Reihen des Spaliers, denn viele Menschen liefen dem Auto nach, um den geliebten Führer auf seinem weiteren Weg zu begleiten. Trude und ich blieben aber stehen, denn die Parade ging noch weiter. Nun marschierte, die Fahne hoch, die Reihen dicht geschlossen, die SA, und danach die Totenkopfbrigade der SS. Der endlose Zug bot einen gigantischen Anblick.

Als wir uns alle vor dem Café Pöchhacker mit den Fräuleins und den anderen Zöglingen trafen, war die Sonne bereits hinter den Häusern verschwunden, und wir froren erbärmlich in unseren kurzärmeligen Dirndln. Aber Fräulein Wilma schwärmte:

»Seid dankbar! Petrus hat uns heute – zu Ehren Hitlers und der deutschen Armee – mit dem schönsten Wetter beglückt. Vergesst diesen Tag nie!«

Beim Einschlafen hatten wir alle noch lange die imposanten Bilder im Kopf.

Die hübschen Dirndln, die Schürze und die weißen Stutzen wurden aber am Abend wieder eingesammelt.

Am nächsten Tag, es war Montag, der 14. März, herrschte in der Schule gedrückte Stimmung. Nur drei Mädchen meiner Klasse begrüßten den Anschluss. Erna Brandl stand schon vor Beginn des Unterrichts an der Klassentür und verteilte kleine Abzeichen mit Hakenkreuzen. Ihr Vater, ein Juwelier, hatte sie gemacht.

»Im Geschäft verkaufen wir sie um einen Schilling, aber euch darf ich sie umsonst geben«, sagte sie und steckte mir die Nadel gleich an den Revers meines Mantels.

In der Pause schwärmten Erna und Edith von der Parade und Erna erzählte:

»Bei uns am Gang wohnt so eine dicke Jüdin ganz allein in einer großen Wohnung. Mein Bruder, ein SS-Mann, hat sie schon am Samstag aus ihrer Wohnung geholt, hat ihr eine Flasche Sidol in die Hand gedrückt und ihr befohlen, alle Messingbeschläge am Gang zu putzen. Die Alte hat sich so patschert angestellt, dass ihr der Erich die Flasche aus der Hand gerissen und ihr das Sidol ins Gesicht geschüttet hat. Die hat geschrien wie am Spieß und ist aus dem Haus gelaufen. Weil sie bis heute nicht zurückgekommen ist, wohnt jetzt mein Bruder in ihrer Wohnung.«

Keiner unserer Lehrer erwähnte den Umsturz auch nur mit einem Wort. Der Unterricht wurde abgehalten, als ob nichts geschehen wäre. Wir bekamen nur einen

Zettel mit der Mitteilung, dass am Dienstag, dem 15. März, der Unterricht wegen einer Großkundgebung entfalle. Mir fiel aber auf, dass unser sonst immer gesunder Deutschlehrer, der begeisterte Schuschnigg–Anhänger, heute fehlte.

Die Hakenkreuznadel steckte ich am Abend der Else zu. Sie sollte sie der Gretel geben. Die nahm sie zwar an, aber ließ mir durch Else ausrichten, dass ich mich damit nicht mehr bei ihr »einweinberln« könne.

Auf dem Heldenplatz (15. März 1938)

Obwohl wir alle vom Waisenhaus gleich nach dem Frühstück aufgebrochen waren, konnten wir uns nur mit Müh und Not durch das Menschengewühl bis zum Burgring vordrängen. Am Überqueren der Ringstraße wurden wir von Polizisten in hellgrünen Uniformen gehindert. Der Heldenplatz sei, so sagte man uns, bereits völlig überfüllt.

Bei der Vorbereitung dieser Kundgebung schien Geld überhaupt keine Rolle gespielt zu haben. Von allen Häusern, Licht- und Tramwaymasten, von tausenden aufgestellten Fahnenstangen flatterten die Hakenkreuzfahnen, die zusätzlich noch mit schweren Gold- und Silberstreifen geschmückt waren. Ein solches Schauspiel musste auch viele Menschen beeindrucken, die dem Nationalsozialismus skeptisch gegenüber standen. Ich war mir damals schon sicher, dass außer uns Waisenkindern auch andere Betriebe und Vereine unfreiwillig an der Kundgebung teilnehmen mussten. Doch die Begeisterungsstürme, die Heilrufe aus hunderttausenden Kehlen, konnten wohl kaum anbefohlen worden sein.

Und dann hörten wir aus vielen Lautsprechern die Ansprache Adolf Hitlers, die wahrscheinlich in der ganzen Innenstadt gehört werden konnte:

»Als Führer und Kanzler der deutschen Nation und des Reiches melde ich vor der Geschichte nunmehr den Eintritt meiner Heimat in das Deutsche Reich!«

Obwohl ich schon Monate vorher in der Buchengasse Informationen über den Nationalsozialismus erhalten hatte, und trotz Onkel Ottos Verhaftung war ich von dem Jubelgeschrei so benommen und verwirrt, dass ich mich der Menschenmenge anschloss, die nach der Rede zum Hotel Imperial eilte. Vor dem Hotel standen Posten der SS-Leibstandarte »Adolf Hitler«. Hakenkreuzfahnen hingen vom Dach bis zum Erdgeschoß herab, und die Menschen, die sich vor dem Gebäude drängten, riefen zum Balkon hinauf:

»Wir wollen unsern Führer seh'n! Lieber Führer, komm heraus. Eher gehen wir nicht nach Haus!«

Doch der umjubelte Führer ließ sich lange bitten, bevor er sich endlich für wenige Minuten auf dem Balkon zeigte. Die Menge gab sich damit nicht zufrieden, verfiel immer mehr in Sprechchöre und ließ sich von der Polizei nicht wegdrängen.

Da hörte ich in meiner Nähe einen österreichischen Polizisten rufen: »So losssts eam doch endlich in Ruah. Der Mann muaß sie do ausrostn. Es sechts eam doch eh wieder um zwa bei der Parade.«

Das schien den Leuten einzuleuchten, und sie begannen langsam den Platz zu räumen. Auf dem Schwarzenbergplatz ließen deutsche Polizisten Kinder auf ihren Pferden reiten. In allen Straßen der Inneren Stadt standen leutselige SA-Männer mit Gulaschkanonen, die der Menschenmenge zuriefen: »Niemand in diesem Land wird jemals wieder Hunger leiden!« Da ich seit dem Frühstück nichts gegessen hatte, knurrte mir bereits der Magen. Doch vor der Gulaschkanone habe ich mich trotzdem nicht angestellt.

Am Abend wurde dann im Waisenhaus gefeiert. Fräulein Wilma hielt eine Rede von der »neuen großen Zeit«, die nun vor uns liege, und sie bedankte sich bei Hillo von Stockert, die uns auf die großartigen Ereignisse der letzten Tage so gewissenhaft vorbereitet hätte. »Leider müssen wir uns heute von ihr verabschieden. Sie verlässt uns, um sich größeren Aufgaben zu widmen.«

Nach dem stürmischen Applaus durften wir uns zu Tisch setzen. Wir erhielten ein außergewöhnlich gutes Abendessen mit reichlich Wurst, Schinken und Käse. Und neben jedem Teller lag auch ein Stück Schokolade.

Danach sangen wir mit Fräulein Wilma die Kampflieder, die sie uns seit Monaten gelehrt hatte. Dazu kam auch ein neues Lied:

»Unsre Fahne flattert uns voran. In die Zukunft ziehn wir Mann für Mann.
Wir marschieren für Hitler durch Nacht und durch Not
mit der Fahne der Freiheit für Arbeit und Brot.«

Dieser Abend brachte eine weitere Überraschung. Während einer Gesangspause trat ein junger Mann in den Speisesaal, hob die rechte Hand und brüllte »Heil Hitler!« Ich hielt ihn zuerst für einen Fremden, erst als Gretl und Trude Svoboda ihm mit einem Freudenschrei entgegeneilten und ihm um den Hals fielen, erkannte ich ihn. Es war Heinrich, der Bruder der beiden Mädchen, von dem wir monatelang nichts mehr gehört hatten. Ich bin überzeugt, dass Gretl von der Nazi-Tätigkeit ihres Bruders nichts gewusst hatte, sonst hätte sie nicht meinen Berichten über die antifaschistischen Demonstrationen vom Februar bis Anfang März so begeistert zugehört und sogar den Wunsch gehabt, selbst daran teilzunehmen. Doch als dann alles anders kam, und der Umsturz mit so ungeheurem Jubel aufgenommen wurde, war es ihr peinlich, dass sie vorübergehend auf der falschen Seite gestanden ist.

Ich vermute, dass sie auch andere Zöglinge gegen mich aufgehetzt hat, denn ich wurde in diesen Tagen von allen gemieden. Meinen zaghaften Annäherungsversuchen begegneten die Mädchen mit offener Feindseligkeit. Meine gelegentlichen Bemerkungen während der Heimabende hatten gewiss nicht genug Anlass gegeben, in mir eine Nazi-Gegnerin zu erkennen. Dass ich nun aber als solche behandelt wurde, hatte ich sicher Gretl zu verdanken. Und als nun ihr Bruder von dieser Nazigemeinschaft als strahlender Held gefeiert wurde, hat sie wohl den Entschluss gefasst, fürchterliche Rache an mir zu nehmen.

In der Schule teilte uns Herr Direktor Pekarek mit, dass seitens der Schulbehörde für Samstag, den 19. März, eine »Befreiungsfeier angeordnet« sei, die um zwölf Uhr in der Aula für alle Schüler des Hauses abgehalten werde. Ruhig und sachlich sprach er:

»Für den künstlerischen Rahmen wird ein Chor des »Bundes deutscher Mädchen« sorgen, und die Festrede wird ›die Gaubeauftragte für Glaube und Schönheit‹ Irmgard von Stockert halten. Ich weiß zwar weder, was eine Gaubeauftragte ist, noch was ›Glaube und Schönheit‹ bedeutet. Doch das werden wir ja sicher am Samstag erfahren. Bitte verteilt das Blatt mit dem Text der deutschen Hymne, die soll zum Abschluss von allen Schülerinnen gesungen werden. Die Melodie ist die gleiche wie die der österreichischen Bundeshymne.«

Beim Namen »Irmgard von Stockert« war ich zusammengezuckt. Das war ja Hillos Schwester, die rechte Hand des Reichsjugendführers Baldur von Schirach – nunmehr mit einer neuen Funktion betraut.

Da es an diesem Tag in der Schule kein Mittagessen gab, durfte ich mir in der Waisenhausküche ein Butterbrot holen. Else, die einzige, die hin und wieder heimlich ein paar Worte mit mir wechselte, sagte auch an diesem Samstag freundlich: »Mit einem Brot wirst du sicher nicht genug haben, ich mach dir noch ein zweites.«

Ich hatte daher keinerlei Bedenken, mir an diesem Tag wieder einmal ihr Sonntagskleid auszuborgen.

Die Schulfeier (19. März 1938)

An jenem 19. März 1938 wurde in der Aula des Schulhauses die Geburtsstunde der deutschen Ostmark gefeiert. Nach der musikalischen Einleitung durch den BdM-Chor hielt Irmgard von Stockert eine flammende Rede, in der sie uns die Zukunft in den rosigsten Farben ausmalte. Im Deutschen Reich gebe es kein Bildungsprivileg mehr, jeder Unterricht sei kostenlos, auch diese Privatschule werde bald eine staatliche sein und der Religionsunterricht werde durch Leibesübung ersetzt.

Als am Ende der Feier das Deutschlandlied angestimmt wurde, hörte ich die neben mir stehende Mitzi Fröhlich leise den Text der österreichischen Bundeshymne singen, in den ich sofort einfiel. Als Mitzi das merkte, fasste sie meine Hand und ich erinnere mich des warmen Glücksgefühls, das mich durchströmte, weil ich eine Verbündete gefunden hatte. Hand in Hand stiegen wir dann die Treppe zu unserer Klasse hinauf.

Herr Direktor Pekarek, der während der Feier in unserer Nähe gestanden hatte, holte uns ein und flüsterte im Vorbeigehen: »Das war nicht mutig, meine Damen, sondern leichtsinnig.«

Ich weiß nicht, ob Mitzi und ich damals schon den Unterscheid zwischen Mut und Leichtsinn kannten, doch eine Überzeugung hatten wir gewonnen: Der Pekarek ist ganz bestimmt kein Nazi.

Eine ganze Woche lang hatte ich nichts von den Tanten gehört. Und heute hatte Tante Hilda ihren 41. Geburtstag. Ich musste einfach nach der Schule in die Buchengasse, trotz Tante Wickis ausdrücklicher Warnung. Auf dem Weg dorthin musste ich mitansehen, wie SA-Männer jüdische Mitbürger aus den Häusern zerrten. Mit Bürsten mussten sie die Parolen der Volksbefragung wegputzen, die noch überall aufgemalt waren. Aus der gaffenden Menge erschallten Zurufe: »Arbeit für die Juden! Hitler hat Arbeit für die Juden gebracht!«

Und ich wurde Zeuge einer Plünderung, die von Menschen in »Räuberzivil« mit Hakenkreuzarmbinden begangen wurden. Auf dem Quellenplatz, dort wo sich heute die Konditorei Aida befindet, war damals das Hutgeschäft »Adi-Hüte«. Als ich die Straßenbahn verließ, stand eine johlende Menschenmenge vor dem Geschäft und fing lachend die Hüte auf, die von den Plünderern auf die Straße hinaus geschleudert wurden. Männer mit Damenhüten auf dem Kopf führten groteske Tänze auf und sorgten für Heiterkeit unter den Zusehern. Ich schämte mich damals schon für die Auswüchse des »goldenen Wienerherzens«.

Die Tanten waren nicht zu Hause. Ich wartete ziemlich lange vor der verschlossenen Haustür, wagte aber nicht, die Hausbesorgerin nach ihnen zu fragen. Die Tanten hatten zwar bis jetzt ein gut nachbarliches Verhältnis zu ihr, aber das hatten sie auch zu Herrn Kaliwoda aus dem Nebenhaus, und den hatte ich soeben unter den Plünderern des Hutgeschäftes gesehen. Zu wem konnte man denn jetzt noch Vertrauen haben?

Auf der Rückfahrt ins Waisenhaus versuchte ich verzweifelt, die Gedanken an eine mögliche Verhaftung der Tanten zu verdrängen.

Eine böse Überraschung (19. März 1938)

Im Waisenhaus angelangt erwartete mich Fräulein Wilma am Gang. Ohne meinen Gruß zu erwidern fasste sie mich am Arm und sagte: »Du wirst von der Lieb-Mutter in der Kanzlei erwartet.«

Ich erschrak, mein erster Gedanke galt dem fremden Kleid, das ich unter meinem Mantel trug. »Bitte darf ich vorher aufs Klo, ich muss schon so not?«, stotterte ich.

Doch Wilma drängte mich zur Kanzleitür, und ihr boshaftes Lächeln verhieß nichts Gutes. Die Vorsteherin kam von ihrem Schreibtisch, Unheil verkündend, auf mich zu: »Woher kommst du?« »Aus der Schule«, antwortete ich ohne zu zögern.

»In der Schule meldete sich aber um fünf Uhr niemand mehr.« An Lügen gewöhnt, war ich zunächst nicht um eine Ausrede verlegen: »Am Samstag Nachmittag ist die Kanzlei geschlossen, da ist nur der Schulwart da.« »Das wird sich am Montag in der Schulkanzlei eruieren lassen, rufen Sie die Mädchen herein!«, wandte sie sich dann an Fräulein Wilma.

Und nach wenigen Sekunden marschierten sie auf. Voran Gretl, wie die leibhaftige Rachegöttin. Hinter ihr, laut heulend, Else. »Zieh deinen Mantel aus!«, befahl mir die Vorsteherin. Ich gehorchte sofort, wohlwissend, dass gegen eine solche Verschwörung jeder Widerstand zwecklos war. Da stand ich nun – in Elses Kleid.

»Sieh mal an«, sagte die gütige Lieb-Mutter, »du verstößt also nicht nur durch Herumtreiberei gegen die Hausordnung, du vergreifst dich auch an fremdem Eigentum. Es ist dir doch klar, dass Diebstahl ein Fall für den Jugendrichter ist?«

Das konnte ich ja nun nicht auf mir sitzen lassen: »Das ist doch kein Diebstahl, Else hat es mir erlaubt. Nicht wahr, Else?« Doch Else schüttelte, weiterhin laut heulend, den Kopf. »Die ist von Gretl angestiftet«, dachte ich, »sonst würde sie nicht so heulen«.

»So hilf mir doch Else!«, versuchte ich es noch einmal, »Heute hab ich dich nicht extra gefragt. Aber es ist doch nicht das erste Mal. Du hast mir doch das Kleid selber angeboten.« Doch mein Flehen war vergeblich. Else sah mich nicht an. Sie hatte die Hände vor dem Gesicht und stieß nur, unter Weinen und Schluchzen »Nein, nein« hervor.

Die Heulerei ging schließlich auch der Vorsteherin auf die Nerven. »Hör auf zu plärrren!«, herrschte sie Else in hartem Siebenbürgendeutsch an. »Soviel ich sehe, ist dem Kleid ja nichts passiert.«

Dann fragte sie Gretl, seit wann sie schon von meinen samstägigen »Eskapaden« wüsste, und warum sie ihr dies nicht gemeldet hätte. Gretl entschuldigte ihr Verhalten damit, dass man mir anfangs ja gar nicht geglaubt hätte, weil ich so eine geschickte Lügnerin war. Erst als sie meine Flugblätter von Demonstrationen gesehen haben, glaubten sie an die Stundenplan-Fälschung. Und als Else dann auch noch das Fehlen ihres Sonntagskleides bemerkte, habe man sich entschlossen, sich Fräulein Wilma anzuvertrauen.

Ich konnte mich bei soviel Unverfrorenheit nicht mehr beherrschen. »Du wagst es, mich zu verraten? Du hast mich doch sogar zu unrechten Taten angestiftet!«

Doch weiter kam ich nicht, denn Gretl schrie aus vollem Hals: »Glauben Sie ihr kein Wort. Die lügt, so oft sie den Mund aufmacht!«

Frau Lani hatte genug gehört und verkündete ihr Urteil: »Oswalda hat sich durch ihr unverzeihliches Benehmen selbst außerhalb unserer Gemeinschaft gestellt. Bis entschieden ist, was mit ihr geschehen soll, rate ich allen, sie durch absolute Nichtachtung zu bestrafen!« Diese Nichtachtung hatte ich ja schon seit dem Umsturz zu spüren bekommen. Nun war sie eben auch durch die Obrigkeit sanktioniert.

Als ich dann meinen Mantel ins Lernzimmer brachte, hing an meiner Spindtür ein Zeichenblatt. Darauf stand in wunderschöner gotischer Zierschrift geschrieben:

»Vor allem eins, mein Kind, sei treu und wahr!
Lass nie die Lüge deinen Mund entweihn.
Von alters her im deutschen Volke war
der höchste Ruhm – getreu zu sein!«

Kurz war ich in Versuchung, loszuheulen, aber dann dachte ich an die plärrende Else und änderte meine Taktik. Nichtachtung war die Strafe? Das konnte ich gut zurückgeben. Denn Achtung verdiente hier keiner mehr. Ruhig und stolz tat ich meine nötigsten Pflichten und zog mich ansonsten in mich zurück. Ähnlich wie meine Schwester, die ihr Mieder wie einen Panzer auf ihrer Seele herumschleppte.

Bei Trude in der Hauptschule mussten die Kinder beim Eintritt der Lehrkraft aufstehen, die rechte Hand zum deutschen Gruß erheben und im Chor: »Heil Hitler« brüllen. Ich hatte das Glück, dass in meiner Handelsschule kein einziger Lehrer Nationalsozialist war, daher ging dort das Leben normal weiter. Allerdings erfuhren wir, dass unser Englischlehrer Mister Lancelot Nash des Landes verwiesen worden war, weil er die Schuschnigg-Rede vom 11. März im Radio ins Englische übersetzt hatte.

In Kaufmännischem Schriftverkehr wandten wir jetzt die Kurrentschrift an, und Geschäftsbriefe beendeten wir mit »Heil Hitler!« In Staatsbürgerkunde nannten wir das Parlament nur mehr Reichstag und die Belegschaft »Gefolgschaft«. Die DAF kannte ich bereits von den Genossen, die uns aus Berlin berichtet hatten. Und dass Exekutive und Militär durch die Gestapo und die paramilitärischen Organisationen SA und SS ergänzt wurden, hatten wir schon beim Einmarsch gesehen.

Ich freute mich jeden Tag auf die Schule, denn hier konnte ich mit allen reden und sie redeten mit mir.

Das offizielle »JA« zum Anschluss (April 1938)

Wenige Tage später, im April 1938, wurde das österreichische Volk aufgerufen, zu dem bereits erfolgten Anschluss »JA« oder »NEIN« zu sagen. Im Waisenhaus erzählte man stolz, dass nicht nur österreichische Schauspieler wie Paula Wessely und die Hörbigers zu einem »Ja« aufgerufen hätten, sondern auch Kardinal Innitzer und der ehemalige Präsident des Nationalrates, Karl Renner, ein Sozialdemokrat!

Von den Tanten erfuhr ich, dass nur die Kommunisten zum »Nein zum Anschluss« aufgerufen hatten. Meine Tanten und Onkel Otto wählten gemeinsam mit vier anderen Genossen im selben Wahlsprengel. Dort wurden sie aufgefordert, ihr JA gleich vor der Wahlbehörde anzukreuzen, wie das die meisten vorher unter Druck gemacht haben. Doch Tante Hilda sagte: »Wir haben so lang nicht wählen dürfen. Wir wollen die ersten freien Wahlen richtig genießen und auch die Wahlzelle benutzen.« Und als Tante Wicki dran kam, sagte sie forsch: »Gebens her den Stimmzettl, wir machen des, wie sa si g'hört!«

Das taten auch die anderen fünf Genossen, die mit ihnen gekommen waren, und sie kreuzten das »Nein« an. Doch als die Wahlergebnisse bekannt gegeben wurden, gab es in diesem Sprengel nur zwei NEIN-Stimmen, obwohl es doch mindestens sieben hätten sein müssen. Als das Gesamtergebnis bekannt gegeben wurde, »99 Prozent JA« für den Anschluss, da war den Kommunisten und allen anderen Linken in Österreich klar: »Bei dieser Wahl ist manipuliert worden!« Nur durfte man es leider nicht laut sagen. Mit dieser überwältigenden Mehrheit der Bevölkerung hatte die neue Regierung nun auch die offizielle Anerkennung für ihre Politik bekommen.

Das merkten wir auch im Waisenhaus. Wir sangen nur mehr Kriegslieder und es gab die ersten Entlassungen. Annemarie und Bela Grün, zwei jüdische, aber evangelisch getaufte, Halbwaisen, deren Vater weder Wohnung noch Arbeit hatte, mussten das Heim verlassen. Fräulein Grete, die einzige Erzieherin, die uns menschlich behandelt hatte, wurde entlassen, weil sie Halbjüdin war. Im Festsaal hing nun ein großes Hitlerbild, und statt »Küss die Hand« mussten wir »Heil Hitler« sagen.

Gleich nach der Abstimmung wurden 70.000 Antifaschisten verhaftet. Die Listen der Schutzbündler lagen ja seit den Kämpfen von 1934 in den Gefängnissen auf. Und auch Onkel Otto gehörte zu den Verhafteten der ersten Welle. Als ich im April auch vom Transport der Gefangenen nach Dachau hörte, dachte ich sofort an Konzentrationslager, die uns Genossen geschildert hatten. Ich hatte nur mehr Angst. Vor dem Waisenhaus, vor Polizisten und vor der permanenten Gefahr in der Zukunft.

Ausweglos (Ende April 1938)

Es war Ende April, als ich den Entschluss fasste, aus dem Waisenhaus wegzulaufen. Ich verließ während des sonntäglichen Gottesdienstes die Kirche mit der Begründung, dass mir schlecht sei. Dann lief ich drauf los. Zunächst von Gumpendorf nach Favoriten, danach irrte ich planlos umher, bis ich endlich den Weg zum Zentralfriedhof fand. Dort setzte ich mich ans Grab meines Vaters und Großvaters, und blieb den ganzen Tag dort sitzen. Ich dachte an die schrecklichen Zeiten, die sie erleben mussten, an ihre Armut und die vielen Entbehrungen. An ihren ständigen Kampf für ein gerechtes Leben in Frieden und Freiheit. War das alles umsonst gewesen? »Hitler bedeutet Krieg«, befürchten die Tanten, Onkel Otto ist schon verhaftet, die Tanten sind vielleicht die nächsten. Welche Zukunft habe ich in dem verhassten Waisenhaus?

Am Abend verließ ich den Friedhof und irrte in Simmering umher, bis ich mich plötzlich auf einer Eisenbahnbrücke befand. Ich wusste damals keinen anderen Ausweg, als hinunter zu springen. Aber ich zögerte doch ziemlich lange, bis ich einen Fuß auf dem Geländer hatte. Plötzlich riss mich ein Soldat zurück und rief entsetzt:

»Aber Mädchen, du wirst dir doch nicht das Leben nehmen wollen, jetzt, wo eine neue Zeit beginnt.«

Ich weiß nicht mehr, was ich mit ihm gesprochen habe. Ich erinnere mich nur, dass er sehr freundlich war und noch die Uniform des österreichischen Bundesheeres trug. Ich ließ mich jedenfalls von ihm zu den Tanten in die Buchengasse führen, wo wegen meines Verschwindens schon hellste Aufregung herrschte. Das Waisenhaus verständigte natürlich sofort Tante Rosa, die mich gegen meinen Willen zurück ins Heim brachte. Die »gütige Lieb-Mutter« hätte mich tatsächlich wieder aufgenommen, wenn ich vor allen um Verzeihung gebeten hätte. Da platzte es aus mir heraus: »Ich bin doch genau deshalb weggerannt, weil ich hier nicht mehr sein will. Und mir muss man auch nichts verzeihen, weil ich nichts Unrechtes getan hab.«

Meine Tanten holten uns zum Glück aus dem Horror-Haus und waren danach fest entschlossen, um das Sorgerecht für uns zu kämpfen. Das wollte ihre Schwester Rosa aber verhindern. Was für eine Niederlage, als »einzige Gutsituierte« der Familie die Vormundschaft zu verlieren! Beim Vormundschaftsgericht zeigte Tante Rosa ihr wahres Gesicht, das auch dem Richter nicht gefiel. Die Tanten erzählten uns, wie gemein und abfällig Rosa über ihre »unfähigen« Schwestern herzog, und in welche Gefahr sie alle damit gebracht hat. »Wie können Sie zulassen, dass die Kinder bei diesen arbeitslosen Kommunisten leben? Das ist ja kein Umgang.«

Dass die Tanten nicht sofort im Gefängnis gelandet sind, verdanken sie dem Zufall, dass der Richter kein Nazi war. Denn der ging darauf gar nicht ein, sondern erkannte, wo die Kinder Liebe und Geborgenheit finden.

Aber Tante Rosa ließ nicht locker, zählte alles auf, was sie für uns »geopfert« hätte und brachte Rechnungen vom Begräbnis, »vom Essen gar nicht zu reden«, meinte sie. Von unserem Trauergewand, von der Konfirmationsuhr und dem Konfirmationskleid. Sie verschwieg aber wohlweislich, dass mir beides nur einen Tag lang geliehen wurde.

Und wenn sie für das Gericht nicht gut genug sei als Vormund für uns Waisenkinder, dann werde sie das Geld eben zurück verlangen, das sie für uns ausgegeben habe. Die weisen Worte des Richters haben sich die Tanten gemerkt: »Sie können von unmündigen Kindern kein Geld zurück verlangen. Als Vormund und als Tante müssten Sie diese Dinge doch freiwillig und gern gemacht haben.«

Und so gelang es den Tanten, mit einer erschwindelten Arbeitsbestätigung das Sorgerecht für uns zu bekommen, und als Onkel Otto kurze Zeit später aus der Haft entlassen wurde, sprach ihm ein wohlwollender Richter sogar die Vormundschaft zu.

Nach fast zwei Jahren Waisenhaus hatten wir endlich wieder ein Zuhause.

7. In der Buchengasse (1938–1944)

Die Tanten und der »Onkel-Vormund«

Ich war 15 und Trude noch nicht ganz 12 Jahre alt, als wir zwei Waisenkinder endlich wieder ein »Elternhaus« hatten. Die kleine Wohnung in der Buchengasse 100 verdiente diesen Namen, denn hier hatten wirklich meine Eltern gewohnt, meine Großeltern und natürlich »die Tanten«. In meiner Kindheit, als es noch üblich war, auf der Straße, im Hof, oder im Park in Gruppen zu spielen, wurde beim »Fangerlspiel« ein bestimmter Ort vereinbart, ein Baum oder eine Parkbank, wo man nicht gefangen werden konnte. Dieser Ort wurde »Leo« genannt. Wenn man den »Leo« erreichte, war man in Sicherheit. Ein solcher Ort war die Buchengasse mit den Tanten. Dorthin ging man, wenn man Kummer hatte, wenn man eine Bestrafung durch Eltern oder Lehrer befürchtete, wenn man nicht mehr aus und ein wusste. Dort war auch mein »Leo«.

Nach der lieblosen Zeit im Waisenhaus wurden die Tanten für mich Vater und Mutter, Lehrmeister und Wegweiser – Heimat, im wahrsten Sinne des Wortes. Sie waren beide Hutstaffiererinnen, ein Beruf, der nur ein Jahr Lehrzeit erforderte.

Nach dem Ersten Weltkrieg waren sie in der Hutfabrik Gebrüder Böhm in der Schottenfeldgasse als Saisonarbeiterinnen beschäftigt. Durch die ständige Arbeitsunterbrechung sind sie niemals in den Genuss eines bezahlten Urlaubes gekommen. In den 1930er-Jahren, als wir zu ihnen zogen, waren sie schon lange arbeitslos.

Auf meine Frage, warum sie nie geheiratet hätten, erklärten sie mir, dass sie zuerst für die Großeltern sorgen mussten. Bis zu Großvaters Tod im Jahr 1925 gab es noch keine Altersrente, sodass Großmutter unversorgt zurückgeblieben ist. Die Tanten sorgten für sie, bis sie drei Jahre später auch starb. Als ein Jahr darauf mein Vater starb, dem die Tanten am Totenbett versprochen hatten, meiner Mutter beizustehen, war ihr weiterer Weg vorgezeichnet. Sie haben niemals darüber geklagt, dass sie keine eigene Familie hatten. Ihr Leben war ausgefüllt mit der Sorge um Trude und mich, und um alle Angehörigen, die ihre Hilfe benötigten. Und sie wurde benötigt, immer und immer wieder. Es gibt kein Mitglied unserer großen Familie, das ihnen nicht zu Dank verpflichtet gewesen wäre. Ein Dank, den ihnen freilich einige schuldig blieben.

Trude und ich waren über unseren neuen Vormund Onkel Otto überglücklich. Er war mit den Tanten schon fast immer einer Meinung gewesen, ob politisch oder in Familienangelegenheiten. Und auch jetzt in der Erziehung seiner »Mündel« waren sie eine verschworene Gemeinschaft. »Osserl, Truderl, jetz braucht's ka Aungst mehr haben, die ›Rosi-Tant‹ hat nix mehr zum Reden!«

Onkel Otto lebte zwar mit seiner Frau der »Anna-Tant« zusammen, aber so oft es ging, kam er zu uns in die Buchengasse. Nach dem gemeinsamen Mittagessen und vielen spaßigen Geschichten hielt er sein Mittagsschläfchen auf dem alten kleinen Sofa und wir lasen in unseren Büchern oder Zeitungen. Ich mochte dieses stille Beisammensein, wenn nur das beruhigende Ticken der alten Pendeluhr zu hören war.

Mit seiner Ehe hatte Onkel Otto Pech. Die hübsche aber strohdumme Anna hatte ihn durch Vortäuschen einer Schwangerschaft zur Heirat gezwungen. Doch mein politisch absolut zuverlässiger Onkel Otto war im Privatleben ein »Hallodri« und hat sich durch zahllose »Weibergeschichten« schadlos gehalten.

Gerne erzählte er uns von früher, als er am Riederberg noch seine »Kolchose« aufbaute. Als gewählter Siedlungsobmann organisierte er damals Vorträge und unternahm zur Zeit der Sozialistenprozesse 1935 und 1936 Aktionen wie die »Rote Hilfe«. Sie hatten alle miteinander nur ganz wenig, aber das teilten sie untereinander.

Durch den Anschluss und die politische Verhetzung hatte sich aber die Lage geändert. Neue Siedler kamen dazu, die sich Ziegelhäuser bauen ließen, die Nazis hatten ja Arbeit gebracht und damit auch unter den Siedlern Freunde gewonnen. Als das Gebiet dann aufgeschlossen wurde durch Kanalisation, Strom und Straßen, mussten die einzelnen Zellen neu vermessen werden. Ich erinnere mich, wie verzweifelt er über den Sinneswandel vieler seiner früheren Freunde war: »Wir haben früher net amal Zäune zwischen unsere Grundstücke g'habt, Besitzdenken, das war uns völlig fremd. Aber dann is auf einmal um jeden Zentimeter g'stritten word'n.«

Aus der »Kolchose« war ein ganz gewöhnlicher Siedlungsverband geworden, für dessen Obmannstelle Onkel Otto nicht mehr kandidierte. Er verlegte seine politische Arbeit nach Wien, wo er mit den Tanten und vielen Genossen in der Illegalität den Kampf gegen das Hitlerregime weiterführte, trotz täglicher Meldungen von neuen Verhaftungen. Aber eine Meldung traf ihn besonders: Franz Schuster, der mit ihm im Februar 1934 die Stromabschaltung im E-Werk veranlasst hatte, war gleich nach der Annexion von der Gestapo zum Tode verurteilt und hingerichtet worden.

Meine Cousinen

Nachdem ich so lange von der Familie getrennt gewesen war, freute ich mich wieder auf meine Cousinen. Treffpunkt der Familie war natürlich die Buchengasse bei den Tanten, die auch ihre anderen Nichten gerne bekochten. Die »Drei Blasiček-Madln« waren die Töchter der strengen Tante Hermine und des von mir geliebten Onkel Florian. Die Tanten mochten den »Krowotn« auch gern, obwohl er ein »Luftikus« war, der das Leben von der leichten Seite zu nehmen wusste.

Herma, meine älteste Cousine, war damals schon 26 Jahre alt und verheiratet. Die schöne Herma wurde lange Zeit von der ganzen Familie geliebt und verehrt, bis man endlich merkte, wie viel Schlauheit und Egoismus sie hinter ihrem Madonnengesicht und ihrer scheinbaren Sanftmut verbarg. Durch ihre Heirat mit einem Drogisten aus wohlhabender Familie war sie der Armut entflohen. Die beiden besaßen schon einen Mercedes, als man in Favoritens Straßen höchstens hin und wieder ein Steyr-Baby sehen konnte. Aber ihr Mann, der Ernstl, war ein gutmütiger, stets hilfsbereiter Mensch und uns allen wesentlich sympathischer als die frömmelnde Herma.

Hilda war meine Lieblingscousine, hübsch, immer freundlich und selbstlos. Sie hatte mir seinerzeit gratis mein Konfirmationskleid genäht, das mir Tante Rosa aber leider gleich nach der Feier wieder weggenommen hatte. Am meisten bewunderte ich ihre Musikalität. Mit ihr konnte ich zweistimmig singen und sie begleitete uns auf der Gitarre. Endlich wieder schöne friedliche Lieder.

Flora, die jüngste Tochter der Blasičeks, war der Schrecken meiner Kindheit. Selbst nach der Waisenhauszeit fand sie immer einen Grund, mit mir zu streiten. Aber im Gegensatz zu ihrer großen Schwester Herma kannte sie keine Falschheit. Sie sagte jedem ins Gesicht, was sie von ihm hielt. Doch ihre Aufrichtigkeit konnte oft sehr schmerzhaft sein. Tante Hilda nannte sie »eine Alraune, die uns mit ihren leuchtenden grünen Augen bis auf den Grund der Seele blickt und rücksichtslos unsere Schwächen ans Licht bringt, die wir gerne verbergen möchten«.

Aber im Grunde war sie ein herzensguter Mensch, von dem man alles haben konnte.

Tante Rosas einzige Tochter, die Käthe, hatte vor mir dieselbe Handelsschule besucht wie ich. Die arme Käthe! Sie musste danach als unbezahlte Arbeitskraft im Fleischergeschäft mitarbeiten, hatte zwar schöne Kleider, aber durfte nur selten ausgehen. Dadurch hatte sie keine Freundinnen und war ausschließlich auf die Gesellschaft der Cousinen Hilda und Flora angewiesen. Wenn sie dort gelegentlich einen Burschen kennenlernte, wurde ihr sofort der Umgang mit ihm verboten, denn »der hat es doch nur auf unser Geld abgesehen«. Obwohl Käthe die reichsten Eltern hatte, beneidete ich sie nicht. Wir mochten sie alle, denn sie war das Gegenteil ihrer Mutter: gutmütig, großzügig und bescheiden.

So unterschiedlich sie alle waren, Cousinen, Tanten, Onkel – sie waren unsere Familie. Und Trude und ich waren froh, endlich wieder dazu zu gehören.

Das letzte Schuljahr (1938/1939)

September 1938 begann mein letztes Handelsschuljahr, das ich in guter Erinnerung habe. Ich vertrug mich mit den Schülerinnen, die keine Nazis waren und schätzte meinen Direktor Pekarek, der seine humanistischen Ideale bewahren konnte.

Trude und ich genossen es, nach der Schule heim zu den Tanten zu kommen und dort mit Tante Hildas gutem Essen verwöhnt zu werden. Endlich durften wir wieder unsere Freizeit nach unserem Geschmack nutzen, ohne Verbote, ohne Strafen.

Die regelmäßigen Zusammenkünfte der Genossen in der Buchengasse gab es weiterhin. Aber weil diese illegale antifaschistische Tätigkeit extrem gefährlich war, versuchten die Tanten, uns Kinder davon fernzuhalten. Wir waren dann auch oft unterwegs, wenn in der Buchengasse die »roten« Köpfe rauchten. Aber hin und wieder interessierte mich das Thema und ich durfte dabei bleiben.

So erfuhr ich sehr viel über den Antisemitismus und die zunehmende Verrohung der Gesellschaft. Juden hatten bereits jedes Recht auf Besitz und Arbeit verloren und wurden für »vogelfrei« erklärt. Zu jeder Tages- und Nachtzeit konnten sie ohne stichhaltigen Grund ins Gefängnis geworfen werden. Seit die Nazischergen in Österreich das Sagen hatten, konnte ich selbst beobachten, wie Juden in unserer Gegend den gemeinsten Beleidigungen und Erniedrigungen ausgesetzt waren, die sich nur perverse Hirne ausdenken können. Wir erfuhren von Nachbarn, dass ganze Familien plötzlich verschwanden. »Ausgezogen!«, hieß es dann, aber keiner wusste warum und wohin.

Wir Sokopps waren zwar keine Juden, aber viele von uns sahen so aus. Vor allem die »Rosi-Tant«, diese hochmütige, gierige »Hausherrensgattin« wurde oft für eine Jüdin gehalten. Das muss für sie die größte Schande gewesen sein, wenn jemand auf sie zeigte uns sagte: »Die Wurscht hab i bei der schwoazn Jüdin am Viktor-Adler-Markt kauft, hat aber trotzdem guat g'schmeckt.«

Im Juni 1939 bekam ich mein »Abgangszeugnis«. Es unterschied sich sehr vom Halbjahreszeugnis. Ganz oben stand nicht mehr: »Kaufmännische Wirtschaftsschule des Wiener Frauen-Erwerb-Vereines«, sondern »Staatliche Wirtschaftsschule«, verziert mit der Hakenkreuzstampiglie im Reichsadler. Und am Kopf des Zeugnisses stand: »Oswalda Sokopp, 1923 zu Wien im »Deutschen Reich« geboren«. Demnach wäre ich also schon seit meiner Geburt deutsche Staatsbürgerin.

»Mein Österreich« (Ossy 1939, im Alter von 16 Jahren)

»Sei gesegnet ohne Ende
Heimaterde wundermild.
Land der arbeitlsosen Hände,
das den Hunger nicht gestillt.
Kampflos warst du aufgegeben,
Land, geteilt in Arm und Reich.
Keiner gab für dich sein Leben,
gottverlassnes Österreich.

Panzer rollen aus dem Westen
brüderlich ins Land hinein.
Denn dies soll zu deinem Besten,
soll zu deinem Glücke sein.
»Unsres Volkes Jugend werde
seinen deutschen Brüdern gleich!«
Sei versenkt nun in die Erde,
totgesagtes Österreich.

Degradiert zur »Mark im Osten«,
selbst des Namens noch beraubt,
musst du nun im »Reich« verrosten,
weil man nicht an dich geglaubt.
In dem Spiel der großen Mächte
sind sich alle Herren gleich.
Nur die ärmsten deiner Knechte
stehn zu dir, mein Österreich.

»Deutschland, Deutschland, über alles!«
klingts hinaus nun in die Welt.
»Deutschland, Deutschland, über alles!«
bis die Welt zusammenfällt.
Alle wird der Teufel holen.
Bist du nicht vor Schrecken bleich?
Erst die Tschechen, dann die Polen.
Wach doch auf, mein Österreich!

Hast der Welt so viel gegeben,
Musik – und manches Dichterwort.
Kämpf nun um dein eignes Leben,
sei für der Freiheit Licht ein Hort!
Dass die gute Heimaterde
fruchtbar und an Schönheit reich,
niemals mehr zertreten werde:
Erhebe dich, mein Österreich!«

Der letzte »friedliche« Sommer (1939)

Es war trotzdem ein herrliches Gefühl, ein »Abgangszeugnis« zu besitzen. Nie mehr zurück auf die Schulbank, nie mehr Tests und Prüfungen, endlich arbeiten und Geld verdienen! Vorher wollte ich aber noch den Sommer mit den Tanten genießen, von dem wir noch nicht ahnten, dass es für lange Zeit der letzte Sommer in Frieden sein würde.

Es war irgendwann im Juli 1939, als wir gemeinsam in die Lobau fuhren, um die »Resi-Tant« zu besuchen. Diese alte Tante der Tanten kannte ich nur aus Onkel Ottos Erzählungen aus dem 1934er-Jahr. Sie war es, die ihn damals vor der Polizei versteckt und ihm somit das Leben gerettet hatte.

Die kleine Frau mit dem struppigen Grauhaar, das sie vergeblich mit einem roten Stirnband zu bändigen versuchte, imponierte mir mächtig. Sie konnte so lebhaft erzählen, dass sie mir gar nicht mehr wie eine uralte Frau erschien. Als sie uns mit ihrer Zille zu ihrer Insel ruderte, sagte sie:

»Ah, du bist das Töchterl vom Gobi, das war ein feiner Mann. Schad, dass er so früh hat sterben müssen.«

Das Häuschen auf der Insel war wirklich ganz primitiv, und den wackeligen Tisch davor konnte man sich kaum als Verkaufspult vorstellen.

»In dieser zugigen Hüttn hat der Otto im 34-er Jahr sicher schrecklich g'foren«, erinnerte sie sich. »Ich hab ihm mit a paar Pferdekotzen ein Bett g'macht und ihm von z'Haus an Polster, a Tuchent und an Petroleumofen bracht. Brot, Schmalz und schwarz'n Kaffee hat er immer g'nug g'habt, aber warmes Essen hab ich ihm mit der Zille nur bringen können, wenn die Alte Donau eisfrei war. Aber er hat's überstanden, und des is die Hauptsach. Bis zum Anschluss hab i dann oft eure Buben vom kommunistischen Jugendverband a bisserl betreut. Die haben nämlich da ganz in der Näh ihre heimlichen Zusammenkünfte g'habt, und haben sich manchmal a Schmalzbrot bei mir kauft. Und wenn sie net kommen san, hab ich ihnen a paar Wurstsemmeln bracht. I hab ja g'wusst, dass die sicher an Hunger haben, aber ka Geld. ›Resi-Tant‹, habn's g'sagt, ›wenn wir Arbeit krieg'n, dann zahl'n wir alles z'rück. Schreibst halt alles auf!‹ Aber i hab nix aufg'schriebn, sondern a Angst hab i g'habt um sie. ›Müssts ihr denn unbedingt eure Fahne mitbringen?‹, hab i sie g'frogt, ›des is doch leichtsinnig! Sichel und Hammer könnts doch in eurem Herzn trag'n‹. Und einmal is wirklich einer von die Bubn zu mir kommen und hat g'frogt, was er mir schuldig is, er hat nämlich Arbeit am Bau kriegt. ›Aber Bua‹, hab i zu ihm g'sagt, ›behalt dir die paar Netsch, du wirst sicher größere Löcher zum Stopfen haben‹.«

Nach dem Sommer trat ich meinen ersten Arbeitsdienst an. Im Postfuhramt in der Linken Bahngasse im dritten Bezirk war ich der Abteilung »Lohnverrechnung« zugeteilt.

Der 1. September 1939 war mein erster Arbeitstag.

Am 1. September 1939 begann der Zweite Weltkrieg.

Deutsche Reichspost (1939)

Als ich die Handelsschule abgeschlossen hatte, waren die Tanten immer noch arbeitslos. Tante Wicki war sogar schon ausgesteuert. Es erschien uns daher wie eine Errettung aus höchster Not, dass meine Bewerbung um Anstellung bei der Deutschen Reichspost erfolgreich war.

Die Prüfungen in Mathematik, Deutsch und Geografie, die ich in der Postdirektion ablegen musste, hatte ich wohl bestanden, doch damit waren noch nicht alle Aufnahmebedingungen erfüllt. Es wurde noch ein Nachweis meiner Mitgliedschaft beim »Bund deutscher Mädchen« verlangt.

Ich hatte schlaflose Nächte. Was sollte ich tun? Die Tanten hatten nichts mehr, das man hätte versetzen können. Die Milchfrau hatte schon die Klage eingereicht, weil wir unsere Schulden nicht bezahlen konnten. Wenn an der Tür geklopft wurde, verhielten wir uns ganz still, denn es hätte ja der Inkassant der Nähmaschinenfabrik sein können, um die fälligen Raten einzutreiben. Dabei war die Nähmaschine auch bereits im Pfandhaus.

Doch die größte Angst hatten wir vor der Fürsorgerin, die uns im Auftrag des Vormundschaftsgerichtes von Zeit zu Zeit aufsuchte. Sie hatte zu überprüfen, ob die Tanten auch tatsächlich in der Lage wären, das schwer erkämpfte Sorgerecht für Trude und mich auszuüben. Ich wollte mein Zuhause nicht wieder verlieren.

Und da war die Hitler-Jugend, die ich immer wieder mit Fanfaren durch die Straßen marschieren sah. Beim Anhören ihrer Lieder packte mich das Grauen: »Denn wenn das Judenblut vom Messer spritzt, dann geht's noch mal so gut!«

Als ich es endlich wagte, mit Tante Hilda über meine Gewissensnot zu sprechen, wusste sie Rat:

»Die Stupsi is doch im Auftrag vom Kommunistischen Jugendverband in der Bezirksleitung vom BdM. Ihre Eltern san Genossen. Die Stupsi muss uns helfen.«

Und Stupsi half. Sie stellte eine Bestätigung aus, wonach ich um Mitgliedschaft beim BdM angesucht hätte und in Kürze meine Mitgliedskarte erhalten würde.

Das Papier brannte mir in den Fingern. »Oswalda Sokopp hat um Aufnahme in den Bund deutscher Mädchen angesucht«, stand da über der Stampiglie mit dem Hakenkreuz. Oswalda Sokopp, Tochter des Sozialisten Jakob Sokopp, Enkelin des Vorkämpfers der sozialistischen Gewerkschaftsbewegung, hat um Mitgliedschaft in einer faschistischen Organisation angesucht! »Muss ich wirklich in die Gruppe gehn?«, fragte ich die Tante verzweifelt.

»Jetzt haben wir einmal die Bestätigung«, beruhigte sie mich, »und dann werden wir weiterseh'n. Und wenns net anders geht, denk an den Großvater. Den hat 1880 auch sein Gewissen gedrückt, wie er aus seiner Gewerkschaft hat austreten müssen, damit er a Arbeit kriegt. Seine Familie hat bereits am Hungertuch genagt, und er is schon auf der »schwoazn Listen« der Unternehmer g'standen. Die Austrittspapiere waren Bedingung, dass er arbeiten darf. Also hat er sie ausstellen lassen, er is sich damals wie ein Verräter vorgekommen, aber er war kaner.«

Am 1. September 1939 trat ich meinen Dienst als Lohnverrechnerin im Postfuhramt an. Das BdM-Ansuchen genügte, ich schaffte es, niemals Mitglied zu werden.

Die »Braunen Cousins« (1939)

Innerhalb kürzester Zeit veränderte sich das Straßenbild Wiens. Überall sah man Uniformen, Polizei, SS, SA und Soldaten in ihrer Wehrmachtsuniform, mit dem Einrückungsbefehl in der Tasche. Ungewohnt waren auch die vielen Frauen, die zur Arbeit hetzten. Sie mussten ja die Werktätigkeit der eingezogenen Männer übernehmen.

Nicht nur ich hatte einen Arbeitsplatz, sondern auch die Tanten. Sie arbeiteten als Schaffnerinnen bei der Straßenbahn und konnten dadurch endlich wieder mit einem fixen Monatsgehalt rechnen. Da sich in fast allen größeren Betrieben antifaschistische Zellen bildeten, gehörten die Tanten bald der Widerstandsgruppe im Bahnhof Favoriten an.

Die Wohnung in der Buchengasse blieb aber weiterhin Versammlungsort. Dort wurden Nachrichten ausländischer Sender ausgetauscht, illegale Literatur vertrieben und Geld für die Angehörigen der Inhaftierten und Justifizierten gesammelt. Alle wussten, wie gefährlich diese Tätigkeit war, aber in diesen Kreisen überwogen Hilfsbereitschaft und Solidarität.

Sogar meine Schwester, die damals noch ein Schulmädel war, trug oft die Unterstützungsgelder in ihrer Schultasche aus, weil das weniger auffiel. Sie zog zwar unbekümmert los, aber wir daheim warteten voll Angst auf ihre Rückkehr.

Mittlerweile waren Schnüffelei und Spitzelei keine Untugenden mehr, ganz im Gegenteil. Wenn man dazu beitragen konnte, sogenannte »Aufwiegler« zu überführen, gab es Lob und Anerkennung. Daher wurden wir angehalten, nichts Persönliches auszuplaudern, weder in der Schule noch am Arbeitsplatz.

Auch im Haus der Tanten war man vorsichtig. Besonders gefährlich war der Mieter im zweiten Stock, namens Alfons Zaplatzki. Der begann seine verbrecherische Laufbahn bereits im Jahr 1919, als er Großvaters gesamte Ersparnisse aus unserer Wohnung stahl. Großvater hatte ihn damals nicht angezeigt, weil ihm die Beweise fehlten. Die Tanten mieden ihn aber seither. Ich lernte ihn kennen, als er 1938 in brauner Uniform mit der Legion aus Deutschland zurückkam. Er besaß bereits das »Goldene Parteiabzeichen« und hatte eine niedrige Mitgliedsnummer der NSDAP.

Aber auch in unserer Familie gab es »braune Brüder«, meine beiden Cousins.

Von Onkel Roberts Söhnen, die in einer deutschsprachigen Insel in der Slowakei lebten, war nur einer ein Kommunist geworden, mein liebster Cousin Bertl, der Held meiner Kindheit. 1934 starb er an Tuberkulose, übrig blieben seine Brüder Willi und Otto, die sich aber zum Nationalsozialismus bekannten. Willi war Mitglied der Waffen-SS und der sehr kleingewachsene Otto einfaches Mitglied der NSDAP.

Trotzdem nahmen meine guten Tanten ihren Neffen, den »kleinen Otto« bei sich auf, als er nach Wien kam. Er bekam das Kabinett, und Onkel Otto verschaffte ihm einen Posten im Rathaus. Leider war der »kleine Otto« nicht so vorsichtig wie wir, sondern »goschert«, wie man damals sagte. Bei einer Diskussion zwischen den Beamten gab er damit an, richtige Nazigegner zu kennen. Die harten Nazis unter seinen Kollegen brauchten nicht lange, um das Geheimnis zu lüften. Die Tanten wurden vorgeladen und über ihre verbotene Tätigkeit ausgefragt. Wie damals beim Vormundschaftsgericht trafen sie auch diesmal auf einen verständnisvollen Richter, der sie nur warnte, in Zukunft beim Reden vorsichtiger zu sein.

Sechs Monate Reichsarbeitsdienst (1941/1942)

Tante Hilda war gewarnt. Sie versteckte ihre verräterischen Unterlagen immer woanders. Aber in der obersten Schublade ihres Trumeaukastens bewahrte sie das »Kapital« von Karl Marx auf. Es war mit der Buchhülle von Hitlers »Mein Kampf« getarnt. Doch ich erinnere mich nicht, dass sie es jemals als Unterrichtsmittel verwendet hätte. Wahrscheinlich hat sie es selbst niemals gelesen. Ihre Unterrichtsmethode bestand einfach in der Weitergabe ihrer Erfahrungen und der Erfahrungen meines Großvaters. Auf diese Weise habe ich die Geschichte der österreichischen Arbeiterbewegung kennengelernt, noch lange bevor ich sie viel später in gedruckter Form lesen konnte.

Ich war schon ziemlich überzeugt vom Sozialismus, als ich 1939, im Alter von 16 Jahren, dem kommunistischen Jugendverband beitrat und an deren heimlichen Treffen teilnahm. Ich musste sehr vorsichtig sein, denn im Rahmen meiner Dienstverpflichtung arbeitete ich die nächsten zwei Jahre in der Luftschutzausrüstungfirma Adolf Rotter und Co in der Wasagasse im neunten Bezirk.

Im Oktober 1941 musste ich zum »Reichsarbeitsdienst einrücken«, und für sechs Monate die behütete Buchengasse verlassen. Als ich erfuhr, dass ich in ein Lager nach Thüringen kommen sollte, freute ich mich darauf, endlich ein Stück von der großen, weiten Welt zu sehen, die ich bis dahin nur aus dem Schulatlas kannte.

Ich wurde dort einer jungen Bäuerin zugeteilt, deren Mann zur Wehrmacht eingezogen war. Den ganzen Tag arbeitete ich mit anderen Mädchen auf den Feldern und abends tat mir von der ungewohnten Arbeit der Rücken weh. Aber ich freute mich dennoch immer auf den nächsten Tag wegen des fantastischen Mittagessens, das ich auf diesem Bauernhof erhielt. Jeden Tag Fleisch und Kuchen und Obst so viel ich wollte. Diese Dinge hatte es ja zu Hause nur selten gegeben, denn die Lebensmittel waren schon zu Beginn des Krieges rationiert worden.

Und nach der Arbeit im Lager ging es meist sehr lustig zu, im Kreis von fünfzig Mädchen aus allen Teilen des »Reiches«. Es wurde viel gesungen, vor allem Schlager und Volkslieder, die wohl dem NS-Kulturbegriff angepasst waren, aber nicht direkt die Nazi-Ideologie verherrlichten.

Die Kölnerin Inge hatte eine tiefe, klangvolle Stimme und zu Beginn jeder Heimstunde wurde sie gebeten, Zarah Leander zu imitieren. Und dann lauschte selbst die Lagerführerin ergriffen:

»Es ist ja ganz gleich, wen wir lieben, und wer uns das Herz einmal bricht. Wir werden vom Schicksal getrieben, das Ende heißt immer Verzicht.«

Sehr häufig wurden auch wir »Ostmärkerinnen« gebeten, etwas vorzutragen. Wir waren drei Wienerinnen, aber auch Mitzi aus Iglau wurde zu den Ostmärkerinnen gezählt. Wir sangen dann unsere schmalzigen Wienerlieder, die mir damals gar nicht so schmalzig vorkamen:

»Mei Muaterl war a Weanerin« oder »Wienerwald, Wienerwald, zaubrischer Klang...«

Und Mitzi sehnte sich nach dem »Böhmerwald, wo ihre Wiege stand«, und wir sehnten uns zweistimmig mit ihr.

Einmal wöchentlich hatten wir eine sogenannte »politische Stunde« mit einem Vortrag der Führerin. Doch da sie mit dem Teuteburger Wald im Jahre neun begann, war das zunächst nicht schlimm. Ich hatte zwar in der Schule gelernt, dass Varus von »Arminius dem Cherusker« besiegt wurde, der jetzt plötzlich »Hermann der Germane« hieß. Aber da mir die alten Römer ohnehin nicht sympathisch waren, war es mir egal, welchen Namen man dem Sieger gab.

Abends im Schlafsaal wurde es besonders interessant. Da lasen die Mädchen die Feldpostbriefe ihrer Liebsten vor, bei welchen es sich meist nur um »unbekannte Soldaten« handelte, die sich über die NS-Frauenschaft Post aus der Heimat erbeten hatten. Manche Soldaten hatten Fotos an ihre unbekannten Brieffreundinnen geschickt, und diese Fotos wurden dann von den Mädchen auf der Innenseite der Spindtür angebracht. Annes Spindtür wirkte wie eine Galerie, denn sie korrespondierte mit der halben Armee.

In der Früh marschierte ich immer echt fröhlich in meinem kornblumenblauen Arbeitskleid und dem roten Kopftuch aufs Feld, ohne zu bedenken, dass ich mit meiner Arbeit einem Soldaten ermöglichte, auf ein ganz anderes Feld zu ziehen. Ich war zwar nicht freiwillig hier, aber betrachtete den Aufenthalt im Arbeitsdienstlager doch als willkommene Abwechslung.

Es war eine strenggläubige Katholikin, die mich wieder an mein politisches Gewissen erinnerte. Ria kam aus Dülken im Rheinland, und als wir beide mit Erkältung im Krankenzimmer lagen, kamen wir ins Gespräch. Auf meine Frage, ob sie eigentlich stolz darauf ist, dass Deutschland immer größer wird, antwortete sie: »Meine Heimat ist die Kirche, mein Führer ist Christus, und mein oberstes Gebot: Liebe deinen

Nächsten wie dich selbst«. Das war zwar keine direkte Antwort, aber ich spürte, sie hatte Grundsätze, denen sie treu geblieben war. Während jener drei Tage, die wir gemeinsam im Krankenzimmer verbrachten, diskutierten wir viel miteinander und ich verriet ihr sogar meine Sympathien für den Sozialismus. Ria war keinesfalls entsetzt. Sie verglich sogar diese Gesellschaftsform mit dem Urchristentum. »Jesus und seine Jünger waren auch besitzlos. Wer sich ihm anschließen wollte, musste seinen Besitz verkaufen und den Erlös den Armen geben. Selig sind die Armen, denn sie werden lachen. Aber wehe ihr Reichen, ihr werdet weinen und heulen!«

Ich vertrat die sozialistische These, dass das gemeinsam Erarbeitete auch gemeinsames Eigentum sein solle. Und auch da stimmte mir Ria zu: »Eher geht ein Kamel durch ein Nadelöhr als ein Reicher in das Reich Gottes.« Und es störte sie auch nicht, dass mir das Reich Gottes weniger wichtig war als die Lage der Menschen auf der Erde. »An den Taten sollt ihr sie erkennen«, wusste sie mit einem Bibelzitat zu antworten. Wir wurden Freundinnen. Und später haben wir sogar gemeinsam ein Gedicht verfasst:

»Springe, blaue Arbeitsmagd!
Springe, blaue Arbeitsmagd!
Lass nicht das Feld verderben!
Der Bauer, der sich hier geplagt, wird durch dich frei zum Sterben.
Bring die Ernte ein! Zum Lohn stirbt er mit frohem Mute.
Dein Kopftuch, leuchtend wie der Mohn, ist rot von seinem Blute.

Meld in der Fabrik dich an, zum Schmieden der Gewehre,
damit dein Bruder fallen kann, auf dem Felde der Ehre.
Schmiede Waffen, führ den Pflug! Schenk dem Führer schöne
Kinder für den Leichenzug: treue, deutsche Söhne.«

In den »politischen Stunden« im Arbeitsdienstlager waren zwar keine Diskussionen vorgesehen, aber Fragen erlaubt. Ich fragte die Führerin, warum wir vom »Volk ohne Raum« sprechen, wo doch die eroberten Räume alle schon bevölkert sind. Da erklärte sie, den Raum würden wir uns durch die Rückeroberung der Kolonien holen und dabei diesen Völkern die deutsche Kultur bringen.

Und als sie auf die Rassenfrage zu sprechen kam, fragte ich provokant, warum wir eigentlich gegen die Juden sind. Da antwortete sie schon aufgeregter: »Aber Ossy, das musst du doch als Deutsche fühlen!«

»Verzeihung,« tat ich scheinheilig, »als Deutsche bin ich erst drei Jahre alt.« Nach der Stunde rief sie mich in die Kanzlei und stellte fest, dass ich als Österreicherin noch einiges lernen müsse, um ihre Weltanschauung zu begreifen. Und dann bat sie mich solche provokante Fragen »in meinem Interesse« zu unterlassen.

Zu Weihnachten durfte ich zwar nach Hause, aber danach fiel mir das Zurückkehren ins Arbeitslager sehr schwer. Ich überzog daher meinen Urlaub um einige Tage und hoffte, eine ärztliche Krankenbestätigung zu bekommen. Doch der Kassenarzt meiner Tanten war ein NS-Parteigenosse. Seine Diagnose lautete: »Leichte Bauchschmerzen«, und das würde der Lagerführerin in Thüringen wohl nicht genügen.

Daher simulierte ich auf der Bahnfahrt zurück ins Lager einen Ohnmachtsanfall, um in das Rot-Kreuz-Zugabteil gebracht zu werden. Dort schluckte ich einige Schlaftabletten, die mir Tante Hilda mitgegeben hatte, und schlief noch tief und fest, als ich eigentlich aussteigen sollte. Ein Sanitäter las die Adresse auf meinem Urlaubsschein und rief im Lager an, dass am Bahnhof eine ohnmächtige Arbeitsmaid abzuholen sei. Ich erwachte im Krankenzimmer des Lagers und begann wieder über heftige Bauchschmerzen zu klagen. Da brachte mich Fräulein Euen nach Halle ins Spital, wo mich ein Arzt oberflächlich untersuchte. Er hat mich wohl durchschaut, deshalb bekam ich es mit der Angst zu tun, als er Fräulein Euen in die Ordination rufen ließ. Doch zu meiner größten Überraschung erklärte er ihr: »Die Patientin leidet an einer chronischen Eierstockentzündung. Ich empfehle, sie nur für den Leichtdienst im Haus einzusetzen.«

Ich hatte nie so ein Leiden gehabt. Der Arzt hatte mich auch weder gynäkologisch untersucht noch über frühere Beschwerden ausgefragt. Er muss wohl ein Antifaschist gewesen sein Den Rest meines Reichsarbeitsdienstes verbrachte ich in der Nähstube.

Die deutsche Armee im Vormarsch (1942)

Als ich im April 1942 aus dem Arbeitsdienst zurückkam, war die deutsche Armee an allen Fronten im Vormarsch. Diese Zeit habe ich in schrecklichster Erinnerung. Durch die vielen Siege herrschte in der Bevölkerung eine unglaubliche Begeisterung. Eine Sondermeldung jagte die andere, man konnte sich ihnen nicht entziehen, sie dröhnten aus jedem offenen Fenster. Das Kinopublikum jubelte während der Wochenschauen. Das Siegen schien den Menschen ungeheuren Spaß zu machen, und sie wurden völlig unzugänglich für antifaschistische Parolen.

Selbst ehemalige Skeptiker ließen sich mitreißen. Der Nachbar, der früher die besten Göring- oder Göbbelswitze erzählt hatte, hörte sich nun alle Reden dieser NS-Bonzen im Radio an. Der Kollege am Arbeitsplatz brachte plötzlich den »Völkischen Beobachter« zur Arbeit mit, um in den Pausen laut die Siegesmeldungen vorzulesen. Antifaschisten mussten sich nun sogar vor Freunden und guten Bekannten in Acht nehmen. Nicht wenige Widerstandskämpfer wurden in dieser Zeit von Leuten denunziert, die sie noch vor Kurzem für Gleichgesinnte gehalten hatten. Schon eine harmlose Äußerung konnte zum Verhängnis werden. Ich erinnere mich an einen Bürokollegen, der eines Morgens vor der Landkarte stand und vor sich her murmelte: »Mein Gott, dieses riesige Russland...«, woraufhin ihn ein anderer Kollege anbrüllte: »Jeder Zweifel am deutschen Sieg ist Hochverrat!«

Meine beiden Tanten arbeiteten immer noch als Straßenbahnschaffnerinnen. Der Dienst war sehr anstrengend. Die Wagen waren immer überfüllt und wegen Personalmangels gab es natürlich auch keinen Achtstundentag. Oft begannen sie ihren Dienst um fünf Uhr morgens, kamen dann um zehn Uhr zu einem sogenannten »Unterbrecher« nach Hause, um dann am Nachmittag weiter bis zum späten Abend zu arbeiten. Eines Tages kam Tante Hilda ganz aufgeregt nach Hause und erzählte:

»Heut bin i fast hochgangen. I bin die Linie 6 g'fahrn. Auf der letzten Tour war der Wagen bummvoll und i war schon ziemlich erschöpft. Da sagt plötzlich a Soldat in barschen, preußischen Ton zu mir: ›He, Schaffnerin! Ich möchte zum Westbahnhof!‹ ›Bitte sehr‹, sag ich höflich drauf, ›ich hab nix dagegen‹. Da springt auf einmal so eine Fuchtel auf und schreit: ›Anhalten! Polizei! Die Frau hat einen Frontsoldaten beleidigt!‹

Draufhin san auch andre Fahrgäst auf mich losgangen. Es war ein richtiger Tumult im Wagen, bis einer die Halteglocken zogen hat. Der Fahrer is natürlich in mein Wagen kommen, nachschau'n, was da passiert ist. Da hat die Kanaille wieder g'schrien: ›Rufen Sie die Polizei! Die Frau muss verhaftet werden!‹ Hinter uns is scho die nächste Tramway g'standen. Und wie der Fahrer, es war eh ein Genosse, endlich mitkriegt hat, um was es geht, hat er die Leut ang'schrien: ›Verursachen Sie keine Verkehrsstockung, wir fahren weiter.‹

Die Hysterische, die zuerst nach der Polizei grufen hat, is mit alle Leut bei der Endstation ausg'stiegen und hat am Westbahnhof gleich an Polzisten g'sucht. Da hat der Fahrer schnell die Schleife zog'n, und ist einfach zurückg'fahrn.«

Maturaschule – Rudi Karlin (1942–1944)

Ab September 1942 besuchten Trude und ich abends zwischen 19 und 22 Uhr die zweijährige Maturaschule in der Hörlgasse im neunten Bezirk. Der Lehrstoff entsprach offiziell der Oberstufe eines Realgymnasiums mit zwei Jahren Lateinunterricht. Aber die faschistische Ideologie ließ vieles nicht zu, was heute fixer Bestandteil des Lehrplanes ist. Psychologie und Philosophie gab es überhaupt nicht. In der Literatur wurden uns natürlich alle jüdischen Autoren unterschlagen. Etwa 4000 Buchtitel waren ja schon 1933 der Bücherverbrennung in Deutschland zum Opfer gefallen. In Geschichte wurden wir nur gezielt auf die Maturafragen vorbereitet, wie die Schlacht im Teuteburger Wald, die Vereinigung der deutschen Stämme zum deutschen Reich durch Bismarck und der sogenannte »Schandvertrag« von Versailles. Von keiner Prüfungskommission wurden Fragen über Maria Theresia oder Josef II. erwartet.

In der Maturaschule lernte ich meine erste große Liebe kennen, Rudi Karlin. Er war mir aufgefallen, als wir uns in einer der ersten Biologiestunden mit Rassenkunde beschäftigten. Der Professor, ein bekennender Nationalsozialist, übertraf mit seinem Vortrag das völlig unwissenschaftliche Skriptum mit der Dreiteilung der Menschheit in »Schwarze, Weiße und Gelbe Rassen«. Die nationalsozialistischen Rassengesetze erklärte er uns hingegen genau nach dem Skriptum. Nach dem »Blutschandegesetz« war die Eheschließung von Juden mit Angehörigen »deutschen oder artverwandten Blutes« verboten. Die verbotswidrige Eheschließung wurde als »Rassenverrat« und Geschlechtsverkehr als »Rassenschande« bezeichnet.

Doch unser Professor ging noch weit darüber hinaus. Er unterteilte auch die Arier in verschiedene Rassen, wie dinarische, baltische, ostische oder nordische Rasse. Und die bewertete er recht unterschiedlich.

Die Merkmale der »ostischen Rasse« beschrieb er ungefähr folgendermaßen: »Klein von Wuchs, von gedrungener Gestalt, mit niedriger Stirn, breiten Backenknochen und tief liegenden Augen.« Bei den charakterlichen Merkmalen erwähnte er unter anderem:

»Hinterlistig und verschlagen, schwerfällig und derb, von geringer Intelligenz.« Dann sah er sich in der Klasse um, und als sein Blick auf mich fiel, sagte er: »Diese junge Dame entspricht in ihrem Äußeren ungefähr der ostischen Rasse.«

Leider ließ mich die Meinung dieses idiotischen Nazi nicht kalt, mein Gesicht brannte wie Feuer und ich konnte dem weiteren Unterricht kaum mehr folgen.

Erst als er die »Nordische Rasse« beschrieb, horchte ich wieder auf: »Groß, schlank, blond, blauäugig, intelligent, sportlich, mutig, verlässlich und treu.« Und wieder suchte er in der Klasse nach einem Prototyp. Dann rief er: »Sie da hinten in der letzten Bank, stehen Sie bitte auf!«

Da erhob sich Rudi Karlin und brüllte: »Ich bin Slowene!« Das Gelächter, das nun in der Klasse ausbrach, war dem Professor sichtlich peinlich, er stammelte etwas von Rassenvermischung, und dass sich die Grenzen nicht so genau ziehen ließen.

Als ich nach der Schule zur Straßenbahn eilte, holte mich Rudi ein und sagte:

»Dein ›ostisches‹ Aussehen ist mir schon am ersten Schultag angenehm aufgefallen. Du siehst meiner Schwester sehr ähnlich.«

»Du brauchst mich nicht zu trösten«, antwortete ich ihm. »Ich schäme mich meiner tschechischen Abstammung nicht. Aber ich werde nicht mehr zur Schule gehen. Dieser Unsinn ist mir die 25 Mark Schulgeld im Monat nicht wert. Das ist ein Viertel meines Gehaltes.«

»Nicht aufgeben!«, meinte er, »Den Unterricht in Latein, Englisch, Mathematik, Physik und Chemie können sie nicht verfälschen. Und selbst das, was sie uns in Geschichte, Literatur und Biologie lehren, werden wir uns gut zu merken haben, damit wir später einmal Zeugnis darüber ablegen können.«

»Später einmal« hatte er gesagt, und dass er an ein »später« glaubte, war ausschlaggebend für unsere weitere Beziehung, die bald zu Liebe wurde. Einer Liebe, die sich durch unsere gemeinsame Weltanschauung vertiefte.

Ich habe in den beiden Jahren mit Rudi mehr Angst als Glück empfunden. Angst um Tante Wicki, die den Mund nicht halten konnte und ständig Auseinandersetzungen mit ihren Vorgesetzten bei der Straßenbahn und häufig auch mit den Fahrgästen hatte. Angst um Tante Hilda, die nicht nur in der Widerstandsgruppe des Bahnhofs, sondern auch in der illegalen Zelle unseres Wohngebietes tätig war, und Angst um Rudi, der am gefährlichsten von uns allen lebte. Sein Besuch der Maturaschule diente nämlich nur zur Tarnung seiner illegalen Tätigkeit im Rahmen der jugoslawischen Widerstandsbewegung, über die er mich allerdings nie genau informierte. Nicht aus Misstrauen mir gegenüber, sondern um mich nicht unnötig zu belasten.

Jedes Mal, wenn er über das Wochenende zu seinen Verbindungsleuten nach Klagenfurt oder nach Maribor fuhr, wartete ich angstvoll auf seine Rückkehr. Obwohl wir uns jeden Tag in der Schule trafen, rief mich Rudi täglich im Büro an.

»Sollte mein Anruf einmal ausbleiben«, warnte er mich, »und sollte ich auch nicht zur Schule kommen, dann darfst du mich auf keinen Fall suchen, weder telefonisch in meiner Firma noch durch einen Besuch in meinem Untermietzimmer. Und wenn man dich meinetwegen zur Polizei oder zur Gestapo holt, sagst du, dass wir uns zerstritten haben, und dass du keinerlei Kontakt zu mir hast.«

»Die Nachkommenden« (Ossy 1941, im Alter von 18 Jahren)

»Die nach uns kommen werden uns einst fragen:
Wie ertrugt ihr denn im deutschen Lande,
duldend jene Schmach und Schande,
dass zertreten ward die Menschenwürde?
Wie ertrugt ihr diese Bürde,
ohne ihnen ins Gesicht zu schlagen?

Die nach uns kommen, werden sich erdreisten,
abzutun die Qual, die wir empfunden
in den endlos langen Stunden,
unter ihren Foltern ächzend,
anbefohl'ne Lieder krächzend,
ohne ihnen Widerstand zu leisten.

Die nach uns kommen, werden nicht verzeihen,
dass wir krampfhaft unsre Fäuste ballten,
die Nägel in das Fleisch uns krallten.
Dass wir in tatenlosem Schweigen,
ohnmächtig unsre Wut zu zeigen,
nicht versuchten, selbst uns zu befreien.

Die nach uns kommen, nennen uns Verräter.
Denn es ist in unsrer Macht gelegen,
die Welt nach vorwärts zu bewegen.
Sonst würden, wie zur Zeit der Pharaonen
wir immer noch als Sklaven fronen.
Sind schwächer wir als unsre Väter?

Die nach uns kommen, kämen ganz vergebens,
wenn wir nicht Vorbild für sie werden.
Erst dann wird Frieden sein auf Erden,
wenn wir die braune Pest vernichten,
den Grundstein einer Welt errichten,
in der die Freiheit wird zum Sinn des Lebens.

Die nach uns kommen, werden an uns denken
an Feiertagen, wenn die Fahnen wehen.
Wir müssen ihren Weg bereiten,
in eine bessre Zukunft sie geleiten
und ihnen Zuversicht und Hoffnung schenken.«

Schreckliche Nachrichten (1943)

Am 8. Dezember 1942 kam ich wie gewöhnlich um halb elf von der Maturaschule nach Hause. Tante Hilda war noch wach und überbrachte mir eine Hiobsbotschaft:

»Bei uns ist was Schreckliches passiert. Onkel Otto ist von der Gestapo abgeholt worden. Wahrscheinlich wegen der gefälschten Lebensmittelkarten.«

Onkel Otto war nämlich als Gemeindebediensteter in einer »Kartenstelle« beschäftigt, einem Amt, in dem Lebensmittelkarten und Bezugscheine für Kleider und Schuhe ausgegeben wurden. Durch irgendeine Manipulation war es ihm gelungen, die jüdische Familie Scheu mit Lebensmittelkarten zu versorgen. Herr Scheu war Jude, die Frau Arierin und die Tochter galt als Halbjüdin. Ohne Onkel Ottos Hilfe hätte also die ganze Familie mit einer einzigen Lebensmittelkarte auskommen müssen. (Von da an musste sie es leider auch.) Ich musste mich am nächsten Tag im Büro krank melden und sofort die Familie Scheu aufsuchen, noch bevor sie in Onkel Ottos Dienststelle ging, um ihre Lebensmittelkarten abzuholen.

Seine Verhaftung war zwar, wie wir später erfuhren, aus einem anderen Grund erfolgt, doch im Zuge der sehr gründlichen Untersuchung seines Falles hat man auch die Veruntreuung im Amt entdeckt. Die Familie Scheu blieb jedoch unbehelligt, denn Onkel Otto gab an, dass er die fehlenden Lebensmittelkarten für sich selbst entwendet hatte.

Er verbrachte sechs Wochen in dem berüchtigten Gestapohaus am Morzinplatz und wurde danach bis zur Verhandlung vor den Senat 8 in das Landesgericht überstellt. Dort durfte ich ihn einmal besuchen, unter dem Vorwand, dass ich seine Unterschrift als Vormund benötige. Ich hätte ihn beinahe nicht wiedererkannt. Obwohl ich nur durch ein engmaschiges Gitter mit ihm sprechen konnte, waren die Spuren der Gestapobehandlung deutlich erkennbar.

Tante Hilda versuchte vergeblich, Onkel Otto in Stein an der Donau zu besuchen. Aber es gelang ihr zumindest herauszufinden, in welchem Steinbruch er arbeitete. Sie fuhr hin und bestach die Wächter, um wenige Minuten mit ihrem Bruder zusammenzutreffen und ihm etwas zu essen zu bringen. Manchmal kam sie ganz verzweifelt von diesen Ausflügen zurück, wenn ihr die Begegnung nicht gelungen war, denn die Forderungen der Wächter waren ziemlich hoch. Die Tanten hatten durch die jahrelange Arbeitslosigkeit weder Ersparnisse noch Wertsachen. Doch Tante Hilda machte alles zu Geld, was sie nur entbehren konnte: Bettwäsche, Kleider und sogar Möbelstücke. Das Kapital von Karl Marx, das sie im Trumeaukasten versteckt hatte, verbrannte sie jetzt allerdings. Onkel Otto wurde schließlich wegen »Vorbereitung zum Hochverrat« angeklagt und zu jahrelangem Zuchthaus verurteilt.

Einige Zeit später kam die nächste schreckliche Nachricht, dass auch Hans Sokopp, der jüngste Cousin meines Vaters, von der Gestapo verhaftet wurde. Da er nur zehn Jahre älter als ich war, hatte ich ihn weniger als Onkel, sondern eher als Cousin betrachtet. Hans hatte selbst bereits einen kleinen Sohn und war erst 29 Jahre alt, als man ihn des Hochverrats anklagte. Einige Zeit saß er sogar mit Onkel Otto in derselben Zelle. Da Hans aber die Todesstrafe drohte, wurde er verlegt.

Sabotage im Widerstand (1943–1944)

Zu der Zeit war ich bei den Vereinigten Wiener Metallwerken dienstverpflichtet. Ich arbeitete im Planungsbüro in der Reichsratstraße. Die Firma, ein äußerst kriegswichtiger Betrieb, stellte damals Zylinderköpfe für Flugmotoren her. Durch meinen Umgang mit Widerstandskämpfern fand ich bald heraus, dass mein unmittelbarer Vorgesetzter Rudolf Schaur ebenfalls Antifaschist war. Ich ließ ihn wissen, dass sich meine beiden Onkel in Gestapohaft befanden. Das war meine Legitimation, um in die Widerstandsgruppe des Planungsbüros eingeführt zu werden.

Die Gruppe wurde von der damals 56-jährigen Frau Prucha geleitet, einer fanatischen Antifaschistin, die aus dem katholischen Lager kam. Außer ihr gab es noch einen Katholiken in der Widerstandsgruppe, drei Sozialdemokraten und zwei Kommunisten.

Der Chef der Firma, Adolf Rotter, machte Herrn Schaur zum Planungsingenieur, und beauftragte ihn mit der Beschaffung sämtlicher Maschinen und Einrichtungen für das neu zu errichtende Leichtmetallwerk in Liesing, welches das größte dieser Art in Mitteleuropa werden sollte. Ziel unserer Widerstandsgruppe war es aber, die Inbetriebnahme des Werkes so lang wie möglich hinauszuschieben. Und jeder von uns hatte seinen Teil dazu beizutragen.

Herr Schaur führte daher immer unnötig lange Verhandlungen mit den Lieferanten, bevor er die Bestellungen erteilte. Ich spielte mit, indem ich die Aufträge, die ich zu schreiben hatte, zwar richtig datierte, aber sie erst einige Tage später absandte. Das war insofern gefährlich, als die Poststempel auf den Einschreibzetteln unleserlich gemacht werden mussten.

Weil ich aber mit meinen 19 Jahren schon gerne größere Sabotageakte verüben wollte, unternahm ich einmal etwas auf eigene Faust. Ich hatte eine Bestellung für eine Schweizer Firma auszuschreiben und behielt, ohne das Wissen meines Vorgesetzten Schaur, die im Brief erwähnten Beilagen zurück. Als diese nach einigen Tagen von der Lieferfirma angefordert wurden, gab es einen Riesenkrach. Ich hatte nicht bedacht, dass die eingehende Post ja zuerst vom Chef des Planungsbüros gelesen wird. Und nun hatte ich mich also wegen grober Nachlässigkeit zu verteidigen. Doch Herr Schaur nahm mich in Schutz:

»Fräulein Sokopp ist überlastet«, erklärte er unserem Chef. »Sie besucht täglich nach Dienstschluss bis 22 Uhr eine Maturaschule. Man sollte sie wegen ihres Ehrgeizes nicht bestrafen.«

Zu unser beider Überraschung war der Chef von dieser Mitteilung beeindruckt. Ich wurde zwar gerügt, doch ich durfte von da an mit der Büroarbeit schon eine Stunde früher Schluss machen. Ich musste zwar im Büro bleiben, konnte mich aber in der Zeit mit meinen Schularbeiten beschäftigen.

Im September 1943 begann mein zweites Jahr in der Maturaschule, der Unterricht war wieder täglich von 19 bis 22 Uhr, aber zusätzlich besuchte ich zweimal wöchentlich von 18 bis 19 Uhr einen Russischkurs in der Berlitzschule. Mit Rudi Karlin war ich mittlerweile verlobt. Große Ängste hatte ich schon ausgestanden, wenn er oft tagelang nicht zur Schule kam, und ich nichts von ihm wusste. Aber es gab auch glückliche Tage, die wir sorgenfrei miteinander verleben konnten. Ich erinnere mich gerne an gemeinsame Ausflüge, zu denen wir auch Trude mitnahmen. Wir wanderten auf die Rax und auf den Schöpfl, genossen die friedliche Natur und malten uns eine friedliche Zukunft aus.

Als die Alliierten 1944 Wien zu bombardieren begannen, wurde ein Luftschutz-Nachtdienst eingeführt, der täglich von zwei Angestellten des Planungsbüros zu leisten war. Frau Prucha übernahm die Einteilung dieses Luftschutzdienstes und forderte die Mitglieder der Widerstandsgruppe auf, sich recht häufig zu diesem Dienst zu melden. Dies erleichterte nicht nur unsere geheimen Zellen-Zusammenkünfte, die nun nach Dienstschluss im Büro stattfinden konnten, es gab uns auch die Möglichkeit zu weiteren Sabotageakten.

Da elektrischer Strom für kriegswichtige Zwecke benötigt wurde, befand sich neben jedem Lichtschalter ein Täfelchen mit der Aufschrift: »Erst denken, dann schalten!«

Also schalteten wir in diesen Nächten alle Lampen im Büro ein, von außen konnte man das ja wegen der Verdunkelung nicht sehen. Dann betätigten wir grundlos die elektrischen Rechenmaschinen und fotokopierten drauf los.

Auch Büromaterial war tagsüber genau rationiert. Für Stenogramme hatten wir die Rückseite fehlerhafter Briefe oder alter Drucksachen zu verwenden. In unseren Nächten vernichteten wir daher stoßweise Schreibpapier. Stundenlang waren wir damit beschäftigt, die kleinen Papierschnitzel in den diversen Klosettanlagen hinunter zu spülen, um ja keine Verstopfung zu verursachen. Farbbänder für die Schreibmaschinen und anderes sperriges Büromaterial verstauten wir in unseren Taschen, um es zu Hause oder unterwegs in Mistkübel zu werfen.

Am aufregendsten wurde es, wenn wir die sogenannten »Feindsender« hörten. Nachrichten, die wir dann an andere Antifaschisten weitergeben konnten. Für mich war das besonders wichtig, denn wir hatten zu Hause keinen Radioapparat, nicht einmal den Volksempfänger. Bei uns in Favoriten waren schon viele Genossen verhaftet worden, aber es fanden sich immer wieder welche, denen ich die Nachrichten weitergeben konnte und die für den Weiterbestand der Zellen sorgten. Als aber unser Favoritner Bezirksleiter hochging, klappte die schriftliche Verteilung nicht mehr. Da habe ich einfach im Büro die BBC-Radionachrichten abgetippt. Und zwar abwechselnd auf den zwanzig Schreibmaschinen, damit die Blätter verschiedene Schrifttypen aufwiesen. Die Verteilung dieser schriftlichen Nachrichten haben dann die Tanten übernommen.

Eines Nachts, als Schaur und ich gerade die englischen Nachrichten abhörten, merkten wir, dass jemand versuchte, die Bürotür aufzusperren. Ich drehte sofort das Radio ab und ging hinaus, um die Sicherheitskette abzunehmen. Draußen stand der Personalchef, den man »Gefolgsschaftsführer« nennen musste, ein gefährlicher Nazi. Er war zu einem Kontrollbesuch gekommen. Sein erster Weg führte zum Radioapparat, der sich natürlich noch warm anfühlte. Aber zum Glück hatte Herr Schaur inzwischen auf einen deutschen Sender umgeschaltet, und sogar noch Zeit gefunden, wenigstens in einigen Räumen das Licht abzudrehen. Den Rest besorgte ich, während sich Herr Schaur mit dem Gefolgschaftsführer Herrn Rochlitzer unterhielt. Aber damals ist mir der Schreck in alle Glieder gefahren.

Eines Tages wurde unser Büro, das im vierten Stock lag, von einer Bombe getroffen, ohne jedoch gänzlich zerstört zu werden. Für die Aufräumarbeiten wurde uns aus dem Werk in der Roterdstraße eine Gruppe von »Fremdarbeitern« zugeteilt, Zivilgefangene aus der Sowjetunion. Sofort starteten wir eine Solidaritätsaktion. Frau Prucha sammelte Lebensmittel und Zigaretten, und ich verteilte sie heimlich unter den russischen Gefangenen. Dank der Berlitzschule konnte ich mich mit ihnen recht gut verständigen. Rudi, mein Verlobter, der als Slowene die russische Sprache sehr gut beherrschte, schrieb mir die wichtigsten Nachrichten von Radio Moskau auf. Ich lernte sie auswendig und gab sie dann, möglichst unauffällig, an die russischen Gefangenen weiter. Trotz meiner Vorsicht wurde ich zweimal bei Gesprächen mit ihnen erwischt. Nach dem ersten Mal wurde ich öffentlich beim Betriebsappell verwarnt. Beim zweiten Mal erhielt ich eine schriftliche Drohung der Betriebsleitung, dass man mich der Gestapo melden würde, wenn ich diese Gespräche nicht einstelle.

Diese kurze, aber für mich bedeutsame Zeit meiner Zusammenarbeit mit den »Ostarbeitern« wird mir immer in Erinnerung bleiben. Diese jungen Burschen waren so zuversichtlich. Sie glaubten fest an den Sieg der Roten Armee und schwärmten mir von ihrer Heimat vor: »Nach dem Krieg musst du uns besuchen!«

Mit dem ältesten der Gruppe, einem etwa 40-jährigen Mann, traf ich mich mehrmals in der Mittagspause im Rathauspark. Er saß auf dem einen Ende einer Parkbank, ich auf dem anderen. Wir sprachen vor uns hin, ohne einander anzusehen. Er erzählte mir, dass seine Familie nach Nowosibirsk evakuiert worden war, und er sich gerade einer Partisanengruppe anschließen wollte, als ihn die Deutschen gefangennahmen.

Einmal fragte er mich, ob ich mit meinen Brotrationen eigentlich auskomme. Wahrheitsgemäß antwortete ich ihm, dass ich immer hungrig bin. Daraufhin wollte er kein Brot mehr von mir annehmen, die Nachrichten aus der Heimat seien ihm viel wichtiger als Brot. Bei unserer nächsten Zusammenkunft schob er mir einen Briefumschlag zu. Er enthielt den Abschnitt einer Lebensmittelkarte für ein Kilogramm Brot.

Bald darauf bekam ich von der deutschen Wehrmacht einen Musterungsbefehl. Eigentlich waren alle Beschäftigen dieses kriegswichtigen Betriebes, vom Ingenieur bis zum Botenjungen »uk-gestellt«, das hieß unabkömmlich. Dass ich trotzdem einberufen wurde, verdanke ich sicher der Betriebsleitung, bei der ich mich verdächtig gemacht hatte.

Das Urteil (1944)

Im März 1944 wurde meine Familie vor Gericht geladen. Nach zwei Jahren Gefangenschaft sollte endlich das Urteil über meinen Onkel Hans gefällt werden.

Wir fürchteten uns vor dem berüchtigten »Fünfer Senat«, der unter den Widerstandskämpfern schon als »Kopf-Senat« bekannt war. Während die Mitglieder von Naziorganisationen als geladene Gäste im Gerichtssaal reservierte Plätze hatten, wurden wir, die Angehörigen, erst zur Urteilsverkündung zugelassen, mit dem Bemerken: »Nur für starke Nerven«.

Und dann erhob der Staatsanwalt, Herr Leonhard, seine Stimme: »Der Zollbeamte Hans Sokopp, auf den Führer vereidigt, hat wegen Hochverrates seinen Kopf verspielt. Er wird zum Tode verurteilt.«

Siebzig Tage verbrachte Hans in der Todeszelle, niemals werde ich diese siebzig Tage vergessen. Anfangs hatten wir noch Hoffnung, denn es waren immerhin vier bedeutende Rechtsanwälte mit der Betreibung von Gnadengesuchen beauftragt. Doch mit der Zeit wurden wir alle halb verrückt vor Angst.

Bevor Hans verhaftet wurde, hatten die Tanten weniger Kontakt zu diesem Zweig der Sokopp-Familie. Man traf sich aber gelegentlich, hauptsächlich zu Begräbnissen. Die Tanten wussten nicht einmal, dass Hans und zwei seiner Schwestern ebenfalls seit 1934 in der KP organisiert waren. Doch nun rückte die Familie eng zusammen. Fast täglich kamen Hansis Schwestern nun zu uns in die Buchengasse, und die Cousinen versuchten, aneinander Halt zu finden. Einmal, während eines Fliegeralarms, stürzte Tante Fritzi auf die Straße. Sie fiel auf die Knie, erhob die Hände zu den Flugzeugen und schrie wie eine Wahnsinnige: »Bitte, bitte, Gentlemen, werft eine Bombe auf das Landesgericht!« Wir mussten die Tobende schnell hereinholen, die es lieber gesehen hätte, dass ihr Bruder durch eine Bombe, als unter der Guillotine stirbt.

Häufig kam uns der evangelische Pfarrer Rieger besuchen, den ich seit meiner Kindheit und dem EVJM, dem »Evangelischen Verein junger Mädchen«, kenne. Er gab meinen Tanten gegenüber zu, dass er damals mit den Nationalsozialisten sympathisiert hatte, und dass seine freiwillige Meldung zum Häftlingsseelsorger seine sich selbst auferlegte Buße sei. Er riskierte selbst sein Leben, indem er Briefe und Zigaretten zu Hans in die Todeszelle schmuggelte.

Zu jener Zeit bangten wir auch um das Leben anderer Genossen. Das war die Gruppe »Soldatenrat« vom KJV. Junge Menschen, die Briefe an Frontsoldaten schrieben und sie aufforderten, sich in Gefangenschaft zu begeben, um mit dem sinnlosen Morden Schluss zu machen. Sie warteten ebenfalls auf die Vollstreckung des Todesurteils. »Die Anni Gräf können sie doch nicht hinrichten«, hoffte Tante Hilda, »die fällt doch noch unter das Jugendschutzgesetz«. Aber die Nazis scherten sich nicht darum, auch Anni Gräf musste sterben. Pfarrer Rieger berichtete uns über die Hinrichtung von einigen Jugendlichen:

»Auf einer Bank vor dem Hinrichtungsraum sind sie gesessen und haben Kampflieder gesungen. Alle paar Minuten ist einer aufgerufen worden, wie beim Zahnarzt. Aber die Übrigen haben immer weitergesungen – bis zum Letzten.«

Wenige Wochen vor der Hinrichtung erhielt Tante Hilda die Erlaubnis, Hans zu besuchen. Mit todblassem Gesicht und zitternd am ganzen Körper kehrte sie zurück, und erst viele Tage später konnte sie über diesen Besuch berichten. In einer völlig leeren, kahlen Besucherzelle wartete sie, bis Hans, an Füßen und Händen gefesselt, hereingeführt wurde.

»Er hat so bitterlich geweint«, sagte sie, »wie ich ihm die Grüße von seinem Sohn überbracht hab. Ins Gesicht hab ich ihm nicht schau'n können. Immer nur auf die Tränen hab ich gestarrt, die sich auf dem Betonboden zu immer größer werdenden feuchten Flecken ausgebreitet haben.«

Obwohl ich es nicht selbst gesehen habe, verfolgt mich dieses Bild noch heute. Es überläuft mich kalt, wenn die ersten Regentropfen auf die Straße fallen, weil sie mich an Hansis Tränen erinnern.

Die Leichen der Hingerichteten wurden in lose zusammengenagelte kleine Kisten gelegt. Die Kisten brauchten nicht groß zu sein, denn der Kopf lag zwischen den Beinen. Mit Sonderzügen der Straßenbahn wurden diese Kisten nachts auf den Zentralfriedhof gebracht. Ein Mitglied der Widerstandsgruppe des Straßenbahnhofes Favoriten kam ein zwei Tage nach der Hinrichtung zu meinen Tanten und sagte:

»Heut Nacht führen wir wieder einen Transport. Ich glaub, da ist euer Hans dabei!«

Wir begaben uns sofort auf den Friedhof und versteckten uns nach Einbruch der Dunkelheit in einem Gebüsch nahe der 40er-Gruppe. Acht Kisten wurden gebracht. Als sich die Träger entfernt hatten, schlich sich meine Cousine Gusti dorthin und versuchte mit Hilfe von Streichhölzern, Namen darauf zu entdecken. Doch sie waren nur mit Nummern bezeichnet. Ein serbischer Friedhofsarbeiter, der auf unserer Seite stand, verriet uns aber die Grabnummer. Gusti machte eine Blitzlichtaufnahme von den aufeinander gestapelten Kisten, bevor sie in die Schachtgräber verscharrt wurden.

Nach dem Krieg wurde Hansis Exhumierung vorgenommen. In dem Buch »Favoriten« von Werner Schubert kann man lesen (Seite 236):

»Auf dem evangelischen Friedhof am Matzleinsdorferplatz im Grab 52 in der Gruppe 24 liegt der Freiheitskämpfer Johann Sokopp (1913–1944). Er wurde am 24. Mai 1944 hingerichtet. Die Grabinschrift beschreibt sein Lebensschicksal:

»Für dein Ideal, dein einzig Streben, für Österreichs Freiheit gabst du dein Leben.«

»Im KZ« (Ossy 1944, im Alter von 21 Jahren)

»Und Stund um Stunde unsres Lebens
geht ins Dunkle nur zum Tode hin.
Denn keiner, der sich müht, weiß einen Sinn,
der hinter all den leeren Stunden steht.

Und keiner sieht in der Baracken Staub
vom warmen Leben einen schwachen Schein.
Doch draußen irgendwo muss Sonne sein
und wilder Herbstwind in rotgoldnem Laub.

Dort zieht der Rotarmisten Schar
Ins Unermessliche des weiten Landes.
Wir sehen nicht den Feuerschein des Brandes
und warten stumm, untätig, Jahr um Jahr.

Und in Europas Süden, uns so fern
da kämpfen in den Wäldern Partisanen.
Wir aber träumen nur von ihren Fahnen
und sehen nicht den leuchtend roten Stern.

In den Fabriken der zerbombten Stadt
stehn todesmutig unsere Genossen.
Wir sind von ihrem Kampfe ausgeschlossen
und brüten sinnlos hinter Stacheldraht.

Wir wissen nicht um Stadt und Feld und Wald,
um alles, was dem Leben tief verbunden.
Und warten all die dunklen, toten Stunden,
ob nicht ein Ruf von dort herüber schallt.«

8. Bei den Partisanen

Oktober 1944 bis Dezember 1945

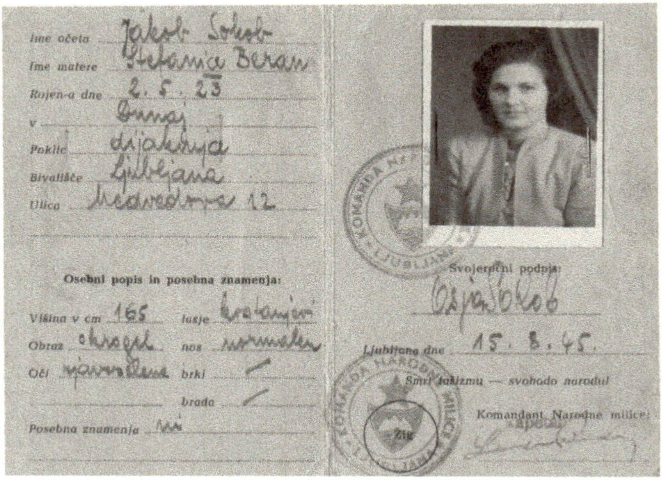
Ime očeta Jakob Sokob
Ime matere Stefania Beran
Rojen-a dne 2. 5. 23
v
Poklic
Bivališče Ljubljana
Ulica 12

Osebni popis in posebna znamenja:

Višina v cm 165 lasje
Obraz okrogel nos normalen
Oči brki
brada
Posebna znamenja

Svojeročni podpis:
Osja Sokob
Ljubljana dne 15. 8. 45.
Smrt fašizmu — svobodo narodu!
Komandant Narodne milice:

Ossy »Osja« Sokopps Personalausweis,
ausgestellt vom Kommando der »Volksmiliz Ljubljana«

Ich verlasse Wien

Nach der Hinrichtung von Onkel Hans habe ich zum ersten Mal daran gedacht, Österreich zu verlassen. 23 Menschen aus meinem unmittelbaren Bekanntenkreis, Genossen und Freunde waren zu jenem Zeitpunkt bereits justifiziert oder warteten in den Todeszellen auf ihre Hinrichtung. Es ist zwar weder den Tanten, noch Trude, noch mir jemals in den Sinn gekommen, deshalb unsere illegale Arbeit aufzugeben, aber mir erschien diese Tätigkeit zu wenig wirkungsvoll. Da erhielt Rudi ein Telegramm aus Maribor. Es enthielt nur zwei Worte: »Melde dich!« Als er es mir zeigte, sagte er:

»Ich glaube, diesmal müssen wir endgültig voneinander Abschied nehmen. Ich werde in die Berge gerufen.«

Ich flehte ihn an, mich mitzunehmen. Doch Rudi wollte davon nichts wissen.

»Ich kann die Verantwortung nicht übernehmen«, sagte er, »wenn du hier bleibst, hast du mehr Chancen zu überleben.«

Sehr schwer fiel mir der Weg zur Musterung, zu der ich bestellt war, da meine Firma offensichtlich keinen Einspruch erhoben hatte. Wie vorauszusehen war, wurde ich für tauglich befunden. Da flehte ich Rudi wieder an: »Jetzt musst du mir helfen, ich werde auf keinen Fall eine Uniform anziehen! Als Deserteurin ist meine Überlebenschance noch geringer als bei den Partisanen.«

Das musste er zugeben. Doch brieflich konnte er diese Angelegenheit nicht für mich erledigen. Außerdem brauchte man zu jenem Zeitpunkt für längere Bahnfahrten bereits Sonderbewilligungen. Rudis letzte Reise hatte er auch schon teils mit der Bahn, teils mit dem Fahrrad und zum größten Teil zu Fuß zurücklegen müssen.

»Es wird klappen«, war er aber überzeugt. »Du wirst in Kürze ein Telegramm von meiner Schwester erhalten. Halte dich also bereit!«

Dass ich so schnell wie möglich weg wollte, verstanden auch meine Tanten. Sie sahen mich lieber in einer antifaschistischen Armee als in der verhassten deutschen.

Rudi war im Floridsdorfer Eisenbahnausbesserungswerk als technischer Zeichner beschäftigt. Seit dem deutschen Überfall auf Jugoslawien im Jahr 1941 war er staatenlos, denn Slowenien gab es nicht mehr. Bisher konnte er verhindern, deutscher Staatsbürger zu werden, doch plötzlich bekam er deshalb Schwierigkeiten. Hals über Kopf wurde er nach Linz abgeschoben und in ein Fremdarbeiterlager interniert. Er war gerade noch in der Lage, mir telefonisch einige Instruktionen für meine bevorstehende Reise zu geben. Ich war also ganz auf mich allein gestellt.

Doch dann spielte zum Glück der Zufall mit. Am 4. Oktober 1944 erfolgte ein Fliegerangriff auf Wien, und am nächsten Tag fühlte ich mich krank. Am Vormittag brachte mir der Briefträger, offenbar verspätet durch den Angriff, den Einberufungsbefehl, wonach ich mich schon am nächsten Tag in vorgeschriebener Ausrüstung am Westbahnhof zu melden hatte, um als »Luftnachrichtenhelferin« nach Kiel geschickt zu werden. Ich war verzweifelt. Was sollte ich nun tun? Ich hatte noch keine Nachricht aus Slowenien, und niemand war da, mit dem ich mich hätte beraten können. Die Tanten waren seit dem frühen Morgen im Dienst und Rudi unerreichbar. Ich sehe mich heute noch wie eine Verrückte im Zimmer hin und her laufen.

Es dürfte ungefähr eine Stunde vergangen sein, als jemand mit dem Bleistift an das Glas der Eingangstür klopfte. Und diesmal war es der Telegrafenbote. Ich zitterte so sehr, dass ich kaum den Empfang des Telegramms bestätigen konnte. Es kam von Rudis Schwester aus Kranj und hatte folgenden Wortlaut: »Mutter schwer erkrankt. Komme sofort. Slavka.«

Kurz entschlossen ging ich zur Polizei, von der ich eine Bewilligung benötigte, um mehr als 150 Kilometer mit der Bahn fahren zu dürfen. Meine Mutter war zwar schon seit 1936 tot, aber der Polizei genügten das Telegramm und mein Arbeitsdienstpass, und verlangte keine weiteren Beweise. Dazu legte ich noch einen Urlaubsschein von der Firma, den ich mir vorsorglich selbst ausgestellt hatte. Außerdem kamen mir die mangelhaften Geografiekenntnisse des Polizeibeamten zugute, dem ich einreden konnte, dass Kranj auf Deutsch Krainburg hieße und in Kärnten liege.

Am Abend desselben Tages begleiteten mich meine Tanten schon zum Südbahnhof. Ein armseliger Pappkoffer enthielt meine nötigste Ausrüstung. Tante Wicki hatte mir ihre Uniformhose gegeben, die eigentlich Eigentum der Verkehrsbetriebe war. Die Lederjacke und einige Pullover hatten wir dem inzwischen eingerückten Nazi-Cousin, dem kleinen Otto, entwendet. Was es in der Familie an warmer Unterwäsche gab, war jetzt in meinem Koffer. Außerdem noch der gesamte Medikamentenvorrat, den sich die Tanten im Laufe der Zeit hatten verschreiben lassen, ohne sie zu benötigen.

Ein kurzer, tränenreicher Abschied, und dann war ich allein, auf dem Weg in ein gefährliches Abenteuer.

Bis Villach gab es keine Komplikationen, und die Ankunft erfolgte fast fahrplanmäßig. Aber von Villach konnte ich erst am Mittag des nächsten Tages weiterfahren und laut Fahrplan um 16 Uhr 30 in Kranj ankommen. Nach Rudis Anweisung sollte ich dort die Krankenkasse aufsuchen, wo seine Schwester Slavka bis 18 Uhr beschäftigt war.

Bis Rosenbach, der ehemaligen Grenzstation, erfolgten ständig Kontrollen durch das Bahnpersonal, die Polizei, die Wehrmacht und die Gestapo. Meine Papiere wurden in Ordnung befunden, aber das Gepäck der meisten Reisenden wurde kontrolliert. Dabei war da keine Grenze mehr, Oberkrain war ja inzwischen an Groß-Deutschland angeschlossen worden. Mir wäre eine Gepäckskontrolle nicht angenehm gewesen, wegen der Bergschuhe und der vielen Wintersachen, die ich kaum für einen kurzen Aufenthalt bei einer kranken Mutter benötigt hätte. Ich entging dieser Inspektion offenbar dadurch, dass ich mich mit einem mitreisenden Soldaten so angeregt unterhielt, als würde ich zu ihm gehören. Tatsächlich waren unsere beiden Koffer die einzigen im Abteil, die nicht von den Kontrolleuren geöffnet wurden.

Ich erinnere mich sogar noch zum Teil an das Gespräch mit dem deutschen Soldaten. Er wollte viel lieber an der Ostfront kämpfen. Denn als Besatzungssoldat sei man immer in Gefahr. Man wisse nie, wann und woher die verdammten Heckenschützen plötzlich auftauchen. Ich bedauerte ihn natürlich, während ich im Stillen dachte: »Morgen bin ich vielleicht auch schon ein Heckenschütze, vor dem du dich fürchten musst.«

Ab Jesenice, damals Assling genannt, wurden der Lokomotive zwei mit Steinen beladene Waggons vorgeschoben, um den Zug vor eventuell durch Partisanen gelegte Minen zu schützen. Die Reisenden wurden über Megafon aufgefordert, sich weder an den Fenstern noch auf der Plattform zu zeigen, da sonst sofort geschossen würde. Der Zug setzte sich nur im Schneckentempo vorwärts.

In der Höhle des Löwen

Um 20 Uhr stand ich endlich im strömenden Regen vor dem Bahnhof in Kranj und wusste nicht, was ich nun unternehmen sollte, zumal um diese Zeit die Ausgangssperre für Zivilpersonen einsetzte. Die Krankenkasse war natürlich längst geschlossen. Slavka Karlin, die mir ja persönlich unbekannt war, wohnte bei ihren Eltern in Besnica, einem Dorf, das ich um diese Zeit nur in zwei Stunden zu Fuß erreicht hätte. Als mein Pappkoffer sich durch den Regen bereits aufzulösen begann, fragte mich ein deutscher Soldat, ob er mir helfen könne.

Da behauptete ich, als Lehrerin nach Besnica beordert zu sein, obwohl ich gar nicht wusste, ob es dort überhaupt eine Schule gab. Wegen der Zugverspätung bräuchte ich aber ein Nachtquartier. Da in den Hotels überall Militär einquartiert war, bot mir der Soldat an, ihn zur NSV zu begleiten.

Als ich auf dem Türschild den ganzen Namen des Vereins las, erschrak ich: »Nationalsozialistische Volkswohlfahrt«. Also direkt in die Höhle des Löwen! Aber ich hatte ja keine andere Wahl.

Dort empfing mich ein uniformierter Ortsgruppenleiter mit Hakenkreuzbinde am Arm. Er war sehr freundlich und bemitleidete mich sogar. Denn eine deutsche Lehrerin im »partisanenverseuchten« Gebiet hätte es sicher nicht leicht. Er konnte mir zwar kein Bett anbieten, aber ich bekam ein notdürftiges Nachtlager im Büro auf zwei zusammengeschobenen Armsesseln. Er borgte mir seinen Mantel zum Zudecken und brachte mir sogar noch einen Arm voll Holz, damit ich im Kachelofen nachlegen konnte. Dann verabschiedete er sich mit den Worten:

»Das Haustor ist von innen verriegelt, falls Sie das Haus schon verlassen wollen, bevor ich zum Dienst komme. Falls Sie eine kleine Spende für das Winterhilfswerk da lassen wollen, sag ich danke! Gute Nacht und Heil Hitler!«

Als er die Tür schloss, konnte ich endlich meinen Angstschweiß von der Stirn wischen. Viel habe ich in dieser Nacht nicht geschlafen.

Für mich wäre damals diese Reise schon ein Abenteuer gewesen, wenn ich wirklich nur Verwandte besucht hätte. Denn abgesehen vom Kindererholungsheim und der Arbeitsdienstpflicht in Thüringen hatte ich kaum jemals Wien verlassen und war höchstens bis zum Wienerwald gekommen. Und nun hatte ich, ohne viel zu überlegen, diese Fahrt unternommen, war 24 Stunden unterwegs gewesen, um knapp 400 Kilometer weit zu fahren, musste auf Fragen antworten, die eine blitzartige Überlegung erforderten.

Was hätte ich wohl gesagt, wenn der Ortsgruppenleiter meine Dienstpapiere verlangt, oder nach meinem Vorgesetzten gefragt hätte?

Noch heute spüre ich das Zittern, das ich damals nur mühsam verbergen konnte. Ich war erst 21 Jahre alt, und falls bei meinem Entschluss zu den Partisanen zu gehen, neben meiner politischen Überzeugung, unbewusst auch etwas Abenteuerlust mitgewirkt haben sollte, ist sie mir bereits in der ersten Nacht vergangen.

Slavka

Am nächsten Tag, den 7. Oktober 1944, verließ ich das Büro des Ortsgruppenleiters schon im Morgengrauen, ohne eine Spende zu hinterlassen. Ich wusste von Rudi, dass seine ältere Schwester, Angelca, seit 1943 bereits in den Bergen war. Und dass die jüngere Schwester, Slavka, die ich nun treffen sollte, als Kurier für die Partisanen arbeitete. Bis acht Uhr versteckte ich mich in einem Hausflur, um den Dienstbeginn in der Krankenkasse abzuwarten.

Und da kam sie mir nun entgegen, Slavka, ein 18-jähriges Mädchen mit blonden Zöpfen, die Augen voll Wasser. In den ersten Minuten konnten wir beide vor Aufregung nicht sprechen. Aber dann sprudelte es aus uns heraus in einem Gemisch aus Deutsch und Russisch. Wir verabredeten uns für 18 Uhr. Sie nahm meinen Koffer zu sich ins Büro, und ich trieb mich den ganzen Tag in Kranj herum.

Nach Dienstschluss verluden wir den Koffer auf Slavkas Fahrrad und machten uns zu Fuß auf den Weg nach Besnica. Immer bergauf, teilweise durch den Wald, teilweise auf ganz schmalen Fußwegen, aber alles in der Dunkelheit.

Dann betrat ich das alte Haus der Karlins, das Elternhaus meines Verlobten.

»Warum ist Rudi nicht mitgekommen?«, fragte seine Mutter weinend. Sie wusste nichts von seiner Internierung in Linz. Mit Slavka als Dolmetscherin konnten wir uns näher kennenlernen und ich spürte sehr schnell: Hier bin ich zuhause.

Sehr früh am nächsten Morgen brachte mich Slavka nach Nivica in ein abseits gelegenes Bauernhaus, wo ich warten sollte. Obwohl die beiden alten Bauersleute sehr freundlich zu mir waren, mir eine wunderbare Nudelsuppe und einen Sterz zu essen gaben, wurde mir immer mulmiger zumute. Ich konnte nicht mit ihnen reden, da ich kein Slowenisch verstand und sie kein Deutsch. Da wurde mir erst so richtig bewusst, dass ich nun in der Fremde war. Es war aber so ein strahlender, warmer Herbsttag, dass ich mich am Nachmittag in eine sonnige Wiese legte und einschlief.

Plötzlich wurde ich durch ein Geräusch geweckt. Vor mir standen drei junge Leute, zwei Burschen und ein Mädchen, in sonderbaren Uniformen, mit einem Gewehr über der Schulter und einem roten Stern auf der Mütze. Da schien einen Augenblick lang mein Herzschlag auszusetzen. »Nun wird es ernst, jetzt gibt es kein Zurück mehr.«

Der eine konnte gut Deutsch, befragte mich kurz und stellte mir danach einen »*Propusk*«, einen Passagierschein, aus, dann gaben sie mir eine Decke, etwas mehr warme Unterwäsche und ein metallenes Essgeschirr.

Mit meinem gefüllten Rucksack am Rücken marschierte ich mit den neuen Begleitern weiter durch den Wald, bis es dunkel wurde. Ich wunderte mich, dass wir auch im nächsten Bauernhaus gut verköstigt wurden. Da erklärte man mir, dass der größte Teil der Bevölkerung die »Volksbefreiungsarmee« der Partisanen voll unterstütze.

In der Nacht brachte mich ein bewaffneter Begleiter zu einem gut getarnten Erdbunker in der Nähe von Kropa. Der aus der Erde ragende Rauchfang und der Eingang waren mit Zweigen verdeckt. Als ich eintrat, erlitt ich meinen ersten Schock. Dort lag ein schwer verwundeter, blutjunger Bursch, dem man das Kinn weggeschossen hatte. Der Arzt, der ihn behandelte, versprach ihm eine kosmetische Operation nach dem Sieg.

»Zmaga«, (Sieg), war mein erstes slowenisches Wort. Und dann die Losung: *»Smrt fašizmu – svoboda narodu!«*

»Tod dem Faschismus, Freiheit dem Volk!«

Marjana

Nach drei weiteren Nachtmärschen erreichten wir ein großes Barackenlager am Jamnik. In diesem Ausbildungslager wurde ich zunächst auf Herz und Nieren geprüft, um meine antifaschistische Einstellung zu beweisen. Als sie in meinem Rucksack den Taschenkalender fanden, in dem ich meine bisherigen Erlebnisse tagebuchartig in Stenografie festgehalten hatte, warfen sie ihn ins Feuer:

»Jetzt stell dir vor, dieses Büchlein gerät in deutsche Hände«, belehrte man mich.

Dann lernte ich die Organisation *»Osvobodilna Fronta«* kennen, die »Befreiungsfront«. Sie bestand aus Anhängern der verschiedensten Weltanschauungen, die aber dasselbe Ziel hatten, nämlich: »die nationale Befreiung«. Jeder Rang war zweifach besetzt, durch einen militärischen Kommandanten und einen Politkommissar. An die Politkommissare konnte man sich mit persönlichen Anliegen und auch mit Beschwerden wenden. Einer von ihnen hatte die Aufgabe, mich auf die Härten des Partisanenlebens vorzubereiten. Am eindrucksvollsten war seine Warnung vor der deutschen Gefangenschaft:

»Eines muss dir klar sein, in deutsche Gefangenschaft zu kommen, bedeutet den Tod. Wir gelten bei den Deutschen nicht als Soldaten, sondern als ›Banditen‹. Das Beste, was dir passieren kann, ist, dass du nicht gehängt wirst, sondern ›nur‹ erschossen. Vorher aber würden sie dich verhören, wer du bist, woher du kommst, wer dein Kommandant ist. Und dabei würden sie dich nicht sanft anfassen. Such dir einen Decknamen aus und vergiss deinen richtigen Namen, sonst fallen sie auch noch über deine Familie her. Und glaube ja nicht, dass du dich retten kannst, wenn du ihre Fragen wahrheitsgemäß beantwortest. Wenn sie alles aus dir herausgeholt haben, ermorden sie dich doch. Für Partisanen gibt es keine Kriegsgefangenschaft. Aber mach dir keine Sorgen. Wir werden schon auf dich aufpassen. Es gibt auch Österreicherinnen unter den Partisanen aus der slowenischen Bevölkerung Kärntens. Du bist die einzige Wienerin in unseren Reihen und daher ein Sonderfall für uns.«

Ich war noch großmäulig genug, um einzuwenden: »Ich bitte, mich genauso zu behandeln wie die anderen Genossen.«

Der Kommissar antwortete nur mit einem Lächeln. Und das fand ich beruhigend.

Am Exerzierplatz machte man tatsächlich keine Ausnahme mit mir. Turnen, laufen, springen und robben, turnen, laufen, springen und robben, ich war bald völlig erschöpft. Abends schlief ich trotz der harten Holzpritsche wie ein Murmeltier.

Ich lernte auch die wichtigsten Kommandos: »*naprej* (vorwärts), *nazaj* (zurück), *stoj* (halt), *na levo* (nach links), *na desno* (nach rechts).« Doch auch darüber hinaus nutzte ich jede Gelegenheit, um die deutsch sprechenden Kameraden zu fragen: »Was heißt das auf Slowenisch?« Und ich versuchte mir die Sätze einzuprägen.

Bei den Schießübungen durfte ich nur zusehen. Man hatte wohl noch zu wenig Vertrauen zu mir, um mir eine Waffe zu übergeben. Angenehm empfand ich auch das Verhältnis zwischen Offizieren und Mannschaft. Da war keine Unterwürfigkeit zu spüren, kein Strammstehen gefordert. Und alle waren per »Du«. Slowenisch gefiel mir.

Als Decknamen wählte ich den Namen meiner Großmutter: »Marianne.« Doch der Kommissar fragte: »Marianne klingt so deutsch. Wäre dir *›Marjana‹* recht?« Es war mir recht und von da an war ich nur mehr Marjana.

Der alltägliche Tod

Als ich nach dieser Ausbildung mit bewaffneten Burschen weiterzog, wunderten sie sich, dass ich kein Gewehr trug. Als ich ihnen erzählte, dass ich schießen noch nicht gelernt hätte, machten wir sofort eine Rast. »Das musst du lernen«, sagte Fedor auf Deutsch, »schon um dich selbst verteidigen zu können.« Und er erklärte mir, wie sein Gewehr, das er *»Mavzerca«* nannte, funktioniert.

Am nächsten oder übernächsten Tag gingen wir im Morgengrauen auf einem Berghang durch den dichten Wald. Unter uns lag ein Hohlweg, den wir gut einsehen konnten. Plötzlich sahen wir, noch ziemlich weit entfernt, zwei deutsche Soldaten unten, die sich uns näherten. »Hinlegen und ruhig verhalten!«, lautete der Befehl. Und zu meinem großen Schrecken drückte mir Fedor das Gewehr in die Hände. Mir lief es kalt über den Rücken, und eine Weile lag ich mit der Waffe im Anschlag. Aber als die beiden Soldaten in Schussnähe kamen, reichte ich sie dem Kameraden zurück. Doch der ließ die beiden vorüberziehen ohne zu schießen. Ich befürchtete, dass man mich tadeln würde, weil ich einen Befehl nicht befolgt hatte. Doch Fedor beruhigte mich:

»Ich wollte nur deine Reaktion sehen, ich hätte dich auf jeden Fall am Schießen gehindert. Auf die Patrouille zu schießen ist viel zu gefährlich. Wir hätten nur die Aufmerksamkeit auf uns gelenkt, und sind zu wenige für einen Kampf. Selbst wenn wir entkommen wären, hätten wir eine Katastrophe ausgelöst. Für jeden toten Soldaten nehmen die Deutschen fürchterliche Rache, indem sie aus dem nächsten Dorf zehn oder zwanzig unschuldige Zivilisten erschießen, oder erhängen. Das ist ihre Methode, uns einzuschüchtern.«

Mir war damals erschreckend klar geworden: »Ich kann nicht töten!« Darauf bin ich nicht stolz, denn ich habe dem Kameraden die Waffe zurückgereicht, mit der stummen Aufforderung: »Mach du es statt mir!«

Unser nächster langer Marsch führte mich nach Cerkno, zum Stab der 31. Division, der ich als Partisanin zugeteilt wurde. Zunächst konnte ich nur Hilfsdienste leisten, Wäsche waschen, kochen, oder beim Entlausen helfen. Doch dann erlebte ich meinen ersten Partisanenangriff.

Das Ziel war der Feldgendamerieposten im nahegelegenen Dorf Železniki. Ich kämpfte zwar nicht mit, aber ich war als Helferin dabei. Der Angriff erfolgte so überfallsartig, dass wir in unserer Gruppe keine Verwundeten und nur einen Toten hatten. Einige Kameraden wurden beauftragt, ihn zu begraben, und ich durfte mitgehen. Ich hatte ihn nur flüchtig, als einen immer gut gelaunten Burschen gekannt, der mir immer zugerufen hatte:

»Hallo, Dunajčanka, kako si pa danes?« (Hallo Wienerin, wie geht's dir denn heute?)

Und nun lag er so still da, wurde ohne Sarg, nur mit Zeitungspapier zugedeckt, in die Grube gelegt. Ein Towarisch sprach einige Worte, dann wurden Schüsse abgefeuert, Ehrensalven nennt man das wohl, und während einer die Grube zuschüttete, begaben wir uns zurück in unser Lager. Es war mein erster Toter, und ich war zutiefst erschüttert. Die Kameraden konnten bald wieder übers Essen reden, für sie war der Tod eine alltägliche Sache. Ich aber dachte damals: Das ist wohl das Schlimmste am Krieg, dass man sich daran gewöhnt, und dass das Sterben allmählich zur Selbstverständlichkeit wird.

»Das Schrecklichste« (Ossy 1944–1945, im Alter von 22 Jahren)

»Dies ist das Schrecklichste an allem Leiden,
dass du aus seiner Flut tauchst – und vergisst.
Und dass du weiterlebst dein kleines Leben
und nicht mehr traurig, nur noch müde bist.

Und dass die Segnungen der großen Schmerzen
im trägen Fluss des Alltags untergehn,
und über deines Tags Geschäftigkeiten
wie Sterne eines fremden Schicksals stehn.

Doch manchmal spürst du selbst, dass deine Freude
und deine Trauer ohne Tiefe ist.
Und dass an allem Leiden dies das Schwerste,
dass du erwachst – und lächelst – und vergisst.«

Wir haben nur die Gegenwart

Am nächsten Tag gingen einige Kameraden und ich mit dem Kommandanten ins Dorf Železniki zurück. »Keine Angst«, beruhigte er mich, »die Dorfbevölkerung hat sicher schon die toten Deutschen begraben.«

Doch als wir zu dem Haus der Feldgendamerie kamen, trug man noch ein totes Mädchen in deutscher Uniform hinaus. War es vielleicht ein »Blitzmädchen« gewesen, eine Nachrichtenhelferin, wie ich eine hätte werden sollen?

Die Kameraden räumten die Spinde der Deutschen aus und packten Wäsche, Waffen und andere Gebrauchsgegenstände in die mitgebrachten Säcke. Mich nahm der Kommandant mit in die Kanzlei. Dort lagen auf einem Schreibtisch diverse Akten und Formulare und daneben ein Stoß Briefe. Er nahm sich die Akten vor, und ich sollte die Briefe lesen und militärisch interessante Stellen rot unterstreichen. Doch ich brauchte den Rotstift nicht zu verwenden. Es handelte sich ausschließlich um Privatbriefe. Obwohl es Briefe an unsere Feinde waren, hatte ich große Mühe, meine Erschütterung zu verbergen.

»Lieber Sohn«, las ich da, »wir machen uns große Sorgen. Du hast schon so lang nicht geschrieben…« oder »Lieber Vati, bitte komm bald gesund zu uns zurück…«

Ich musste mir beim Lesen immer wieder vorsagen, dass dieser Sohn, um den sich die Eltern sorgten, und dieser Vater, der nun nicht mehr zurückkehren würde, einer Armee angehörten, die kein Recht hatte, dieses Land zu überfallen und unermessliches Leid über seine Bevölkerung zu bringen.

Dann ging es wieder zurück nach Cerkno zum Entlausungskessel, zum Holzhacken und zum Kartoffelschälen. Diese Art von Arbeit störte mich nicht, ja ich konnte gar nicht genug davon bekommen. Kaum war ich mit einer Sache fertig, fragte ich schon:

»In kaj pa bom sedaj delat?« (»Und was darf ich jetzt machen?«)

Meine Kameraden freuten sich ebenso wie ich über jeden Satz, den ich schon auf Slowenisch sagen konnte. Da ich hauptsächlich von Oberkrainern umgeben war, lernte ich eigentlich den oberkrainischen Dialekt. So unangenehm Verständigungsschwierigkeiten sind, manchmal hatten wir Spaß dabei. Ich war in eine Baracke zum Saubermachen geholt worden und fragte einen Kameraden, wo das Klo sei.

»Kje je straniščе?«, hätte ich fragen sollen, doch ich sagte *»strazišce«*, und das ist ein Dorf in der Nähe von Kranj. Der Kamerad wusste genau, was ich meinte, aber er antwortete zum Gaudium der anderen: »Das ist aber ein bisschen weit von hier. Bis dahin ist es längst in die Hose gegangen!«

Ein anderes Mal wurde ich von meiner Gruppe zu einem Tanz im Dorfgasthaus eingeladen. Ich hatte nie Tanzen gelernt. In Deutschland war es verboten seit die siegreichen Vormärsche zu Ende waren und in Wien hatten wir auch keine Lust mehr zu tanzen. Aber als mich der Kommandant aufforderte, führte er so gut, dass wir miteinander den ganzen Abend tanzten. Und dann auf dem Heimweg umarmte er mich und ich genoss seine Zärtlichkeiten. Er sah fabelhaft aus, groß und schlank, aber ich musste ihm klar machen, dass ich meinem Freund treu bleiben wolle. Ich hatte noch zu wenig Kriegserfahrung, um seine Argumente zu verstehen:

»Wir haben nur eine Gegenwart«, sagte er, »Vergangenes, soweit es mit Zukunftsträumen zusammenhängt, zählt nicht für Menschen, die ständig in Gefahr leben. Wir sollten jede Minute mit dem Wert von sechzig Sekunden füllen, weil wir nicht wissen, was uns die nächste bringt.«

Von den Deutschen verhört

Einige Tage später wurde ich ganz offiziell zum Kommandanten gerufen. In seiner Stube befanden sich zwei englische Soldaten, die aus einem Kriegsgefangenenlager in Italien ausgebrochen waren.

»Du kannst doch Englisch«, sagte er. »Begleite die beiden zu unserem Hauptstab, Towarisch Janez wird euch hinführen.«

Wir erhielten Proviant für zwei Tage, Janez bekam eine Waffe, und nach Einbruch der Dunkelheit zogen wir los. Im Morgengrauen, als wir uns nach einem passenden Versteck umsahen, fragte der eine Engländer, ob er sich wegen eines dringenden Bedürfnisses ein wenig entfernen dürfe. Er entfernte sich aber ziemlich weit, wohl meinetwegen. Das war Janez gar nicht recht und er murmelte etwas wie »Blöder Gentleman«. Nach einiger Zeit wurde er richtig wütend: »Der gackt aber lange!«

Doch da tauchte er schon auf, mit gebundenen Händen, begleitet von drei deutschen Soldaten, die auch schon das Gewehr auf uns richteten und »Hände hoch!« brüllten.

Und dann ging alles sehr schnell. Die Soldaten stürzten sich auf uns, banden unsere Hände mit Stricken, zerrten uns aus dem Wald in ein Auto und brachten uns in die deutsche Kommandantur. Dort wurden wir einem Hauptmann vorgeführt, der vor Vergnügen in die Hände klatschte:

»Schau, schau, die Herren Engländer in nobler Gesellschaft. Bringt die Banditen in Zellen, aber nicht gemeinsam! Die beiden Gentlemen nehme ich mir gleich vor!«

Als wir auf dem Hof getrennt wurden, rief mir Towarisch Janez zu:

»Ne pozabi, ti si Slovenka!« (Vergiss nicht, du bist Slowenin!)

Damals wusste ich nicht, dass der Zuruf moralisch gemeint war, ich hielt ihn für eine Warnung, ja nicht zu verraten, dass ich Österreicherin bin. Ich sollte doch meinen Namen vergessen, damit sie nicht auch auch meine Familie verfolgten.

Sie brachten mich in eine stockdunkle Felsenhöhle und verriegelten ein schweres Holztor von außen mit einem dicken Balken. Mindestens ein Dutzend Gefangene befanden sich in dem etwa vier Quadratmeter großen Raum, dessen Wände aus nacktem Fels bestanden. Dicht gedrängt saßen sie auf der bloßen Erde und mussten nun noch enger zusammenrücken, um für mich Platz zu machen. Kaum war das Tor geschlossen, wurde ich von den Häftlingen, deren Gesichter ich in der Dunkelheit nicht sehen konnte, mit Fragen bestürmt. Manche sprachen slowenisch, andere italienisch. Aber ich antwortete nicht, denn es war mir sofort klar, dass ich auch unter den Gefangenen meine Nationalität geheim halten musste.

Man konnte kaum atmen in dem Gewölbe, das früher vielleicht ein Weinkeller war. Für die Luftzufuhr gab es nur drei Löcher in dem Holztor, die höchstens drei Zentimeter Durchmesser hatten. Neben mir stöhnte eine Frau, und erstaunt vernahm ich deutsche Worte: »Wasser«, flüsterte sie, »Wasser«.

Und dann eine leise Frauenstimme: »Es gibt bald Suppe, hab noch Geduld.«

Am Abend wurde das Tor geöffnet, ein Soldat leuchtete mit einer Stablampe in den Raum, während ein anderer aus einem Kessel Suppe in Blechschüsseln füllte und jedem Gefangenen ein Stück Brot dazu reichte. Als ich an der Reihe war, schüttelte ich den Kopf. Die dunkelhaarige Frau neben mir lehnte auch ab. Sie hatte das Bein verbunden und fieberte offensichtlich. Mit erhobenen Händen flehte sie um Wasser, das ihr der eine Soldat auch brachte. Im Schein der Lampe sah ich auch das junge Mädchen an ihrer Seite. Als das Tor wieder geschlossen war, sagte sie wieder im Dunkeln: »Siehst du, es gibt auch Anständige unter ihnen.«

In der Nacht fantasierte die Kranke und stammelte Sätze wie:

»Verzeih mir Liesl, dass ich dich mitgenommen habe. Du musst behaupten, dass du nicht gewusst hast, dass ich Jüdin bin. Wir haben uns zufällig kennengelernt.«

Und so erfuhr ich aus ihrem leisen Zwiegespräch, dass sie auf dem Weg zu den

Partisanen waren, als sie gefangen genommen wurden. Es fiel mir so schwer, nicht mit ihnen zu reden. Doch ich hatte mir fest vorgenommen, den Mund nicht mehr aufzumachen, bis zu meinem Ende, das mir ja kurz bevorstand.

Ich wunderte mich, dass mir das Schicksal der beiden Frauen so nahe ging, während mir mein eigenes völlig gleichgültig war. Vielleicht hat man nur vor der Ungewissheit Angst, während man sich mit der Gewissheit, der unumstößlichen Gewissheit, einfach abfindet.

Als am Morgen das Tor geöffnet wurde, lag die Frau neben mir ganz still da. Als die Soldaten die Tote hinaustrugen, dachte ich zu meiner Beruhigung: »Sie ist ruhig eingeschlafen. Das ist viel besser, als am Galgen zu sterben.«

Es fiel mir nicht besonders schwer, auch das Frühstücksbrot und die schwarze Brühe abzulehnen. Dann holten mich zwei bewaffnete Soldaten zum Verhör. Sie legten mir Handschellen an und untersuchten mich grinsend an allen Stellen meines Körpers.

Im Büro saß der Hauptmann, neben ihm stand ein Herr in Zivil, der Dolmetscher. »Wie heißt du?« fragte er, und der Dolmetscher übersetzte: »*Kako ti je ime?*«

Ich schwieg.

»Ich hab dich nach deinem Namen gefragt.« Und das gleiche auf Slowenisch. Aber ich gab keine Antwort, auch auf keine der folgenden Fragen, die vom Hauptmann brüllend gestellt und vom Dolmetscher gleichgültig übersetzt wurden.

»Wohin wolltet ihr die Engländer bringen?«

Es mag vielleicht unglaublich klingen, aber ich verspürte tatsächlich einen Lachreiz. »Was für ein großartiger Slowenisch-Unterricht«, dachte ich, »schade, dass ich ihn nicht mehr verwerten kann.«

Natürlich habe ich nicht gelacht, das Lachen wäre mir auch bald vergangen.

»Ich werde dich schon zum Sprechen bringen, du Banditenhure, slowenische Sau«, tobte der Hauptmann. Und dann wälzte ich mich nur mehr am Boden – unter den Füßen des Offiziers. Der Dolmetscher hatte es längst aufgegeben, all die deutschen Schimpfwörter zu übersetzen, die man mir, in unverkennbarem österreichischem Dialekt, an den Kopf warf. So habe ich leider auch nie erfahren, was »Flintenweib« auf Slowenisch heißt.

Mit blutüberströmtem Gesicht wurde ich schließlich wieder abgeführt. Diesmal von dem Soldaten, der der Kranken das Wasser gebracht hatte. Er führte mich zum Brunnen im Hof, löste mir die Handschellen, und betätigte selbst die Pumpe, damit ich mir das Gesicht waschen konnte. Bevor er mich in den Keller zurückbrachte, führte er mich zu einem Abtritt. Er muss Mitleid mit mir gehabt haben, denn in unserer Zelle befand sich ja nur ein Kübel.

Am Nachmittag wurde ich wieder zum Verhör geführt, und am nächsten Tag wieder, und ich weiß nicht mehr, wie oft. Ich hatte jeden Zeitbegriff verloren.

Die wichtigste Frage für den Hauptmann war, wohin wir die Engländer bringen wollten. Und dass er sie immer wieder stellte, verschaffte mir eine gewisse Genugtuung. Ich hätte diese Frage ohnehin nicht beantworten können. Auch die Engländer kannten unseren Bestimmungsort nicht. Also musste auch Janez, der ihn als einziger wusste, geschwiegen haben.

In der Zelle war jetzt mehr Platz. Irgendwann hatte man Liesl und fünf weitere Gefangene herausgeholt und sie nicht mehr zurückgebracht. Waren sie das Ziel der Schüsse gewesen, die ich in der Nacht gehört hatte?

Ich begann schließlich das Ende herbeizusehnen. Man musste mich bereits zum Verhör schleppen, da ich mich kaum mehr auf den Beinen halten konnte. Mein ganzer Körper schmerzte. Nicht nur von den Schlägen, ich fühlte, dass ich auch Fieber hatte. Auch mein Verstand muss wohl etwas gelitten haben, denn ich hatte immer das Bedürfnis zu singen. Wenn ich in der Zelle hockte, versuchte ich krampfhaft an zu Hause zu denken. Doch es gelang mir nicht, denn immer wieder gingen mir nur Lieder durch den Kopf, die ich leider nicht laut singen durfte.

Eines Nachts wurde ich durch einen ohrenbetäubenden Lärm geweckt. Es wurde wild geschossen. Man hörte Schreien und ein wüstes Getrampel, und immer wieder das Knattern von Maschinengewehren. Durch die Gucklöcher konnte man einen hellen Schein sehen, und plötzlich brüllten meine Mitgefangenen: »*To so naši!* (Das sind die Unsrigen!)«

Ich fühlte mich so elend, dass es mir egal war, was da draußen vor sich ging. Plötzlich wurde unser Tor geöffnet und im Feuerschein der brennenden Kommandatur konnte ich erkennen, dass unsere Befreier Partisanen waren. Die Häftlinge stürmten über mich hinweg. Ich schleppte mich als letzte hinaus, aber draußen brach ich zusammen.

Wie man mich abtransportiert hat, weiß ich nicht. Als ich wieder zu mir kam, lag ich in einem winzigen Raum auf einem Heulager, neben zwei slowenischen Mädchen.

»*Kje sem?*«, fragte ich, »Wo bin ich?«

Aus dem Wortschwall der beiden konnte ich nur entnehmen, dass ich mich in Tribuša befand, und das sagte mir gar nichts. Dann brachte mir ein Towarisch heißen Tee und gab mir Tabletten.

Erst später, als ich wieder klarer denken konnte, wurde mir bewusst, dass ich schon wieder eingesperrt war.

Von den Partisanen verhört

Als man mich zum Verhör führte und wieder meine Hände, diesmal mit einem Strick, fesselte, brüllte ich auf: »*Jaz sem partisanka!* (Ich bin Partisanin!)«

Doch das nützte mir nichts. Wieder wurde ich einem Hauptmann vorgeführt, der jedoch mit »Towarisch Kapitan« angesprochen wurde. »Ich kann nicht Slowenisch«, antwortete ich auf seine Frage. Und er darauf: »*Preklet, ena Nemka!* (Verflucht, eine Deutsche!)« »O nein!«, rief ich, »keine Deutsche. Ich bin Österreicherin!«

Da rief der Hauptmann auf slowenisch nach einer Dolmetscherin namens Darinka. Dieser bildhübschen, jungen Darinka erzählte ich, dass ich mit zwei Engländern und Towarisch Janez von der 31. Partisanen-Division aus Cerkno komme.

Bei den weiteren Fragen wurde mir bewusst, dass sie weder Janez noch die Engländer gefunden hatten und ich daher niemanden hatte, der meine Aussage bestätigen konnte. Da begann ich zu begreifen, dass ich für meine Befreier genauso gut eine Faschistin hätte sein können, die wegen eines zivilen Vergehens eingesperrt worden war. Jetzt erst bekam ich Angst und ich flehte innerlich:

»Mein Gott, die müssen mir glauben! Ich will nicht durch ihre Hände sterben.«

Verzweifelt begann ich meine ganze Geschichte zu erzählen mit allen Details, um zu beweisen, dass ich eine der ihrigen war. Als ich erwähnte, durch wen ich die Verbindung zu den Partisanen bekommen hatte, und den Namen Rudi Karlin aussprach, schrie Darinka auf: *»To je moj bratranec!«*

»Das ist mein… *bratranec*, was kann das heißen?«, dachte ich. »Brat heißt Bruder, also heißt bratranec vielleicht Cousin?« Ich sah Darinka ins Gesicht, und da bemerkte ich die Ähnlichkeit mit Slavka. »Gott sei Dank, ich bin gerettet. Nun kann mir nichts mehr passieren.«

»Und wo ist dieser Karlin?«, wollte der Hauptmann wissen.

»In Wien, nein in Linz, er ist interniert worden!«

Der Kapitän schüttelte ungläubig den Kopf. Er konnte nicht glauben, dass mich Rudi allein zu ihnen geschickt hatte und zurückgeblieben ist. Die beiden unterhielten sich miteinander und ich merkte, dass mir Darinka helfen wollte.

Aber ich wurde doch wieder abgeführt. Und als sie mir diesmal die Hände fesselten, tat es sehr weh. Viel schlimmer als die Fußtritte des deutschen Offiziers, den ich zwar als Österreicher erkannt, aber nicht als meinen Landsmann betrachtet hatte.

Ich kann nicht sagen, wie viele Tage ich noch in der versperrten Hütte verbrachte. Das Essen nahm ich dort wohl an und auch die Tabletten, die man mir weiterhin brachte. Aber ich war verzweifelt. Damals wäre es mir lieber gewesen, sie hätten mich nicht gerettet.

Jan Kolar

In der Trennwand zum Nebenraum, wo sich die männlichen Gefangenen befanden, gab es ein Loch, ganz nahe am Boden und versteckt durch das Heu. Dort lagen die beiden slowenischen Mädchen abwechselnd am Bauch und unterhielten sich mit den Burschen von nebenan. »Die Wienerin soll zum Telefon kommen!«, erklang es von dort her in deutscher Sprache. Die Mädchen machten mir Platz, und nun lag ich vor unserem Geheimtelefon am Bauch. Eine sanfte, wohlklingende Stimme mit weichem polnischen Akzent versuchte mich zu trösten. Ich habe das Gesicht von Jan Kolar nie gesehen, doch seine Stimme klingt mir heute noch im Ohr.

»Dich hat man auf einer Bahre hergebracht«, meinte er, »und du kommst aus dem Ausland, da dauert es etwas länger«. Er erzählte mir von vierzig Häftlingen, die aus der deutschen Gefangenschaft befreit worden sind. Slowenische und italienische Partisanen, deren Angaben man rasch überprüfen konnte.

Er selbst war der Sohn eines polnischen Großgrundbesitzers, der durch die Arbeit von mehr als hundert besitzlosen Landarbeitern zu Reichtum gelangt war. 1937 war er nach Wien gegangen, um Germanistik zu studieren und bekam Kontakt zu einer illegalen kommunistischen Studentengruppe. Als die deutsche Armee in Polen einmarschierte, mussten Jan und seine Verlobte das Studium in Wien aufgeben und flüchten. Ein katholischer Pfarrer, der ihn zu den Partisanen bringen wollte, versteckte ihn, aber weil die Partisanen nicht kamen, musste er sich allein auf den Weg machen.

»Die Deutschen haben mich gefangen, und jetzt die Slowenen. Für mich wird aber dieser Pfarrer zeugen. Man hat mir hier versprochen, dass man sich mit ihm in Verbindung setzen wird. Ich muss nur Geduld haben.«

Ich konnte seine Zuversicht nicht teilen, aber er bat mich eindringlich:

»Wenn du nach dem Krieg wieder nach Wien kommst, kannst du meine Braut aufsuchen? Sie heißt Magda Cegilski und wohnt in der Währingerstraße Nummer acht. Denn wenn ich nicht dort bin, bitte ich dich, erzähle ihr wenigstens von mir.«

Komm, Genossin!

Als mich das nächste Mal ein Partisan abholte, streckte ich ihm schon die Hände zum Fesseln entgegen. Doch er schüttelte den Kopf. »*Pet, tovarišica!* Komm, Genossin«, sagte er nur, und diesmal wurde ich einem Major vorgeführt, der gut deutsch konnte. »Nun, Marjana, wie fühlst du dich jetzt?«, fragte er freundlich. »Ich hoffe, du kannst unsere Vorsicht verstehen, wenn ich dir erzähle, dass wir ständig von Spionen umgeben sind und daher übervorsichtig sein müssen.« Und dann erzählte er mir die unglaublichsten Geschichten, wie sich Spione bei ihnen eingeschlichen hätten. Sogar Frauen mit Handgranate in der Damenbinde. Auch unter den Slowenen gab es Kollaborateure, sogar bewaffnete Formationen, die gegen Partisanen kämpften. Vor allem die Königstreuen, die Bela Garda. »Es wäre ein Leichtsinn gewesen, dir aufs Wort zu glauben«, sagte er abschließend.

»Und wieso glauben Sie mir jetzt?«, fragte ich aufgeregt. Da überreichte er mir einen Brief, den ich gleich lesen durfte. Ich erkannte sofort Rudis Handschrift. Und nun erfuhr ich von Rudis Flucht aus dem Linzer Lager zu den Partisanen. Und ich sollte unter allen Umständen bleiben, wo ich bin. Er würde versuchen, zu mir zu kommen.

Ich war selig und die Tränen liefen mir über die Wangen. Der Major wartete geduldig bis ich mich beruhigt hatte, ließ Kaffee kommen und strahlte Güte aus.

Doch ich hatte das Erlebte noch nicht ganz überwunden und fragte: »Was wäre wohl mit mir geschehen, wenn dieser Brief nicht gekommen wäre?«

Da deutete er in eine Ecke des Zimmers. Dort lagen mein Rucksack und meine Decke, und er sagte lächelnd: »Wir haben natürlich über dich Erkundigungen eingezogen und dir auch deine Sachen bringen lassen. Dort in Cerkno lag auch dieser Brief.«

Bei dieser Gelegenheit erfuhr ich, dass Briefe nur in den seltensten Fällen befördert wurden. Sie konnten ja nur durch Kuriere überbracht werden. Und niemals durfte man in einem Brief seinen Standort bekanntgeben.

Und noch etwas erfuhr ich an diesem Tag. Seit meinem Abmarsch aus Cerkno waren nicht mehr als 17 Tage vergangen.

Immer noch zaghaft, trug ich dem Major eine Bitte vor:

»Unter den Gefangenen ist ein Pole namens Jan Kolar. Bitte lassen Sie ihn frei, der ist bestimmt in Ordnung und er glaubt so fest daran, dass hier bei den Partisanen Gerechtigkeit herrscht.«

»Gerechtigkeit ja«, antwortete er, »aber auch Vorsicht. In einem Land, das von Feinden besetzt und umringt ist, haben wir eine noch größere Verpflichtung, nämlich unsere Leute vor Gefahr zu schützen. Aber sei unbesorgt. Ich kann dir versichern, dass bei uns keine Gefangenen, auch keine Kriegsgefangenen getötet werden. Wenn wir einen guten Eindruck von deinem polnischen Freund gewinnen, wird er auch bei uns als Partisan eingesetzt werden. Wir sind für jede Unterstützung unseres Kampfes dankbar, woher sie auch kommen mag.«

In Gorenja Tribuša

Am nächsten Tag marschierten wir bergauf zur nächsten Einquartierung. Obwohl wir ständig von Gefahren umgeben waren, genoss ich meinen ersten »Ausflug« nach der schrecklichen Gefangenschaft. Leider erfuhr ich dabei, dass Towarisch Janez von den Deutschen erschossen worden war. Wahrscheinlich dachten sie, ein junges Mädchen würde eher den Ort der Kommandostelle verraten, zu der wir unterwegs waren. Die Engländer haben sie wohl als Kriegsgefangene nach Ljubljana gebracht.

»Und was ist mit den Deutschen geschehen, die uns in den Keller gesperrt hatten?«, fragte ich den Major ganz unnötigerweise. Und er antwortete:

»Sie haben sich unser Land angeeignet und uns unserer Nationalität beraubt. Rücksichtslos siedeln sie jene aus, die sich nicht unter ihrer Knute beugen. Tausende haben sie in Konzentrationslager gebracht, weil sie sich geweigert haben, Deutsche zu werden. Sie sind die Angreifer, wir setzen uns nur zur Wehr!«

»Ich wünschte, meine Landsleute hätten das 1938 auch getan«, sagte ich. Nach den Deutschen habe ich gefragt, weil einer von ihnen Mitleid mit mir hatte.

Das Haus, in das wir einquartiert wurden, lag hoch oben in Gorenja Tribuša. Dort sollte ich auf Rudi warten und ich war voll der Vorfreude.

In Gorenja Tribuša teilte ich mein Zimmer mit zwei russischen Mädchen. Auch diese Begegnung wurde für mich ein bedeutsames Erlebnis.

Olja war 25 Jahre alt. Sie hatte vor ihrer Verschleppung nach Deutschland an einem Kiewer Gymnasium russische und deutsche Literatur unterrichtet. Die etwas jüngere Galina war Ingenieurin. Doch beide stammten aus Arbeiterfamilien. Ich hatte vorher keinen privaten Umgang mit Intellektuellen gehabt. Lehrer und Ärzte waren für mich hochstehende Persönlichkeiten gewesen, vor denen ich ungeheuren Respekt hatte. Rechtanwälte und Künstler kannte ich nur vom Hörensagen und von einer »Ingenieurin« hatte ich überhaupt noch nie gehört. Und da saßen nun diese beiden jungen Mädchen vor mir und erzählten mir begeistert von ihrer Studentenzeit und ihrer Arbeit. Ich kam mir schrecklich ungebildet vor. Ich war es ja auch, sonst hätte ich wohl nicht diese dumme Frage gestellt: »Na und kann man bei euch in Russland eigentlich auch Schmucksachen kaufen?«

»Man kann«, entgegnete Olja, »aber weshalb sollte man? Ich glaube nicht, dass mich eine Goldkette am Hals schöner macht.«

Nach der Zeit mit meinen »intellektuellen Freundinnen«, entschloss ich mich, nach dem Krieg alles an Bildung nachzuholen, was mir das Hitlerregime vorenthalten hatte.

Nach zwei oder drei Tagen wurde ich wieder zu dem Kapetan gerufen, der das erste Verhör mit mir geführt hatte. Darinka war wieder dabei, um zu übersetzen.

»Also Marjana«, ließ er mir durch Darinka sagen, »wir haben eine besondere Aufgabe für dich. Du kommst in das befreite Gebiet.«

Das klang so, als ob er sagen würde, du kommst ins Paradies. Erst später erfuhr ich, dass es sich dabei um jenes Territorium zwischen Novomesto und Karlovac handelte, das nach der Kapitulation Italiens von den Partisanen besetzt wurde und von den Deutschen nicht mehr zurückerobert werden konnte. Welche Aufgabe ich dort erhalten sollte, sagte er nicht. Ich war immer noch zu wenig Soldat, um diese Mitteilung widerspruchslos entgegenzunehmen.

»Aber ich soll doch hier auf meinen Freund warten!« Kopfschüttelnd fragte mich der Kapetan: »Sagtest du nicht, du bist zu uns gekommen, um gegen den Faschismus zu kämpfen? Nun, wir wissen jetzt, wie du das am wirkungsvollsten tun kannst. Du wirst dort gebraucht, weil du gebildet bist.« Er blickte kurz in einen Akt, den er vor sich liegen hatte, und las vor: »Handelsschule, Abend-Maturaschule…«

»Aber das war doch bei den Faschisten!«, rief ich aufgeregt. »Die haben doch die Geschichte verfälscht und uns Rassenkunde gelehrt. Das war keine Bildung sondern Verbildung!«

Darinka hatte wohl etwas Mühe mit der Übersetzung. Was dabei herauskam war, dass der Kapetan mich für gebildet genug hielt, mir dieser Verbildung bewusst zu sein. Und das sei eine ausreichende Qualifikation.

Ich tröstete mich damit, dass ich schließlich allein in dieses Land gekommen war und vor Erhalt des Briefes nie damit gerechnet hatte, mit Rudi zusammenzutreffen. Eigentlich müsste ich doch für diesen Vertrauensbeweis dankbar sein.

Es wurde eine Ceta zusammengestellt, das sind ungefähr dreißig Mann, die den Marsch nach dem gepriesenen Črnomelj antreten sollten. Vor dem Abmarsch wurde ich nochmals zu dem Kapetan gerufen. »Ich habe eine Neuigkeit für dich, die dich interessieren wird. Vor einem Monat sind mehrere Österreicher mit dem Fallschirm über dem Gebiet von Črnomelj abgesprungen. Sie kamen aus der Sowjetunion und sind dabei, ein österreichisches Bataillon aufzustellen«.

Ich war außer mir. »Österreicher! Aus der Sowjetunion!« »Darf ich mich denen dann anschließen, wegen der Verständigungsschwierigkeiten?« »*Hudič!*, (Zum Teufel noch mal!)«, tat er erbost, »ich dachte, du bist eine der unsrigen! Wenn du deinen Karlin heiraten willst, sollst du doch eine richtige Slowenin werden.«

Einundzwanzig Tage

Es war Dezember 1944 und bitterkalt, als ich mit den dreißig Mann den Marsch von Tribuša nach Črnomelj antrat. Anführer war ein junger Politkommissar namens Triglav. Wir marschierten aber nicht auf Straßen, sondern über die Berge, durch die Wälder und fast immer nachts. Vom Marschieren konnte keine Rede sein: Wir krochen und stolperten über Steine und Wurzeln, und manchmal verloren wir auch die Orientierung.

Auch tagsüber, wenn wir uns versteckt hielten, kamen wir kaum zum Schlafen, weil wir uns die meiste Zeit im Freien aufhielten. Jeder von uns besaß nur eine Decke, die uns kaum vor dem Erfrieren hätte schützen können. Wir legten daher unsere Decken zusammen und lagen zu dritt oder zu viert eng aneinander gepresst auf einem Reisiglager. Mich hat man meistens in die Mitte genommen, was natürlich oft eine ziemliche Qual für die jungen Männer war.

Einmal fanden wir eine leere Holzfällerhütte, deren Fenster zwar kein Glas mehr hatten, die uns aber wenigstens vor dem eisigen Wind schützte. Zwei- oder dreimal schliefen wir in einem Stall, auf Stroh, und direkt zwischen den Kühen. Mein Gott, wie habe ich die Wärme genossen, die diese Tiere ausstrahlten. Dabei hatte ich früher vor Kühen immer Angst gehabt. Und dann die Läuse! Diese schrecklichsten aller Feinde, die man nicht los wurde und gegen die man sich nicht wehren konnte. Auf meinem Kopf wurlte es nur so und in meiner Strickjacke saß buchstäblich in jeder Masche eine Laus.

Als wir von Tribuša wegzogen, hatte jeder von uns einen Wecken Maisbrot erhalten. Bei vernünftiger Einteilung hätte diese Ration für mehrere Tage gereicht, aber ich war nicht vernünftig. Besonders Brot war ein so seltener Genuss, dass ich es schon am zweiten Tag aufgegessen hatte. Und dann kam der Hunger. Mein Sprachschatz reicht nicht aus, um die Qualen zu beschreiben, die ein knurrender Magen verursacht, der bei diesen Strapazen drei oder vier Tage leer bleiben muss.

Wir hatten zwar einen Sack Maismehl mit, den Triglav neben seinem eigenen Rucksack noch schleppte. Die übrigen Kameraden trugen abwechselnd einen Wasserkessel. Aber umzingelt von den Deutschen hätte der Schein eines Feuers unser Versteck verraten. Die furchtbare Kälte wurde immer ärger. Die Burschen versuchten sich durch Körperbewegungen warm zu halten, ich aber fühlte mich zu schwach dazu und nach und nach überfiel mich grenzenlose Verzweiflung.

Ich glaubte nicht mehr daran, dass wir jemals unser Ziel erreichen würden, und in wenigen Tagen würden wir ohnehin verhungert sein. Todmüde, mit vor Kälte starren Gliedern, entfernte ich mich heimlich von der Gruppe, schleppte mich mit letzter Kraft tiefer in den Wald hinein und legte mich in den Schnee. Ich wollte einschlafen und nicht mehr erwachen. Ich weiß nicht, ob Stunden oder nur Minuten vergangen waren, als ich leise meinen Namen rufen hörte: »Marjana, wo bist du, Marjana?« Ich antwortete nicht und verkroch mich tiefer in das Gebüsch. Doch plötzlich stand Triglav vor mir, zog mich hoch und rüttelte mich an den Schultern. »Lass mich«, sagte ich, »ich kann nicht mehr«.

Da fluchte er leise vor sich hin und zog mich fort. Ich war zu kraftlos, um mich zu wehren. Er brachte mich zur Gruppe zurück, die mich schweigend empfing. Meine Hände waren bereits ganz gefühllos und von unnatürlich bläulicher Farbe. Triglav rieb sie mir mit Schnee ab, bis ich langsam wieder den Blutstrom fühlte. Dann machte er eine kleine Grube und füllte sie mit Tannenreisig. Darauf legte er mich, bedeckte mich mit Reisig und setzte sich neben mich.

»Also du wolltest ausreißen. Warum bist du eigentlich zu uns gekommen?«, fragte er.

»Ich wollte gegen die Faschisten kämpfen«, antwortete ich leise, »aber die sind doch stärker als wir.«

»Millionen Menschen kämpfen heute gegen den Faschismus«, erklärte er mir, »nicht nur die Rote Armee und die Alliierten, sondern hunderttausende Antifaschisten in den von den Deutschen besetzten Ländern und in Deutschland selbst. Millionen sind in diesem Kampf schon gefallen. Aber wir und viele andere kämpfen weiter gegen den Faschismus und für ein Leben ohne Ausbeutung und Krieg. Deshalb haben wir geradezu die Verpflichtung, diesen Krieg zu überleben. Wie kannst du leichtfertig den Tod suchen, wo uns doch ungeheure Aufgaben nach dem Krieg erwarten?«

Ich lag nur beschämt da und konnte ihm nicht antworten. Da fragte er mich mit sanfter Stimme: »Hast du noch eine Mutter?« »Nein«, sagte ich. »Niemanden, der zu dir gehört und auf dich wartet?« Ich fühlte, wie mir die Tränen kamen und flüsterte: »Doch, meine Schwester, meine Tanten…«

»Siehst du«, sagte Triglav, »und auf mich wartet meine Mutter. Sie hat unendliche Opfer erbracht. Ich würde dir gerne ihre Geschichte erzählen, wenn du bereit bist, mir zuzuhören.« Die Kameraden hatten inzwischen ein Nachtlager vorbereitet. Zeltartige Gebilde aus Zweigen und Reisig sollten uns vor der Kälte schützen.

Und dann erzählte Triglav seine Geschichte, die sich über viele Stunden erstreckte. Denn sie musste immer wieder unterbrochen werden. Wir waren von der Kälte gezwungen, immer wieder dazwischen aufzustehen, und uns durch Bewegung zu erwärmen. Aber danach erzählte Triglav weiter und ich hörte gebannt zu.

Obwohl seine Deutschkenntnisse mangelhaft waren, habe ich ihn dennoch verstanden. Seine Geschichte hat mich so erschüttert, dass ich sie nun mit meinen eigenen Worten erzählen will. So, wie sie mir in all den Jahren in Erinnerung geblieben ist.

»Einer aus jeder Familie«: Dezember 1944, Towarisch Triglav erzählt

»Wir haben eine kleine Landwirtschaft, die von meiner Mutter und meinen drei Brüdern bewirtschaftet wurde. Unser Vater ist schon vor Jahren nach einem Arbeitsunfall gestorben. Der kleine Acker gab viel Arbeit und ernährte uns recht und schlecht. Mutter war ein Arbeitstier. Sie betete zu Gott um eine gute Ernte und dankte ihm, auch wenn sie schlecht ausgefallen war. Am Geburtstag des Königs stellte sie eine Kerze unter das Kruzifix. Und jeden Sonntag ging sie zur Messe.

Dann kam das Jahr 1941, und die Deutschen überfielen unser Land. Mutter nahm wenig Notiz davon. Sie jubelte ihnen nicht zu, aber sie empörte sich auch nicht.

›Wir sind arme Leute‹, sagte sie, ›wir müssen unsere Arbeit tun und auf Gott vertrauen.‹ Als der König das Land verließ, stellte sie keine Kerze mehr zum Kruzifix.

Ich war damals erst 16 Jahre alt und verstand noch nicht recht, was um mich herum vorging. Aber meine älteren Brüder saßen abends oft in der Küche und sprachen über Faschismus und Krieg, über die Rote Armee, über nationale Befreiung, und manchmal fiel das Wort ›Partisanen‹.

Eines Tages brachten sie ein Flugblatt. »Einer aus jeder Familie« stand als fette Überschrift. Es war ein Aufruf der *Osvobodilna Fronta* (OF) an die Bevölkerung, sich dem Befreiungskampf gegen die Okkupanten anzuschließen.

Mutter wollte davon nichts hören. Was soll denn eine Handvoll unausgerüsteter und im Kriegshandwerk unerfahrener Burschen gegen die Übermacht der Deutschen Armee ausrichten? »Wir haben zu arbeiten«, sagte sie, »und können uns keine Abenteuer leisten.«

Meine Brüder aber waren anderer Ansicht. Und als ich Näheres über die Partisanenbewegung in unseren Wäldern erfuhr, war auch ich Feuer und Flamme. ›Lass uns gehen, Mutter! Es ist unsere Pflicht gegenüber der Heimat.‹

›Und der König?‹, fragte Mutter, ›hat der seine Pflicht getan? Nein, nein! Unsere Pflicht ist es, den Acker zu bestellen.‹

Aber eines Tages waren die Brüder fort. Auf dem Küchentisch lag ein Zettel:

›Wir sind in die Berge gegangen.
Tod den Faschisten, Freiheit dem Volk!
Smrt fašizmu – svoboda narodu!‹

Mutter warf die Flugblätter der OF zornig weg und sprach danach nur mehr das Nötigste. Mit zusammengepressten Lippen arbeitete sie bis in die Nacht hinein.

Die Deutschen hatten sich inzwischen in unserem Dorf einquartiert. Unser Haus war ihnen zu primitiv, so blieben wir selbst von ihnen verschont. Wenn der deutsche Soldat kam, um die Milch und andere Lebensmittel abzuholen, zu deren Ablieferung wir verpflichtet waren, reichte Mutter ihm wortlos den Korb. Einmal hörte ich sie flüstern: ›Diese Banditen! Mit welchem Recht bestehlen sie uns?‹

›Unsere Partisanen werden sie hinausjagen‹, rief ich voll Begeisterung.

›Die Partisanen werden sterben‹, antwortete sie, ›alle werden zugrunde gehen!‹

Eines Nachts, viele Monate nachdem die Brüder gegangen waren, klopfte es an unser Fenster. ›Mutter Angela‹, rief jemand leise, ›komm schnell heraus!‹

Wir stürzten aus den Betten. Draußen stand Mateus, ein alter Bauer, dessen Hütte sich am Ende des Dorfes, nahe des Waldes befand. ›Kommt mit!‹, sagte er, und führte uns zu seinem Haus. Drinnen auf der Ofenbank lag mein Bruder Dušan. Sein Hemd war blutig. ›Wir haben ihn draußen gefunden. Bis vor unser Haus konnte er sich schleppen‹, sagte Mateus.

›Ich wollte dich besuchen, Mutter‹, flüsterte Dušan, bevor seine Augen brachen.

Wir konnten ihn nicht in unserem Garten begraben, es wäre zu gefährlich gewesen, ihn durch das ganze Dorf zu tragen. Mutter nahm nur seine Mütze mit, die Mütze mit dem roten Stern.

Zu Hause schrie sie wild auf: ›Sie sind alle Mörder, die Faschisten, und die, die unsere Leute in den Tod treiben!‹ Danach wurde sie noch schweigsamer. Doch wenn uns ein Flugblatt der OF gebracht wurde, versteckte sie es bis zum Abend unter ihrer Schürze. Dann, nach Beendigung ihrer Arbeit, holte sie ihre Brille und las es aufmerksam durch. Auch ich litt unter Dušans Tod. Doch der Wunsch zu kämpfen, war ungebrochen. Mit Mutter wagte ich jedoch nicht darüber zu sprechen.

Ungefähr ein halbes Jahr später brachte uns ein Kurier die Nachricht, dass Mirko, mein zweiter Bruder, gefallen war. Diesmal schrie Mutter nicht. Sie ließ den Kurier den ganzen Tag in der Kammer schlafen. Und als er sich nach Einbruch der Dunkelheit verabschiedete, gab sie ihm einen Sack mit Lebensmitteln mit. Dann entzündete sie zwei Kerzen und stellte sie unter das Kruzifix. In der Nacht hörte ich sie leise weinen. Doch am nächsten Tag sprach sie mit mir: ›Die Deutschen lassen uns zwar nur das Nötigste. Aber wenn du mit noch weniger auskommen kannst, könnten wir vielleicht hin und wieder einen Sack Kartoffeln für die im Wald abgeben.‹

Doch mich wollte sie nicht gehen lassen. ›Oh nein‹, sagte sie, ›zwei haben sie mir schon genommen, und einer kämpft. Wir haben mehr als unsere Pflicht getan.‹

1943, nach der Kapitulation Italiens, wurde unser Dorf befreit und von Partisanen besetzt. Mutter wusch ihre Hemden und kochte für sie.

Eines Tages kam Darko, mein dritter Bruder, zu Besuch. Er blieb eine ganze Woche und diskutierte mit Mutter viele Stunden lang.

Wenige Wochen danach erhielten wir einen Brief von Darko. Er war an Typhus erkrankt und lag in einem Lazarett, etwa 20 Kilometer von unserem Dorf entfernt. Mutter packte ihr Bündel, zog ihre festen Schuhe an und machte sich auf den Weg.

Als sie nach einigen Tagen zurückkam, war sie eine alte Frau, die sich kaum noch auf den Beinen halten konnte. Ich brauchte sie nichts zu fragen und ich wagte auch nicht, sie zu trösten. Ich zog ihr die Schuhe aus, wusch ihre wunden Füße und brachte sie zu Bett.

Am nächsten Tag war sie schon vor mir auf. Als ich in die Küche kam, verschnürte sie einen Rucksack. Sie kochte mir Eier zum Frühstück und legte ein großes Stück Käse auf mein Brot. Dann brachte sie Dušans Mütze mit dem roten Stern. ›Einer aus jeder Familie, Bub‹, sagte sie leise, ›das ist unsere Pflicht. Bist du bereit zu gehen?‹ So ging ich. Aber ich werde zurückkehren, es ist meine verdammte Pflicht, zurückzukehren.«

Eine aufregende Nacht

Als wir die Bahnlinie Ljubljana–Triest überschreiten mussten, erlebten wir eine aufregende Nacht. Unsere Gruppe war inzwischen größer geworden. Zwölf amerikanische und englische Offiziere, die aus Italien kamen, hatten sich uns angeschlossen. Wir teilten unseren Mais mit ihnen, wenn wir einmal Gelegenheit hatten, ihn in Wasser zu kochen. Sie hatten so auffallend saubere Uniformen an und hielten sich immer ein bisschen abseits von uns, weil wir so schmutzig waren und offensichtlich von Läusen geplagt wurden. Wir sollten sie nach Črnomelj bringen, wo es alliierte Missionen gab und wo man mit den Flugzeugen angeflogen werden konnte. Auch eine Gruppe italienischer Partisanen hatte sich zu uns gesellt. Mit ihnen kamen wir gut aus. Man musste sie nur häufig ermahnen, etwas leiser zu sein.

Entlang der ganzen Bahnstrecke, auf beiden Seiten der Gleise, lief ein Stacheldraht. Die Wachtürme entlang der Strecke standen so nahe aneinander, dass wir jeweils durch die beleuchteten Fenster die schattenhaften Umrisse der deutschen Soldaten erkennen konnten. Sogar die Musik aus ihrem Radio konnte ich hören: »Rosamunde, schenk mir dein Herz und dein Ja…« Und ständig kreisten die Scheinwerfer.

Wir mussten einzeln durch den Stacheldraht schlüpfen und in gebückter Stellung die Gleise geräuschlos überqueren, jedoch schnell genug, bevor der nächste Scheinwerferstrahl kam. Und erst wenn der Vordermann glücklich drüben gelandet war, durfte der nächste starten.

Es sollte noch eine Weile dauern, bis ich an die Reihe kam und ich musste schon so dringend aufs Klo. Als ich es nicht mehr aushalten konnte, fragte ich flüsternd den Kommissar Triglav, ob ich mich in den Wald schleichen dürfe. Doch das ging nicht, denn am Waldrand lag vereister Schnee, und das Knirschen der Eisdecke hätte uns verraten können. Da blieb mir nichts anderes übrig, als mitten unter den Männern die Hose herunter zu lassen.

Und dann war ich dran. Das Herz klopfte mir bis zum Hals.

»Los jetzt! Ganz knapp hinter dem Scheinwerferstrahl… Wie viele Schritte sind es bis zum Zaun?«…Jetzt durch den Stacheldraht und knapp daneben flach hinlegen und den nächsten Strahl abwarten … Und nun hinüber robben… »Leise, leise!«…Die ersten Schienen sind geschafft!… Schnell weiter … wie viele Meter noch? Und dann der nächste Draht… Wieder flach hinlegen und den Scheinwerferstrahl vorüber ziehen lassen! Wenn ich jetzt nur den kleinsten Fehler mache, habe ich fünfzig oder sechzig Menschen auf dem Gewissen! Und dabei habe ich das Gefühl, der einzige Mensch auf der Welt zu sein. Jetzt noch einmal durch den Draht, und – verflucht – ich bleibe mit meinem Regenmantel hängen.«

Ich wollte mich schon losreißen, doch zum Glück war Towarisch Triglav mein Vordermann. Er hatte auf mich gewartet, packte mich, und löste ganz vorsichtig den Mantel aus dem Stachel. Selbst das Vibrieren des Drahtes hätte uns zum Verhängnis werden können.

Wir sind alle glücklich hinübergekommen. Doch nun wurde das Gelände immer gefährlicher. In dem karstigen Gebiet gab es weder Bäume noch Sträucher. Da lagen wir am Tag einzeln hinter Felsblöcken, oder versteckten uns – flach auf dem Boden liegend – unter den niedrigen Latschen. An Schlafen war nicht mehr zu denken. Ich sah eine deutsche Patrouille so nahe, dass ich fürchtete, mein Herzschlag würde mich verraten.

Der 24. Dezember 1944

Nachts marschierten wir weiter. Meine Kameraden benahmen sich großartig. Wenn ich vor Müdigkeit nicht mehr weiter konnte, fassten mich zwei unter den Armen, und ich glaube, ich habe sogar im Gehen geschlafen.

Das Gebiet von Primorska, durch welches wir nun zogen, war von Slowenen und Italienern bewohnt. In einem Dorf mit vorwiegend italienischen Bauern versuchte der Kommissar Lebensmittel zu kaufen. Das Kaufen ging so vor sich, dass der Bauer eine Bestätigung für die zur Verfügung gestellten Lebensmittel erhielt, mit welcher er nach dem Sieg entschädigt werden sollte. Oder er bekam Partisanengeld, das man nach dem Krieg in echtes Geld umtauschen konnte.

Vielleicht haben die italienischen Bewohner dieses Dorfes nicht an den Sieg der Partisanen geglaubt oder sie fühlten sich Italien zugehörig. Jedenfalls verkauften sie uns nichts. Wir hatten schon mehrere Tage nichts gegessen.

Die Engländer und die Amerikaner, die mit uns zogen, besaßen italienisches Geld. Sie kauften damit Brot und ließen sich sogar Hühner braten. Geteilt haben sie jedoch nicht mit uns. Und bekanntlich wird das Hungergefühl ja noch unerträglicher, wenn man andere essen sieht.

Ein Towarisch hatte in seinem Rucksack noch ein Paar goldene Manschettenknöpfe, die er durch mich einem Amerikaner zum Kauf anbot. Doch der lehnte ab und auch seine Kameraden schüttelten verneinend die Köpfe.

»Ist der Preis zu hoch?«, fragte ich. »No, we are just not interested«, erhielt ich zur Antwort. »Prekleti imperialisti! (verfluchte Imperialisten!)«, murmelte mein Kamerad, als er seinen kostbaren Besitz wieder einpackte.

Mich entsetzte der Egoismus und dieses unsoziale Verhalten der englisch-amerikanischen Offiziere. Sie waren zwar nicht aus Sympathie zu uns gekommen, aber immerhin brauchten sie uns Partisanen, um sie zu ihrem Flugzeugstützpunkt nach Črnomelj zu bringen. Aber weder unsere Hilfe noch die gemeinsam überstandenen Gefahren haben bei ihnen ein Solidaritätsgefühl entstehen lassen.

In einem einsam auf einem Hügel gelegenen, halb verfallenen Bauerngehöft machten wir eine längere Rast. Das Haus war nur von einer alten zahnlosen Frau bewohnt, der der Hunger aus den Augen sah. Towarisch Triglav hatte wieder irgendwo einen Sack Maismehl aufgetrieben, und da die Alte etwas Salz beisteuerte, konnten wir uns mit der Polenta nicht nur den Magen füllen, sie schmeckte uns sogar.

»Weißt du welcher Tag heute ist?«, fragte mich Towarisch Triglav.

Ich hatte keine Ahnung. »Der 24. Dezember«, sagte er.

»Mein Gott, Weihnachten! Vielleicht erleben sie heute zu Hause in Wien eine alarmlose Nacht, ohne Kuckuck. Und bestimmt werden sie an mich denken, meine Schwester und meine Tanten«, dachte ich.

Als wir abends um das Lagerfeuer saßen und leise unsere Partisanenlieder sangen, brachte die alte Frau einen Sack mit getrockneten Birnen. »*Za božič*, (für Weihnachten)«, sagte sie, als sie jedem von uns eine Handvoll gab.

Ein kostbareres Weihnachtsgeschenk habe ich nie erhalten.

Wir laufen um unser Leben

Das sogenannte »befreite Gebiet«, in dessen Mitte Črnomelj lag, war in einem Radius von etwa dreißig Kilometern von den Deutschen eingekreist. Novomesto und Karlovac waren noch in ihrer Hand. Je näher wir diesem Gebiet kamen, umso vorsichtiger mussten wir sein. Belakranja ist ein sanftes Hügelland, in welchem man sich nicht so gut verstecken kann wie in den oberkrainischen Bergen.

Kurz vor dem Ziel schliefen wir eines Nachts wieder in einem Stall. Plötzlich wurde Alarm gegeben. *»Hitro, hitro«*, hörte ich Menschen um mich herum schreien, »Schnell, wir werden angegriffen!« Ich hatte nicht einmal mehr Zeit, meine Schuhe zu schnüren.

Und dann liefen wir um unser Leben. Mitten durch den Kugelhagel. Ich konnte nicht feststellen, woher die Schüsse kamen. Ich lief nur blindlings meinen Kameraden nach, von denen manche offenbar ihren Rucksack nicht mehr hatten packen können. Im Laufen hob ich da eine Jacke, dort einen Schuh auf. »Das werden die doch noch brauchen«, dachte ich naiv, und musste die Sachen später wieder abwerfen, da sie mich beim Laufen hinderten.

Schließlich mussten wir noch den Krka-Fluss durchwaten. Das eisige Wasser ging mir bis zur Hüfte und als wir am anderen Ufer weiter liefen, konnte man das Klirren der steifgefrorenen Hosenbeine hören. Die Schüsse klangen immer entfernter und verstummten schließlich ganz.

In einem Dorf sammelten wir uns, um auf alle Nachkommenden zu warten.

Plötzlich begann einer grundlos zu lachen. Und alle anderen stimmten in das hysterische Gelächter ein und konnten einfach nicht mehr aufhören. Die ganze Anspannung der letzten Stunden schien sich in diesem Lachen auflösen zu müssen.

Einen ganzen Tag warteten wir darauf, wieder vollzählig zu werden. Sieben Mann fehlten. Sie kamen auch nicht wieder. Am Abend wurden wir von einer anderen Partisanengruppe zum Essen eingeladen. Der Koch entschuldigte sich bei uns: »Die Würste sind leider genau für unsere Leute abgezählt, aber Bohnensuppe haben wir genug.« Für uns war es ein Festessen. Während des Essens kam ich mit einem älteren Russen ins Gespräch, der aus einem Fremdarbeiterlager in Österreich zu den Partisanen geflohen war. »Aus Wien kommst du gar?«, fragte er verwundert. »Ja haben dich denn deine Eltern gehen lassen?« »Ich habe keine Eltern mehr«, sagte ich. Da sah er mich ganz mitleidsvoll an. »Keinen Vater? Keine Mutter?«

Und plötzlich fasste er mit der Hand in seine Bohnenschüssel, holte mit den Fingern die Wurst heraus und ließ sie in meine Schüssel fallen.

Ich bin den Vergleich in meinem ganzen Leben nicht mehr losgeworden: Die Wurst in den nicht ganz sauberen Fingern des Russen und die gepflegten Hände der anderen Alliierten, die die Hühnerkeule nur zum eigenen Mund führten.

Črnomelj

Towarisch Triglav, unser Politkommissar, hatte uns heil nach Črnomelj gebracht. Aber danach musste er wieder weiter ziehen und ich blieb dort. Beim Abschied sah ich ihm dankbar in die Augen und erinnerte ihn an sein Versprechen: »Du wirst zurückkehren, es ist deine verdammte Pflicht, zurückzukehren.«

Dann trennten sich unsere Wege. Da ich nur seinen Decknamen kannte, konnte ich ihn nach der Befreiung nicht suchen. Und das ist gut so. Denn so bleibt mir wenigstens die Hoffnung, dass er überlebt hat.

21 Tage haben wir für den Marsch von Tribuša nach Črnomelj gebraucht. Wirklich nur 21 Tage? Nicht 21 Wochen oder Monate? Für mich dauerten diese drei Wochen eine ganze Ewigkeit. Ich hatte solchen Respekt vor meinen Kameraden, die schon jahrelang ein solches Leben führten und immer noch die Kraft besaßen, dieses Leben voller Entbehrungen und Gefahren weiterzuführen.

Črnomelj sah nicht gerade paradiesisch aus mit seinen zerschossenen Häusern und dem Schutt auf den Straßen. Und doch war es himmlisch, wieder in einer warmen Stube zu sitzen, die Kleider entlausen zu lassen und uns selbst und unsere Wäsche wieder einmal gründlich waschen zu können. Nur die Kopfläuse bildeten noch ein Problem. Für die Burschen war das einfach, die ließen sich die Haare scheren. Doch dazu konnte ich mich nicht entschließen. Petroleum war nirgends aufzutreiben. Ein Apotheker gab mir schließlich ein Säckchen Naphthalin, ich sollte es damit versuchen. Es half auch, aber der wundgekratzte Kopf brannte wie Feuer.

Aber von den anderen Läusen war mein ganzer Körper mit Krätze bedeckt. *»Srbicia«* nannten die Partisanen diese Krankheit. Das ist sicher kein medizinischer Ausdruck, sondern eine jener neuen Wortschöpfungen, um welche die slowenische Sprache während des Freiheitskampfes bereichert wurde. »Damit musst du ins Lazarett nach Metlika«, sagte mein neuer Vorgesetzter. »Ich werde versuchen, einen Fahrer aufzutreiben.« Und dann kam er mit einem zweirädrigen Leiterwagen angefahren, dem ein alter Gaul vorgespannt war. Neben ihm auf dem Kutschbock saß ein junger Mann in schwarzer Kutte. Ich hätte hellauf lachen können, als der Partisan sagte: »Der Towarisch Pfarrer hat sich bereit erklärt, dich hinzufahren.«

Genosse Pfarrer! Ja ist denn so etwas möglich? Unterwegs unterhielten wir uns halb deutsch, halb slowenisch. Er unterstützte nicht nur die Partisanenbewegung, er war selbst Partisan. In der *Osvobodilna Fronta* waren nämlich alle Antifaschisten und Patrioten vereinigt. Solange er noch in der Brigade war, trug er auch eine Uniform. Erst hier in Črnomelj übte er wieder Seelsorge aus. Ich war wieder um eine Erfahrung reicher geworden.

Das Lazarett war in einer Baracke untergebracht. Die Verwundeten und Kranken lagen auf primitiven Holzpritschen. Doch als mir der Arzt die erste Calziumspritze verabreichte, sagte er stolz: »Die wurde schon in unserer eigenen Fabrik erzeugt.«

Dann musste ich mich mehrmals am Tag in ein mit Schwefelwasser gefülltes Weinfass setzen. Dem Arzt vertraute ich auch ein anderes Problem an. Ich hatte nämlich seit meiner Abreise aus Wien keine Menstruation mehr gehabt. Immerhin drei Monate, und ich war ganz bestimmt nicht schwanger. Der Arzt konnte mich aber beruhigen:

»Das kommt von den Strapazen und der ungewohnten Nahrung. Sei froh, dass dir diese unangenehme Sache erspart geblieben ist. Unsere Mädchen im Wald sind schrecklich arm, weil es doch sehr oft keine Möglichkeit zur Reinigung gibt. Wenn wir wieder Frieden haben, dann wirst du auch deine Regel wieder bekommen.«

Schon am nächsten Tag überreichte er mir einige Calzium-Ampullen und meinte, die Injektionen könne mir auch der Sanitäter in Črnomelj geben. »Und wie komme ich nach Črnomelj?«, fragte ich etwas verblüfft.

»Na zu Fuß natürlich. Die Beine sind ja in Ordnung.«

Literatur aus dem Äther (1945)

Im Jänner 1945 wurde ich meiner endgültigen Einheit zugeteilt. In kurzer Zeit wurde ich als Radiotelegrafistin ausgebildet. Mein Instruktor lehrte mich nicht nur das Morsen, er erteilte mir auch Unterricht in der slowenischen Sprache. Zwar ohne Lehrbuch, aber doch mit Grammatik.

Für meine Arbeit hätte ich die Kenntnis der slowenischen Sprache nicht gebraucht. Die Nachrichten, die ich zu senden und zu empfangen hatte, waren natürlich chiffriert und bestanden nur aus Ziffern.

Deshalb also hatte man mich hierher geschickt. Hier konnte ich mich endlich nützlich machen, ohne durch mangelnde Sprachkenntnisse behindert zu sein. Senden konnte ich schon bald verhältnismäßig rasch und fehlerfrei. Nur beim Empfang war ich anfangs nervös und musste oft dazwischenfunken: »rpt, rpt, bitte um Wiederholung.« Aus konspirativen Gründen lebte ich allein in einer winzigen Holzhütte in einem Weingarten. Die Hütte diente offenbar früher den Weinbauern als Unterschlupf bei Regenwetter oder vielleicht als Geräteschuppen. An sich war es ein höchst komfortables Quartier, mit einem rohgezimmerten Bett, das jedoch mit einem richtigen Strohsack und warmen Decken ausgestattet war. Ich besaß einen Tisch und zwei Sessel, und reichlich Kerzen für die Abendstunden. Dreimal am Tag erhielt ich warmes Essen durch einen Kurier, der mir auch die zu sendenden Depeschen brachte und die empfangenen übernahm.

Die übrige Zeit aber war ich allein. Tagsüber war das nicht so schlimm, da hatte ich zu tun und musste mit Hilfe eines alten Weckers genauestens meine Sende- und Empfangszeiten einhalten. Doch abends litt ich sehr unter der Einsamkeit. Da waren die Mäuse meine einzigen Gefährten, die bei Anbruch der Dämmerung aus ihrem Versteck gekrochen kamen und lustig in der kleinen Stube herumhüpften. Doch mit der Zeit wurde auch dieses Schauspiel langweilig.

Eines Tages brachte mir der Kurier ein Buch. »Das wird dich zerstreuen«, sagte er, »es ist ein deutsches Buch.« Das war es wohl. Und ich habe die »Dienstvorschriften für Eisenbahner« vom Anfang bis zum Ende aufmerksam gelesen.

Aber dann probierte ich doch wieder an dem Morsegerät herumzudrehen, ob nicht doch auch etwas anderes zu hören war, als meine Morsezeichen. Ja, und da ertönte sie plötzlich, diese Stimme aus dem Äther. Ich konnte es nicht fassen, eine Sendung in deutscher Sprache. Es war mir gelungen durch das viele Herumprobieren, eine deutsche Kultursendung der BBC – eine Sendung für Österreich – zu empfangen.

Ein gewisser Lindley Frazer brachte Ausschnitte aus jener Literatur, die den Österreichern durch die Nazis vorenthalten wurde. Da hörte ich nun zum ersten Mal von Stefan Zweig und Arthur Schnitzler, von Franz Werfel, von Thomas Mann und Lion Feuchtwanger, aber auch von Sinclair Lewis und John Steinbeck.

Jeden Donnerstag gab es diese Sendung, und ich glaube, ich habe von Freitag bis Mittwoch nur auf den nächsten Donnerstag gewartet. Ich versuchte mitzustenografieren, um mich auch während der Woche immer wieder mit diesen Zeilen zu beschäftigen. Manche kann ich noch heute auswendig, nicht Wort für Wort, aber doch sinngemäß. So etwa folgenden Ausspruch:

»Ich bin stolz, dass ich ein Deutscher bin. Ich bin stolz, dass ich Jude bin.
Diese Worte erscheinen mir so sinnlos.
So als ob einer sagen würde: Ich bin stolz, dass ich blaue Augen habe.
Wenn mich einer fragte, wer ich bin, ich antworte ihm:
Eine jüdische Mutter hat mich geboren, Deutschland hat mich gebildet.
Meine Heimat ist die Erde, die Welt ist mein Vaterland.«

Aber nicht nur diesem Lindley Frazer bin ich zu Dank verpflichtet, auch einem anderen Engländer, einem Kriegsberichterstatter namens John Fortescue.

Es war mir zwar verboten, mich von meiner Hütte etwas weiter zu entfernen. Doch als der Schnee zu schmelzen begann und die Luft den nahenden Frühling erahnen ließ, konnte ich es in meinem Quartier nicht mehr aushalten. Ich wartete die Dämmerung ab und wanderte durch die Weingärten.

Da sah ich ihn plötzlich auf einem Felsblock sitzen. Es war noch hell genug, um die englische Uniform zu erkennen. Ich wollte rasch weglaufen, aber er sprang auf und hielt mich zurück: »Don't be silly, girl«, rief er. »I am a friend and I know who you are.«

Und dann stellte sich heraus, dass er meine Hütte schon längere Zeit beobachtet und nur auf eine Gelegenheit gewartet hatte, mich zu sprechen. Vermutlich besaßen die Engländer unten in ihrer Station in Črnomelj so ein Gerät, mit welchem man den Standort eines Senders ausfindig machen konnte. Er wolle ja keine militärischen Geheimnisse von mir wissen, sagte er, er hätte nur gerne für seine Zeitung ein Interview mit mir gemacht.

Wahrscheinlich hätte ich es ablehnen müssen. Doch ich konnte einfach der Versuchung nicht widerstehen, mich endlich wieder einmal in einer Sprache zu unterhalten, die ich gut beherrschte. Und schließlich waren die Engländer doch unsere Verbündeten.

Er stellte sich vor: Kriegsberichterstatter John Fortescue. Meinen Namen nannte ich ihm nicht, ich erwähnte nur, dass ich Österreicherin bin. Meine Geschichte schien ihn sehr zu interessieren, und er versicherte mir, dass er sie nach dem Krieg in einem Buch veröffentlichen wolle.

Ganz begeistert erzählte ich ihm von den Sendungen der BBC und wie sehr ich es bedauerte, dass ich diese Sternstunden nur einmal wöchentlich erleben konnte. Da überraschte er mich am nächsten Tag mit einem Geschenk: »The Rainbow, a Novel by Wanda Wasilewska«.

Das Buch einer polnischen Autorin erschien 1943 in der Sowjetunion und wurde schon 1944 vom Book Find Club in New York in englischer Sprache herausgegeben.

Bis zum Kriegsende gab es nun keine einzige Stunde der Langeweile mehr für mich. Ein Buch hat eben doch den großen Vorteil, dass man es immer wieder lesen kann.

Ich habe den rothaarigen, sommersprossigen und immer heiteren John noch einige Male wieder getroffen. Er war von der Jugoslawischen Befreiungsfront sehr beeindruckt. Das einzige, was ihn an ihr störte, war die »kommunistische Führung«.

Irgendwann im März 1945 holten mich einige Kameraden aus meiner Hütte. »Komm, *tovarišica*, das musst du dir ansehen!« Wir liefen den Weinberg hinunter auf eine große Wiese, und da entdeckte auch ich am Himmel die kreisenden Flugzeuge. Plötzlich schwebten aus dem blitzblauen Frühlingshimmel Dutzende von bunten Fallschirmen herab auf die Erde, ein großartiger Anblick. Und dann öffneten wir die vielen Kisten, die auf den Fallschirmen hingen. Sie waren voll mit Lebensmitteln, Medikamenten und auch Kleidung.

Endlich erhielt auch ich eine Uniform. Es war eine englische. Nun konnte ich endlich meine vom vielen Entlausen völlig zerfetzten Pullover und meine einzige, ganz zerschlissene Hose wegwerfen. Aus der neuen Uniformhose schneiderte ich mir einen Rock. Es war ein Meisterwerk, zugeschnitten mit einer Nagelschere und handgenäht. Was von den Hosenbeinen übrig blieb, verarbeitete ich zu einer »Titoka«, einer Schifferlmütze, wie sie die meisten Partisanen trugen und dazu erhielt ich auch einen roten Stern.

Die kostbare Fallschirmseide wurde gerecht aufgeteilt. Und so kam es, dass die noch vor Kurzem so schmutzige und verlauste Partisanin plötzlich Unterwäsche und Blusen aus reiner Seide trug.

Die Russen in Österreich – 22. Geburtstag (2. Mai 1945)

Ab diesem Zeitpunkt konnte ich mich nicht mehr über Einsamkeit beklagen. Ich saß von morgens bis spät in die Nacht hinein an meinem Morseapparat. Eine Nachricht jagte die andere und ständig saßen einige Kameraden bei mir, um sofort zu dechiffrieren und die Antworten abzufassen. Es wurden vor allem die Rückzugsbewegungen der deutschen Truppen gemeldet, aber es kamen auch Nachrichten von den übrigen Kriegsschauplätzen. Ich wusste nun, dass der Krieg bald zu Ende sein würde. Aber immer noch zogen Schwärme von Bombenflugzeugen über unser Gebiet und ich musste befürchten, dass sie sich im Anflug auf Wien befanden. In den wenigen Nachtstunden, die mir für den Schlaf zur Verfügung standen, lag ich meistens wach und dachte voll Angst an zu Hause.

»Die Russen in Österreich!« Diese Nachricht schrie ich förmlich vor Freude.

Und im April erfuhr ich von der Befreiung meiner Heimatstadt. Doch würde ich meine Lieben wiedersehen? Lebten sie überhaupt noch?

In der letzten Aprilwoche verließen wir Črnomelj. Doch jetzt marschierten wir singend in breiten Kolonnen, auf den Straßen – bejubelt von der Bevölkerung.

Am 1. Mai war ich bei einer jungen Bäuerin einquartiert, die einen schönen, großen Radioapparat besaß. Ich drehte daran herum, in der vagen Hoffnung, vielleicht etwas aus unserer Heimat zu hören. Und plötzlich hörte ich unter starkem Rauschen, aber doch verständlich, einen Sprecher rufen:

»Und jetzt marschieren in dichten Reihen die Eisenbahner, gefolgt von den Straßenbahnern. Und hinter ihnen sehen wir schon die schönsten aller Uniformen, die blauen Arbeitsanzüge unserer Arbeiter!« Ich zitterte vor Aufregung und die Tränen rannen mir über die Wangen. Ja ist denn das die Möglichkeit? Ein Maiaufmarsch in Wien? Und ich, so weit entfernt, konnte die Stimme aus der Heimat hören.

Meine Wirtin hatte zwar keine Ahnung, weshalb mich die fremdsprachigen Worte aus dem Radio so aufregten, doch sie wollte mich mit einem Gläschen Schnaps beruhigen. Als sie die Flasche öffnete, sagte sie: »Die hab ich für den Tag der Freiheit und für die Rückkehr meines Mannes aufgehoben. Aber er wird nichts dagegen haben, wenn ich das erste Glas mit dir trinke. *Na zdravje, tovarišica*, prost. Jetzt wirst auch du bald zu Hause sein.«

Am nächsten Tag konnte ich mich nicht zurückhalten, ich musste ihr sagen, dass ich heute, am 2. Mai, 22 Jahre alt geworden war. »Rojsten dan! Geburtstag!«, rief sie, und stürzte aus dem Haus. Zurück kam sie mit einigen Eiern, etwas weißem Mehl und Zucker. Kostbarkeiten, die sie sich bei den Nachbarn erbettelt hatte. »*Danes se začne življenje!* (Heute beginnt das Leben!)«, sagte sie, als sie den in Eile gebackenen Kuchen vor mich hinstellte. Doch zum Feiern kamen wir nicht mehr, mein Vorgesetzter mahnte zum Aufbruch.

»Gruß an das Leben« (Ossy, April 1945, im Alter von 23 Jahren)

»Schwankende Waage der Zeit
zwischen Dunkel und Licht
hältst du zitternd nun still.
Weg von der Schwelle des Todes.
Gewiss ist das Morgen noch nicht,
an das ich nun glauben will.

Ich grüße die Sehnsucht, das Leben.
Ich grüße die Nacht, die entflieht.
Ich segne den Kampf und den suchenden Sinn,
der in den Morgen sieht.

Leben, ewiges Herz,
rings von Toden umdroht,
wuchst du sieghaft empor!
Geliebtes Leben,
an der Schwelle des Dunkels,
Dank, dass ich dich nicht verlor.«

Kapitulation Deutschlands (8. Mai 1945)

Wir erlebten den Tag der Kapitulation Deutschlands im Schloss Postojna. Ein passendes Ambiente für diesen Freudentag. Von dort ging es nach Ljubljana, durch das breite Spalier der jubelnden Bevölkerung. Wir riefen ihnen zu:

»*Mir!* (Frieden), *Svoboda!* (Freiheit)«, und sie riefen zurück:

»Es lebe Tito und unsere Partisanen!«

Am 10. Mai stiegen wir von den Lastwägen ab, um in einem richtig formierten Zug in Ljubljana einzumarschieren. Doch diese Mühe hätten wir uns sparen können. Denn Tausende Menschen erwarteten uns in den Straßen der slowenischen Hauptstadt, stürmten unseren Zug, umarmten uns, und bald war aus unseren geordneten Reihen ein wüster Haufen geworden.

Ein paar Tage später, am 16. Mai 1945, wurden alle Partisanen der Volksbefreiungsbewegung, also auch ich, offiziell von der regulären jugoslawischen Volksarmee übernommen.

An meinem ersten freien Wochenende wollte ich endlich wieder nach Besnica, dem Heimatort von Rudi und Slavka. Ich fuhr von Ljubljana mit der Bahn nach Kranj. Dort stieg ich aus, obwohl es einen Zug gab, der mich noch ein Stück weiter bis Sveti

Jošt hätte fahren können. Aber ich wollte von Kranj aus losmarschieren, zu Fuß, wie damals am 7. Oktober 1944. Sieben Monate waren seither vergangen. Wie ahnungslos war ich damals gewesen, als ich mich auf dieses gefährliche Abenteuer einließ.

Auf diesem Weg dachte ich zum ersten Mal über meine Zukunft nach. Ich hatte wohl auch in den letzten sieben Monaten manchmal geträumt von der Zukunft, aber damals musste es beim Träumen bleiben, denn die Gegenwart ließ es nicht zu, Pläne zu schmieden. Doch jetzt war der Krieg zu Ende und ich musste eine Entscheidung treffen. Ich war sicher, Rudi in Besnica anzutreffen. Was würde er wohl von mir erwarten? Einerseits fieberte ich dem Augenblick entgegen, ihn wiederzusehen, doch mein größter Wunsch war, so rasch wie möglich nach Wien zurückzukehren. Würde Rudi mit mir gehen? Das war kaum anzunehmen. In Wien war er nur wegen seiner illegalen Arbeit gewesen. Was sollte er jetzt dort tun? Architektur wollte er nach dem Krieg studieren. In Wien? Seine Zukunft lag doch sicher in Slowenien. Trotz meiner Freude auf das Wiedersehen, hatte ich ein wenig Angst vor unserer ersten Aussprache.

Ich war fest entschlossen, um meine Demobilisierung und baldige Repatriierung nach Österreich anzusuchen. Würde Rudi damit einverstanden sein? Und wenn ich gegen seinen Willen nach Hause zurückkehre, wird das das Ende unserer Beziehung sein? All das ging mir durch den Kopf, als ich mich mit immer langsamer werdenden Schritten dem Haus der Karlins in Besnica näherte. Doch es sollte ganz anders kommen.

Angelca, die älteste Schwester, war gesund aus den Bergen zurückgekehrt, aber von Rudi wusste man nichts. Es war äußerst schwierig, etwas über vermisste Partisanen in Erfahrung zu bringen. In der Volksbefreiungsarmee konnten ja keine Personallisten geführt werden. Die meisten Partisanen hatten Decknamen angenommen und ein Briefwechsel mit den Angehörigen war nur selten möglich gewesen. Nur wenn jemand einen der Gefallenen schon von früher her gekannt hatte und die Adresse seiner Familie wusste, konnte nach dem Krieg eine Nachricht über seinen Tod gegeben werden. Die Zeitungen waren daher voll mit Suchanzeigen.

Slavka war unermüdlich. Sie suchte Rudi nicht nur durch die Zeitung. Sie reiste im Land umher und befragte die Kameraden aus Rudis Brigade, bis sie endlich jemanden fand, der mit ihm gemeinsam verwundet worden war. Er erzählte:

»Im April hatten wir in Cerkno ein großes Gefecht mit rückziehenden deutschen Truppen. Eine kleine Gruppe unserer Brigade wurde abkommandiert, um nach Fluchtwegen zu suchen. Es war jedoch alles ruhig, als wir nach Vojsko kamen. Rudi wollte gerade eine Meldung schreiben, als plötzlich Schüsse fielen. Ich wurde am Bein verwundet, konnte aber noch sehen, dass Rudi sich den Bauch hielt, dann hörte ich ihn rufen: ›Ich bin getroffen!‹ Mich haben die Kameraden ins Lazarett nach Tribuša getragen, aber von Rudi habe ich seither nichts mehr gehört.«

Slavka gab immer noch nicht auf. Sie ließ sich die Namen der Partisanen geben, die bei dem Trupp in Vojsko dabei waren, und einer erinnerte sich:

»Ja, da war noch ein zweiter Verwundeter. Der hat aber kaum geblutet, also haben wir ihn nach Mrzla Rupa in ein Bauernhaus gebracht.«

Und Slavka zog wieder weiter, viele Stunden zu Fuß, von Cerkno hoch hinauf nach Mrzla Rupa, bis sie die Bäuerin fand, in deren Haus Rudi am 24. April 1945 an inneren Blutungen gestorben war. Da die Frau seinen Namen nicht kannte, hatte sie als Erkennungszeichen seinen Ring aufbewahrt. Es war mein Verlobungsring, in dem mein Vorname und die Jahreszahl 1942 eingraviert waren. Wenige Tage vor Kriegsschluss hatte man Rudi auf dem kleinen Friedhof in Vojsko begraben. Auf dem schlichten Stein steht: »Unbekannt«.

Er war also tatsächlich in jenen Ort gekommen, wo ich auf ihn hätte warten sollen, denn Vojsko ist nur sechs Kilometer von Tribuša entfernt. Ich konnte mich nur gedanklich von ihm verabschieden. Unter sein Foto schrieb ich damals diese Zeilen:

»Und ich lege meine Hände
um dein Bild wie einen Rahmen,
und ich spreche deinen Namen
still, wie ein Gebet, zu Ende.«

Abschied von Slowenien

Ich habe zwar meinen Verlobten verloren, aber nicht seine Familie. Die Karlins nahmen mich, die »Schwiegertochter«, die »Schwägerin«, ganz selbstverständlich in ihre Familie auf und in vielen Gesprächen über Rudi tauschten wir unsere Erinnerungen aus. Viele Wochenenden verbrachte ich in Besnica, lernte Rudis Schwestern Angelca und Slavka besser kennen und auch den jüngsten Bruder Polde Karlin. Uns alle verband die gemeinsame Trauer, aber auch die Freude über das befreite Land. Obwohl ich nur acht Monate am Kampf der jugoslawischen Volksbefreiungsarmee teilgenommen habe, blieb ich ihre Genossin, ihre Towarischica. Mit dem Sieg der Freiheit legten wir alle unsere Decknamen wieder ab und aus der Partisanin »Marjana« wurde die Freundin »Osja«.

Da ich seit 16. Mai 1945 offizielles Mitglied der regulären jugoslawischen Volksarmee war, begriff meine Einheit gar nicht, dass ich zurück nach Wien wollte. Ich war ja kein Mitglied des »Österreichischen Bataillons«, deren Mitglieder sofort repatriiert worden waren, sondern Partisanin in der slowenischen Einheit. Daher wurde ich zunächst mit den anderen Slowenen in einer jugoslawischen Kaserne untergebracht, wo man mir ein kostenloses Studium in Jugoslawien oder Moskau vorschlug. Das lehnte ich natürlich ab, denn ich wollte nur mehr nach Hause.

Trotzdem musste ich auf meine Repatriierung noch einige Monate warten. Aber ich war in Freiheit und konnte mich mit meinen slowenischen Kameraden in Ljubljana frei bewegen. Jedes Wochenende verbrachte ich in Besnica, sammelte mit Slavka Beeren im Wald, kochte mit »Mama« Marmelade ein und ließ mir von »Ata« Geschichten aus seinem Leben erzählen. In der Monarchie war er als Bahnangestellter im Grenzbereich in der Nähe Kärntens tätig. Immer wenn er mir in kärnterischem Dialekt seine Abenteuer erzählte, spürte ich Sehnsucht nach meiner Heimat. Denn seit meiner Abreise aus Wien im Oktober 1944 hatte ich keine Nachricht mehr von meiner Familie. Aber im August 1945, als ich zum Wochenende nach Besnica kam, lief mir Slavka mit lachendem Gesicht entgegen und rief: »Osja, ein Brief für dich aus Wien!«

Endlich! Ein Brief von Trude, mit Nachrichten, auf die ich so lange gewartet habe. Die Tanten hatten, ebenso wie Trude, den Krieg überlebt. Sogar Onkel Otto war aus dem Zuchthaus befreit worden. Und die Buchengasse 100 gab es auch noch. Für Ata war das ein Grund, die Schnapsgläser zu holen. So gut, wie an diesem Tag hat mir sein selbstgebrannter Sliwowitz noch nie geschmeckt.

Dass ich diesen Brief damals im August erhalten habe, grenzt an ein Wunder. Denn der Postverkehr in Österreich wurde erst viel später wieder zugelassen. Und da meine Briefe nach Wien unbeantwortet blieben, war mir klar, dass sie nicht angekommen waren. Meine Verwandten hatten mich sicher schon längst als »gefallen für die Freiheit« betrauert.

Es dauerte noch drei Monate, bis meine Demobilisation aus der Armee und die Repatriierung nach Österreich eingeleitet wurden. Mein Slowenisch hat sich mit der Zeit so verbessert, dass ich mich mit Einheimischen problemlos unterhalten konnte und sogar ihre Witze verstand. Im Dezember war es dann soweit, ich bekam die erforderlichen Papiere, um heimfahren zu können. Es war kein Abschied für immer, das wusste ich damals schon. Rudis Familie war mir ans Herz gewachsen und Jugoslawien sollte meine zweite Heimat werden.

9. Wieder in Wien

Dezember 1945 bis September 1947

»Geliebtes Wien« (Ossy 1945, im Alter von 23 Jahren)

»Geliebtes Wien, seh ich dich wieder?
Als Lichterstadt hab ich an dich gedacht.
Du bist so still, wo sind denn deine Lieder?
Wach auf, zu Ende ist die Nacht.

Du lebst! Und Menschen tragen Fahnen.
Nicht alle - und nicht immer rot.
Doch unter tausend Toden wuchs ein Ahnen
und sehr viel Sehnsucht unter nackter Not

Es hat der Krieg, die schönste Stadt zerstörend,
gesät den Hass, geerntet nur das Leid.
Und dennoch glaubt, die Liebe sanft beschwörend,
der Mensch an eine bessre, neue Zeit.«

Endlich daheim

Mit einem sowjetischen Militärtransport gelangte ich im Dezember 1945 nach Wien.

Ich hatte nur meinen Rucksack um, bekam aber zum Abschied noch einen Sack mit Lebensmitteln, Zigaretten und einen Kanister Öl geschenkt. So bepackt machte ich mich auf den Weg nach Hause.

Obwohl ich von den Luftangriffen auf Wien gewusst hatte und auch auf zerbombte Häuser gefasst war, war ich erschüttert vom Ausmaß der Zerstörung. Es war ein trauriger Weg durch die Straßen meines Bezirks, in denen sich Ruine an Ruine reihte. Ich konnte an keiner vorbeigehen, ohne zu denken: »Da war das Kino, da war der Fleischhauer, in dem Haus wohnte meine Freundin...« Und ich freute mich über jedes bekannte Haus, das unversehrt geblieben war.

Als ich in die Buchengasse einbog, wurden meine Schritte immer schneller. Hausnummer 92, bei Nummer 94 konnte ich schon die Fenster der Wohnung erkennen. Nummer 96, jetzt den Rollbalken der Werkstatt meines Großvaters. Dann endlich, die alte Haustür: Buchengasse 100. Nur noch die paar Stiegen hinauf und dann stand ich endlich vor der hölzernen Wohnungstür Nummer eins, hinter der ich meine Kindheit und Jugend verbracht hatte. »Sokopp« stand zum Glück immer noch auf dem kleinen

Schild an der Tür. In alter Gewohnheit klopfte ich an das dicke Glasfenster im Türrahmen und ich erkannte die vertrauten Schritte und Stimmen der Tanten. Gleich würden sie mich, die totgeglaubte Nichte, in ihre Arme schließen können, und mich mit Erdäpfelschmarren und Zwetschkenröster verwöhnen. Ich war nie so glücklich darüber, den Krieg überlebt zu haben, als in diesem Augenblick, als aus »Osja« wieder »Osserl« wurde.

Ich war über ein Jahr fort gewesen und wollte alles erfahren, was ich versäumt hatte. Tante Wicki, die Meisterin im Erzählen, begann mit ihren Erinnerungen wirklich mit dem Tag meiner Abreise, dem 5. Oktober 1944.

»Auf amol san a paar Polizisten mit Hakenkreuzbinden vor der Tür g'standen, haben uns ang'fahrn, weil du net beim Stützpunkt in Kiel ankommen bist. ›Auf Desertieren steht die Todesstrafe, wissen Sie das nicht?‹ Na da hab i mi aufbaut vor denen und hab hysterisch zruckg'schrien: ›Was, die Ossy is net ankommen? Die is doch pünktlich von da wegg'fahrn, bepackelt nach Vorschrift, aber der weite Weg, ganz allanich, die is ja no so jung. Erst nehmts uns des Kind weg und dann passts net auf sie auf. Die kann ausg'raubt word'n sein, oder in an ausbombt'n Luftschutzkeller lieg'n. Wenn der was passiert is, aber dann könnts was erleben.‹ In meiner Angst hat des wahrscheinlich so ehrlich klungen, dass die Polizisten uns in Ruah lass'n haben und abzog'n san. Aber uns zwa is der Schock in die Glieder g'fahrn bei der gefährlichen Aktion.«

Im Nachhinein konnten wir über Tante Wickis couragierte, freche Lügengeschichte lachen. Denn ich war ja wieder zurück in der Buchengasse, diesmal in Freiheit, und konnte Tante Hildas wunderbare Wiener Küche endlich wieder genießen.

Als dann noch Onkel Otto, der jüngste Bruder der Tanten, in der Buchengasse aufkreuzte, flossen wieder Tränen. Drei Jahre hatte ich ihn nicht gesehen. Das letzte Mal im Gestapo-Hauptquartier am Morzinplatz, wo ich ihn, meinen gesetzlichen Vormund, einmal kurz besuchen durfte. Er hatte am meisten und am längsten gelitten. Dass er die zweieinhalb qualvollen Jahre im Zuchthaus und das »Massaker in Stein« überlebt hatte, grenzt an ein Wunder. Als wir uns weinend in die Arme fielen, sagte er zu mir:

»I bin so stolz auf di, mei Madl. Du hast statt mir gekämpft, mi habn's ja daran gehindert.« Onkel Ottos Leidensgeschichte begann, als er im Dezember 1942 in das Zuchthaus in Stein an der Donau eingesperrt wurde. Zweieinhalb Jahre später, am 6. April 1945, sollten alle Häftlinge auf höheren Befehl in ein Zuchthaus nach Bayern überstellt werden. Nachdem jedoch die sowjetische Armee schon ganz nahe, und das Ende des Krieges bereits abzusehen war, ordnete der Anstaltsdirektor die sofortige Entlassung aller Häftlinge an. Es dauerte einige Stunden bis alle Gefangenen mit Zivilkleidung und einigen Lebensmitteln versorgt waren.

Am Nachmittag tauchte aber plötzlich eine Truppe von SS-Männern auf. Sie besetzten den Ausgang, stürmten in die Höfe und eröffneten mit Maschinenpistolen und Handgranaten das Feuer auf die noch zu Hunderten anwesenden Häftlinge.

Manche konnten in die Zellen zurück flüchten, und einigen wenigen gelang die Flucht über die Gefängnismauer. Mehr als dreihundert Häftlinge fielen jedoch dem Massaker zum Opfer. Auf die Flüchtlinge wurde ebenfalls Jagd gemacht. Alle, die erwischt wurden, hat man umgebracht. Onkel Otto konnte in eine Zelle flüchten und erinnerte sich:

»Ich hab mich zwischen zwei Strohsäck g'legt. Und obwohl ich fürchten hab müssen, erwischt zu werden, hab ich in dieser Stellung das ganze Brot aufgessen, das man mir vorher geben hat. Der Hunger war noch größer als die Angst.«

Als Vergeltung für ihre Beteiligung an der Freilassung der Häftlinge wurden der Direktor, der Verwaltungsinspektor und die zwei Aufseher standrechtlich erschossen.

Die Überlebenden, auch Onkel Otto, wurden noch nach Stadelheim in Bayern gebracht. Dort wurden sie zwar von den Amerikanern befreit, aber noch lange nicht nach Hause entlassen. Im Juni 1945 verließ Onkel Otto heimlich das Lager, und machte sich zu Fuß auf den Weg nach Wien. Eine lange und beschwerliche Reise.

Es waren seine Schwestern Hilde und Wicki, meine Tanten, die ihren halb verhungerten, geschundenen und verletzten Bruder gesund pflegten.

Danach erzählten mir die Tanten von den ungebetenen Gästen in der Buchengasse. Onkel Otto nannte diese Geschichte: »Einquartierung wider Willen.«

Sie begann damit, dass die Russen als Befreier nach Wien gekommen waren. Die Anführer und die oberste Garde der Sowjetarmee waren höflich, korrekt und auch willkommen. Hausdurchsuchungen waren an der Tagesordnung, immerhin sollten ja geheime Nazis ausfindig gemacht und die Mitverantwortlichen dieses Terrorregimes zur Verantwortung gezogen werden. Aber unter den einfachen Soldaten gab es auch ungebildete, nicht so korrekte Männer, die durch ungehobeltes Benehmen unangenehm auffielen.

Und gerade die Kommunistenhasserin Tante Rosi geriet an Hausdurchsucher, die es mit den Eigentumsverhältnissen nicht so genau nahmen und eine Uhr und eine Lederjacke mitnahmen. Voll Entsetzen erzählte sie danach überall herum, dass sie von den Russen »ausgeraubt« worden sei und sich in ihrer Wohnung in der Jagdgasse nicht mehr sicher fühle. Tante Wicki erzählte: »Und plötzlich is die Rosi-Tant vor unserer Tür g'standen mitsamt ihrer Famülie und sogt: ›Weg'n euere diebisch'n Russnfreund miassn wir die Wohnung verlass'n. Wir ziagn jetzt zu euch, weil in aner Kummerl-Wohnung werdn's uns in Ruah lass'n. Wir nehmen des Zimmer und die Käthe soll mit der Trude ins Kabinett ziagn. Legts ihr euch in die Kuchl, und passts auf, dass uns de Russn-Gfraster net was wegfressen‹.«

Diese schreckliche Rosi-Tant, durch deren Gier wir ins Waisenhaus mussten, deren gemeines und hinterhältiges Verhalten die Tanten fast ins Zuchthaus gebracht hatte, die machte sich jetzt in der Buchengasse breit und ließ sich bekochen und bedienen.

Es hatte sich an der Gutmütigkeit der Tanten nichts geändert, wie sonst konnten sie zulassen, dass man sie in ihrer eigenen Wohnung in die Küche verbannte. Ihre Antwort war immer dieselbe: »Aber schau, sie is doch unser Schwester.«

Trude wohnte damals nicht mehr in der Buchengasse, sondern im zweiten Bezirk und ich war froh, dass sie mich bei sich einziehen ließ. Nach dieser langen Trennung hatten wir beide den Wunsch, so viel Zeit wie möglich miteinander zu verbringen. Sie erzählte mir von Freunden, die ihre Lieben im Krieg verloren hatten und von den Bomben und den Luftschutzkellern, die zum traurigen Alltag der Bevölkerung gehörten. Von ihrem Schauspielunterricht, den sie sich mitten im Krieg heimlich organisiert und damit die Tanten ziemlich vor den Kopf gestoßen hatte. Während ich also in den Bergen Kriegsberichte morste, rezitierte Trude ihre Traumrollen vor der arbeitslosen Schauspielerin Maria Eis. Was für unterschiedliche Erfahrungen wir gemacht haben in dieser furchtbaren Zeit.

Das Leben in der Nachkriegszeit war voller Entbehrungen. Die Luftangriffe hatten nicht nur Ruinen hinterlassen, sondern vor allem obdachlose Menschen. Um diese »Ausgebombten« notdürftig unterzubringen, wurden Besitzer sehr großer Wohnungen aufgefordert, einige ihrer Zimmer diesen Menschen zur Verfügung zu stellen. Die Wohnungsnot erforderte diese Maßnahme. In erzwungenen Wohngemeinschaften zu leben, war zwar vielen nicht angenehm, aber mit einem Einweisungsschein vom Wohnungsamt musste man sein Zimmer bekommen.

Alles war rationiert, Lebensmittel, Kleidung, Zigaretten, Brennmaterial. Der Schleichhandel blühte, und wir alle waren froh, wenn wir etwas ergattern konnten, das uns von den Behörden aus nicht zustand. Bücher, Noten, Stoffreste und Möbel wechselten so ihre Besitzer. Auf diesem Weg kam ich zu einem der begehrten »Einweisungsscheine«, und damit zu einem größeren Zimmer.

Diese »Wohngemeinschaft« in dem prachtvollen Haus in der Argentinierstraße 26, habe ich in guter Erinnerung. Trude kam mit mir, und auch in den anderen Zimmern waren nette Leute untergebracht, mit denen wir uns die Riesenküche teilten.

Mehr als ein Jahr lang suchte ich verzweifelt nach einem Arbeitsplatz. Ich war nämlich so naiv zu glauben, dass die Bekanntgabe meines Widerstandskampfes im Bewerbungsschreiben mir dabei helfen würde. Bis mich meine Freunde auf den Boden der traurigen Realität zurückbrachten.

»Welcher Unternehmer stellt ein ehemaliges ›Flintenweib‹ ein, das im antifaschistischen Widerstand gekämpft hat? Hättest du als ›Blitzmädel‹ bei der deutschen Wehrmacht für Hitlers 1000-jähriges Reich gekämpft, dann könntest du dir den Posten sogar aussuchen.«

Zufällig war in der Nähe des Hauses unserer Wohngemeinschaft das Büro der ÖSG untergebracht, der Österreichisch-Sowjetischen-Gesellschaft. Kurz entschlossen stellte ich mich dort vor. Ich konnte Russisch, hatte eine kaufmännische Ausbildung und fühlte mich durch meine politische Vergangenheit mit ihnen verbunden. Eine offizielle Arbeit anbieten konnten sie mir nicht, denn ihr Personal war vollständig. Aber die Genossen waren beeindruckt von meiner außergewöhnlichen Geschichte des Widerstands. Die Partisanenzeit musste ich ihnen ganz genau schildern. Aber auch die antifaschistische Erziehung der Tanten beeindruckte sie. Vor allem weil sie mich damit vor den gefährlichen Einflüssen der Naziideologie im Waisenhaus beschützt hatten.

Ich spürte nach dem ersten Gespräch, hier bin ich unter Gleichgesinnten, hier werde ich geschätzt und gebraucht. Und schon am nächsten Tag betrat ich als »freiwillige Mitarbeiterin« das Büro der ÖSG, an deren Eingangstür der rote Stern hing. Ich lernte Intellektuelle aus verschiedenen Ländern kennen, Schriftsteller, Schauspieler, Lyriker, Historiker, die mir halfen, meinen Wissenshunger zu stillen. Ich besuchte Literaturzirkel, wissenschaftliche Vorträge und politische Versammlungen, um alles nachzuholen, was mir das nationalsozialistische Schulsystem vorenthalten hatte. Gewiss, es war die Nachkriegszeit voller Entbehrungen, aber ich war 23 Jahre jung, hatte ein Zimmer, neue Freunde und meine Familie.

In Großvaters Fußstapfen

Aber nicht von allen in der Familie wurde ich nach meiner Partisanenzeit so begeistert empfangen wie von meinen Tanten und Onkel Otto. Es waren welche darunter, die meinen Wechsel auf »die andere Seite« nicht respektieren wollten und für Tante Rosi war ich sowieso eine »Landesverräterin«.

Aber mein Vorbild war nicht Tante Rosi, sondern ihr Vater, Jakob Sokopp, mein Großvater. Er war ein revolutionärer Sozialist und gehörte als Gründer der Metallarbeitergewerkschaft zu den Pionieren der sozialistischen Gewerkschaftsbewegung.

Immerhin sind fünf seiner acht Kinder in seine Fußstapfen getreten und aktive Kämpfer in der Arbeiterbewegung geworden.

1. Mein Vater Jakob (Gobi), geboren 1888, der im Roten Wien den Arbeitern zu ihren Rechten verhalf, aber leider als Kriegsinvalide schon 1929 starb.
2. Onkel Oswald, geboren 1886, der den Kriegsdienst verweigerte und sich in der Schweiz einer anarchistischen Gruppe anschloss, aber leider schon 1918 starb.
3. Tante Hilda, geboren 1897, die nach dem Versagen der Sozialdemokratie im Februar 1934 als illegale Kommunistin im Widerstand arbeitete.
4. Tante Wicki, geboren 1898, die ebenfalls in der Kommunistischen Partei im Interesse der Arbeiterschaft wertvolle Arbeit leistete.
5. Onkel Otto, geboren 1900, der als Schutzbündler am 12. Februar 1934 den Strom im Elektrizitätswerk abschaltete, damit das Signal zum Generalstreik gab, und seither in der Kommunistischen Partei im Widerstand arbeitete.

Robert, der älteste Bruder, geboren 1884, hatte zwar den Beruf seines Vaters übernommen, nicht aber sein politisches Engagement. Als Metalldrucker-Meister in einer Fabrik im deutschsprachigen Teil der Tschechoslowakei, hatte er dort sein Auslangen. Nach dem Krieg, als die Tschechen genug von den Deutschen hatten, kam er samt seiner zweiten Frau Mitzi, einer Tschechin, zurück nach Wien.

Die zwei restlichen Schwestern, Hermine, geboren 1882, und Rosa, geboren 1893, bekannten sich überhaupt nicht zur Arbeiterbewegung. Sie hielten politischen Kampf nicht nur für zwecklos, sondern sogar für schädlich. Durch Heirat erhofften sie sich persönlich einen besseren Status, den aber nur die habgierige, egoistische Rosa erreichte.

In den letzten Kriegsjahren waren die Männer dieser beiden Schwestern gestorben, was ich sehr bedauerte, denn mit ihnen gingen wirklich die »besseren Hälften«.

Der erste war Onkel Pepi, der unter Tante Rosis Herrschaft so gelitten hatte, dass er alkoholkrank wurde. Er hatte sogar den »Hausfreund« seiner Frau, den Fleischhauer Pepi Beck, lange Zeit im gemeinsamen Haushalt dulden müssen.

Und der zweite war Onkel Florian, um diesen lustigen, hochmusikalischen Mann von Tante Hermine tat es mir besonders leid.

Aber wie immer halfen lustige Anekdoten, um uns an liebe Menschen zu erinnern. Tante Wicki hatte den größten Anekdotenschatz: »Bevur der Florian, ›der Flurl‹, des erste Mal zu uns auf B'such kommen is, hat die Hermin zu uns Kinder g'sagt: ›Nehmt's euch a jeder aus'n Kastn, was brauchts, damit mei Bräutigam, der Florian, net merkt, dass die Kastntür aus die Scharnierln is. Und den wacklerten Sessel stellts ins Kabinett.‹ Von der Nochbarin hat sie des zwölfteilige Kaffeeservice ausgliechn, weil wir haben ja daham den Kaffee immer aus große Pitschn trunkn, wo die meistn kane Henkln mehr ghobt hab'n. Und wie dann alle, samt dem g'schamigen Flurl, feierlich um den Tisch g'sessn san, is uns z'fad wurdn. Da hat sich der Oswald an den Kostn glahnt, z'Fleiß natirlich. ›Hopperla‹, hot er gschriean, wie er samt der Tür eineg'falln is. Und weil mir Kinder steh'n haben miassn, es hat ja net g'nug Sitzgelegnheiten geb'n, hat si der Otto den hinichen Sessel aus'n Kabinett g'holt und is a prompt damit umg'falln.

›Jessas, passts auf die Heferln auf‹, hat der Gobi g'ruafn, ›de g'hörn der Frau Schlack‹. Die Hermin is dag'sessn wie a Marmorstatue, aber der Flurl hat sich z'rissn vor Lachn. Später hamma g'merkt, dass er der größte Komiker von uns alle war.

Der Flurl war ja Autolackierer mit eigener Werkstatt. Bald hat er der Mutter alle Kuchlmöbeln frisch weiß g'strichn. Aber nach a paar Monat is er plötzlich ausbliebn. ›Seid's harb?‹, hamma die Hermin g'fragt. Aber unsere stolze Schwester hat uns keiner Antwort gewürdigt. Sie hat si schon immer den Kren geb'n und hat woll'n vornehmer sein als wir. Die Buabn haben aber net nachlassn: ›War er gemein zu dir? Sags uns, und wir stell'n ihn zur Red.‹

›Mischts euch net ein‹, hat die Hermin g'sagt, ›das ist meine Angelgenheit‹. Da hat der Oswald halt a Liadl für sie g'macht: ›Zur Erinnerung an ihr Glück, bleibt die weiße Farb zurück.‹ A paar Wochn später, wie wieder alles in Butter war, hammas dem Flurl erzählt, und der hat gleich mitg'sungen und a Zeiln dazua dicht: ›Darum ist sie so verzagt, weint um ihren Schatz und klagt.‹«

Doktor Albert Fuchs in der Buchengasse (August 1946)

Tante Rosi zog mit dem »Neuen Onkel Pepi« wieder zurück in ihre Wohnung in der Jagdgasse, und die Buchengasse wurde wieder das Zentrum der Familie. Ich lebte zwar nicht mehr bei den Tanten, aber ich kam sehr häufig zu Besuch. Im Spätsommer 1946 empfing mich Tante Hilda ganz aufgeregt mit folgenden Worten:

»Der Doktor Fuchs is aus England z'ruck kommen und hat uns gestern besucht. Im 34er-Jahr war er unser Schulungsreferent und hat in unserer Wohnung Vorträg g'halten. A schüchternes Bürscherl, und so ängstlich war er. Den hab i a bissl aufmuntern miassn und hab ihm glei was zum Essen geb'n. Und wie er gestern da war, hat er sich genau erinnert, dass es a Erdäpfelgulasch war und a Pitschn Kaffee. Schau, des Biachl hat er uns gebn. ›Ein Sohn aus gutem Haus.‹«

Es war nur ein dünnes Bändchen, also las ich es den Tanten vor. Sie hörten aufmerksam zu, wobei sich Tante Hilda mehrmals die Auge trocknen musste. Albert Fuchs schildert darin seine Jugend- und Studentenzeit, auf welche Weise er mit der Arbeiterbewegung in Berührung kam, und wie er schließlich mit der Schulungsarbeit in Favoriten betraut wurde.

»...Selbstverständlich war mir am Anfang das proletarische Milieu sehr fremd. So scheußliche Häuser, wie ich sie nun fortlaufend aufsuchte – Zinskasernen mit Bassena und Klosett am Gang, hatte ich vordem nur vom Hörensagen gekannt. Nie war ich mit Menschen an einem Tisch gesessen, die aus dem Reindl aßen und das Messer in den Mund steckten. Manche Genossen waren in ihrer Ausdrucksweise von einer Derbheit, die mich überraschte. Es dauerte einige Zeit, bis ich mich an all das gewöhnte. Bedeutend schneller gewöhnten sich die Arbeiter an mich. Mein bürgerlich-intellektuelles Wesen behinderte den Kontakt überhaupt nicht. Ich wurde überall mit größter Freundlichkeit aufgenommen. Vielleicht kam mir in Favoriten der Umstand zu Hilfe, dass ich als Intellektueller Seltenheitswert hatte. Ich war der einzige unter vielen hundert proletarischen Genossen. Möglich auch, dass mir eine Eigenschaft, die mir sonst oft gründlich schadete, meine Schüchternheit, von Nutzen war. Nach einem halben Jahr bewegte ich mich in Favoriten, als hätte ich mich zu den legitimsten Zwecken dort eingefunden...«

Richtig erschüttert waren die Tanten über den Schlussteil: »Die tapferste und herzlichste Menschengemeinschaft der Zeit nahm mich auf und machte einen anderen Menschen aus mir, oder vielleicht überhaupt erst einen Menschen. Der Arbeiterbewegung verdanke ich, was ich bin, so wenig es ist, an Knabenträumen gemessen. Ich verdanke ihr einen Lebensabschnitt, in dem ich so manches entbehren musste, was ich in der Jugend besaß, aber dafür Unschätzbares bekam, was ich früher entbehrte. Der Arbeiterbewegung gehören die Jahre, die vor mir liegen. Ich möchte nicht sterben, ehe ich in Wort und Tat und nach besten Kräften zurück erstattet habe, was ich ihr schulde.«

Mit tränennasser Stimme rief Tante Hilda: »A so a wunderbarer Mensch, und so gscheit. Gestern hat er g'sagt, dass er sich schon in England vorg'nommen hat, uns in der Buchengassn als erschte zu besuchen. Er hat g'mant, er müsst si bei uns bedanken. Für was denn? Wir haben eam zu danken, und des hob i eam – Gott sei Daunk – a gsogt.«

1947: Begegnung mit der Kindheit

Meine erste Anstellung nach dem Krieg fand ich im März 1947, und zwar in der Rechtsanwaltskanzlei von Herrn Rudolf Skrein auf der Freyung, im ersten Bezirk. Dort hatte ich eines Tages eine Begegnung, die eine Kindheitserinnerung in mir wach rief.

Als Kind war ich wegen meiner Augenkrankheit immer wieder ins Wiedner Krankenhaus auf der Favoritenstraße zu Untersuchungen und Behandlungen. Tante Wicki begleitete mich damals immer, und wir gingen natürlich zu Fuß. Auf dem Hinweg durfte ich mir Auslagen anschauen, auf dem Heimweg führte mich Tante Wicki immer an der Hand, denn ich sah nicht viel mit den von Salbe verklebten Augen. Da lauschte ich lieber den lustigen Geschichten, die mir Tante Wicki aus ihrer Kindheit erzählte. Einmal war der Arzt über den Zustand meiner Augen sehr besorgt, und er sagte zu Tante Wicki: »Kommen Sie am Mittwoch um drei Uhr in meine Privatordination. Ich habe dort eine bessere Untersuchungsmöglichkeit.«

»Aber Herr Doktor«, rief Tante Wicki ganz erschrocken, »Ihre Privatordination können wir uns nicht leisten!« Doch Dr. Weintraub drückte der Tante eine Visitenkarte in die Hand und antwortete: »Hab ich etwas von einem Honorar gesagt?«

Die Privatordination befand sich im ersten Bezirk in der Kleeblattgasse. Ich war begeistert von den Ringstraßengebäuden und Tante Wicki versprach: »Zuerst gemma zum Doktor, und danach schau'n wir uns a bissl die Stadt an.«

Doktor Weintraub untersuchte meine Augen lange und gründlich, dann sagte er: »Ich gebe Ihnen eine Salbe mit, denn in der Apotheke müssten Sie bezahlen.« Er wollte gleich vorzeigen, wie mich die Tante täglich behandeln sollte, aber die rief: »Bitte nein, Herr Doktor, verschmier'n Sie dem Kind jetzt nicht die Augen, wir woll'n uns nämlich die Stadt anschau'n. Ich hab früher in an Spital g'arbeitet, ich weiß, wie man das macht.« »Dann wünsch ich viel Vergnügen bei der Stadtbesichtigung«, lachte er und verabschiedete sich von uns. »Na, is des a guada Mensch?, fragte die Tante begeistert. »Sowas findt ma selten.«

Und ich genoss mit sauberen, leuchtenden Augen meinen ersten Stadtspaziergang.

1947 in der Anwaltskanzlei des Rudolf Skrein wurde diese Erinnerung wieder wach. Der Anwalt beschäftigte sich viel mit der Rückstellung jüdischen Eigentums an die früheren Besitzer oder deren Erben. Eines Tages kam ein Herr Weintraub in die Kanzlei. »Verzeihen Sie«, sagte ich. »Ich habe vor Jahren einen Herrn Dr. Weintraub gekannt, der mir als Augenarzt sehr geholfen hat. Er hatte seine Ordination in der Kleeblattgasse. Sind Sie vielleicht mit ihm verwandt?

»Das war mein Bruder«, erwiderte der Klient. Auf meine Frage »war?«, erhielt ich nur ein einziges Wort als Antwort: »Auschwitz«.

10. Cambridge

Oktober 1947 bis August 1949

Nach Dienstschluss besuchte ich eine Dolmetscherschule, um meine Englischkenntnisse zu vertiefen. Beim Studium der Inserate in den Zeitungen stieß ich auf ein Angebot einer Familie in Cambridge, die zwei Hausgehilfinnen mit guten Englischkenntnissen suchten. Kurz entschlossen kündigte ich meine Arbeit bei Herrn Skrein, um nach England zu fahren. Trude und ich packten unsere Koffer, und wir machten uns auf den Weg in ein neues Abenteuer.

Wir wurden in England herzlich aufgenommen, sowohl von den Briten als auch von den vielen jungen Studenten, die entweder wegen ihrer jüdischen Herkunft oder wegen antifaschistischer Tätigkeit emigriert waren. Zunächst verdienten wir unser Geld als Hausmädchen und finanzierten damit unser Englisch-Studium an der Universität von Cambridge.

Dort unterrichtete auch Professor Ludwig Wittgenstein, ein jüdischer Emigrant aus Österreich, der für seine verhinderte Sekretärin einen kurzfristigen Ersatz brauchte. Da ich Wienerin war und gut Maschinschreiben konnte, half ich aus. Obwohl er mir seine philosophischen Gedanken auf Deutsch diktierte, verstand ich von dem, was ich tippte, rein gar nichts.

Später wurde ich Privatsekretärin von Professor Otto Erich Deutsch, der auch dem Hitlerregime entflohen und nach England emigriert war. Er war bereits einer der bedeutendsten Musikwissenschaftler des 20. Jahrhunderts und brachte unter anderem das erste vollständige Verzeichnis der Schubertwerke heraus. Die Zusammenarbeit mit ihm habe ich in guter Erinnerung, und mit seiner Tochter Gitta schloss ich bald innige Freundschaft, die ein Leben lang anhalten sollte.

Eigentlich waren wir in Cambridge eine eingeschworene Vierergruppe. Zu Trude, Gitta und mir gehörte auch noch Ruth. Auch sie war wie Gitta eine jüdische Emigrantin und kam, wie wir alle, aus Wien. Damals schon wusste ich: Sollte ich einmal Töchter bekommen, dann müssen diese Gitta und Ruth heißen, wie meine besten Freundinnen.

Nach zwei Jahren Studium und einer wunderschönen Zeit mit vielen Freunden aus aller Welt trat ich aufgeregt zur mündlichen Abschlussprüfung an. Der freundliche Vorsitzende begrüßte mich lächelnd:

»Miss Sokopp, oh I see, you come from Austria, a beautiful country. Do you really live in Vienna, where the famous Apfelstrudel comes from?«

Eine nette Plauderei in englischer Sprache entstand, aber mit heimatlichem »touch«. Denn der Prüfer war offensichtlich ein Feinschmecker und wollte von mir das Rezept dieser feinen Mehlspeise wissen. Das war mir allerdings peinlich, weil ich eigentlich nicht backen konnte. Um mir keine Blöße zu geben, erfand ich mehr oder weniger die

Zutaten und schilderte die Zubereitung, als ob ich eine Meisterin im Apfelstrudelbacken wäre. Als der Strudel faktisch servierbereit war und eine kleine Pause entstand, wandte ich mich aufgeregt an den Prüfer mit den Worten:

»Could you be so kind, and ask me your first question?«

Worauf dieser freundlich lächelnd antwortete: »There's no more question. Miss Sokopp, congratulations, you passed the examination.«

11. Sesshaft in Wien

ab September 1949

Das Theater in der Scala (1948–1956)

Im August 1949 kamen Trude und ich als »Bachelors of Art« nach Wien zurück, im Gepäck das »Certificate of Proficiency in English« der Universität von Cambridge.

Die Tanten in der Buchengasse waren unheimlich stolz auf uns, aber vor allem froh und glücklich, uns wieder gesund daheim zu haben. Unermüdlich arbeiteten sie in der Kommunistischen Partei für die Rechte der arbeitenden Bevölkerung. Denn am kapitalistischen Gesellschaftssystem hatte sich nichts geändert. Großkonzerne und die Macht des Geldes regierten weiterhin die Welt. Der Kampf für soziale Verbesserungen, umfassende Verstaatlichung und dauerhaften Frieden musste weiter gehen.

In den ersten Nachkriegsjahren gab es noch nicht den wütenden Antikommunismus. Die Tatsache, dass Wien und große Teile Österreichs durch die Rote Armee vom Faschismus befreit wurden, war nicht wegzuleugnen. Ebenso bekannt war auch der Anteil der Kommunisten am antifaschistischen Widerstand.

In manchen Fragen gab es daher tatsächlich die Einheit der Arbeiterklasse. Auch im kulturellen Leben gab es keine gewaltige Trennung zwischen Ost und West. Damals wurden auch in den Kinos der westlichen Besatzungszonen russische Filme gezeigt, es gab eine Tageszeitung »Das Neue Österreich«, in der alle drei Parteien zu Wort kamen, auch kommunistische Schriftsteller. In allen Theatern wurden Stücke fortschrittlicher Autoren gespielt. Kommunistische Schauspieler spielten an diesen Theatern erste Rollen. Es war klar, dass dieser Zustand den politischen Gegnern auf Dauer nicht passen würde. Langsam begannen sie einen neuen Feind zu schaffen, um die beginnende Einheit und den Wunsch nach Frieden und Völkerfreundschaft schon im Keim zu ersticken. Als im Volkstheater das Schauspiel »Die Russische Frage« aufgeführt werden sollte, verbot die amerikanische Besatzungsmacht die Aufführung in ihrer Zone.

Den antifaschistischen Theaterleuten wie Karl Paryla und Wolfgang Heinz blieb daher nichts anderes übrig, als eine eigene Spielstätte zu fordern. Und niemand außer den Sowjets stellte ihnen ein Haus zur Verfügung. Das ehemalige Theater auf dem Grundstück Paulanergasse, Favoritenstraße, Mozartgasse, Mozartplatz wurde zum »Neuen Theater in der Scala«, das am 16. September 1948 seine Pforten mit dem Nestroy-Stück »Höllenangst« öffnete. Von Beginn an wurden das Theater und sein Ensemble wüst diffamiert und bekämpft, obwohl es sich eines wachsenden Publikumsinteresses erfreute. Und der Spielplan war über jeden Verdacht erhaben, eine glückliche Mischung aus klassischen Stücken, Lustspielen und moderner Dramatik.

Als ich aus England zurückkehrte, einige Stücke sah und die Schauspieler und Organisatoren der Scala kennenlernte, wurde mir klar: Diese Kulturarbeit möchte ich mitgestalten. Über die »Theaterfreunde« half ich mit, den Arbeitern das Theater näher zu bringen. Ich hielt Vorträge in Gasthäusern, gemieteten Sälen und in Betrieben. Sprach über die Stücke, ihre Autoren und über die Zeit, in der sie lebten. Es war mir ein echtes Bedürfnis, ihr Interesse zu wecken und ihnen den Weg ins Theater zu erleichtern.

Nach dem Staatsvertrag (ab 1955)

Ich war 26 Jahre alt, als ich meinen späteren Mann kennenlernte. Dolfi war ein lebenslustiger, musikalischer, besonders humorvoller Mensch, den jeder mochte. Aufgewachsen in einer Zimmer-Küche-Wohnung in der Knöllgasse in Favoriten, hatte er ähnliche Wurzeln wie ich und auch dieselbe politische Überzeugung. Die Tanten schlossen ihn sofort ins Herz und auch er fühlte sich in der Buchengasse gleich daheim. 1951 heirateten wir, bekamen 1952 und 1955 unsere Töchter und wie versprochen, nannte ich sie nach meinen beiden »Cambridge-Freundinnen« Gitta und Ruth. Die uns zugewiesene Wohnung lag in einer schönen Wohngegend in der russischen Zone nahe dem Stadtpark.

Der Staatsvertrag brachte mit sich, dass frühere Wohnungsbesitzer, darunter auch ehemalige Nazis, ihre Wohnungen wieder zurückfordern konnten, egal wer gerade drinnen wohnte. Auch wir wurden aus diesem Grunde 1956 delogiert und standen plötzlich mit zwei kleinen Kindern auf der Straße. Die zwei Monate bis wir endlich eine kleine Gemeindewohnung zugesprochen bekamen, waren wir auf die Hilfsbereitschaft von Freunden angewiesen, die uns bei sich wohnen ließen. Es waren unsere jüdischen Freunde, die Familie Stern, die uns in ihrer Wohnung in der Biberstraße herzlich aufnahmen.

Der Staatsvertrag brachte aber auch mit sich, dass das offizielle Österreich einmal die Widerstandskämpfer und Kämpferinnen dringend brauchte. Damals war nämlich, entsprechend der Moskauer Deklaration, der Nachweis zu erbringen, dass Österreich einen eigenen Beitrag zu seiner Befreiung geleistet hat. Für kurze Zeit war meine Partisanenzeit ein »lobenswerter Beitrag des Widerstands« gegen das Hitlerregime. Doch danach durfte man die Widerstandskämpfer wieder offen in Wort und Schrift, vor allem in den meistgelesenen Zeitungen Österreichs, beschimpfen und verleumden. Selbst dreißig Jahre danach begann man nur sehr zögerlich, ihnen Ehrenzeichen für Verdienste um die Republik Österreich zu verleihen.

1965, anlässlich des zehnten Jahrestages der Unterzeichnung des Staatsvertrages, kam meine 13-jährige Tochter aufgeregt von der Schule nach Hause: »Mutti, das hast du mir aber nie erzählt, dass uns 1945 die Russen besetzt und unser Land ausgeraubt haben!« Als ich fragte, was sie denn über die Zeit von 1938 bis 1945 gelernt hätten, wusste sie lediglich, dass laut Professorin Deutschland 1945 den Krieg »verloren« hätte. Und weil Österreich damals zu Deutschland gehörte, hätten uns die Russen zehn Jahre lang den Staatsvertrag und damit die Freiheit verweigert.

Zwanzig Jahre später, bei einer Veranstaltung zum vierzigsten Jahrestag der Befreiung Österreichs vom Faschismus, erzählte ein AHS-Lehrer, dass er in einer sechsten Klasse einen Aufsatz über das Jahr 1945 schreiben ließ. Mehr als die Hälfte der Schüler hätte mit dem Thema nichts anzufangen gewusst und einer schrieb:

»Unsere Befreiung erfolgte 1955 durch den Staatsvertrag, denn während die deutsche Okkupation nur sieben Jahre dauerte, hielten uns die Alliierten zehn Jahre lang besetzt.«

Eine schreckliche Tatsache, dass ein Großteil der Jugend auch heute keine Vorstellung davon hat, was Faschismus eigentlich bedeutet.

Als meine Töchter geboren wurden, waren die schlimmsten Nachkriegsjahre bereits vorüber. Wirkliche Not haben sie nie kennengelernt. Obwohl wir in ihrer Kindheit noch schwer zu kämpfen hatten, um ihnen ein Heim aufzubauen und ihnen Ausbildung für einen Beruf ihrer Wahl zu ermöglichen, waren wir – wie viele proletarische Eltern – immer bemüht, ihnen alle Steine aus dem Weg zu räumen. »Unsere Kinder sollen es besser haben als wir«, war unser Grundsatz. Und die Opfer, die wir dafür bringen mussten, haben wir ihnen nach Möglichkeit verschwiegen.

Während ihrer Schulzeit fragten mich die Kinder: »Warum verwendest du so viel Zeit für Parteiarbeit und in der Friedensbewegung? Weshalb willst du die Welt verändern? Es geht uns doch gut!«

Es war nicht leicht, den Kindern begreiflich zu machen, dass das Badezimmer, die höhere Schule, die Wurstsemmel im Jausensackerl, die erfüllten Weihnachtswünsche, das Ergebnis eines jahrzehntelangen Kampfes der Arbeiterschaft sind. Und dass es unseres ganzen Einsatzes bedarf, um ihnen diesen, so selbstverständlich erscheinenden, Zustand zu erhalten.

Ich glaube aber, dass meine Töchter auf dem richtigen Weg sind. Sie sind beide Volksschullehrerinnen, machen vorbildhafte Friedenserziehung in ihren Schulen und bieten ihren Schulkindern weit mehr als der Lehrplan erfordert. Und selbstverständlich sind sie dabei, wenn es gilt, für die Erhaltung des Friedens oder gegen den Neofaschismus zu demonstrieren.

Denn nur wenn Schule und Familie die Verantwortung übernehmen, die Kinder politisch zu bilden, können diese aus der Geschichte lernen und sind weniger gefährdet, dieselben Fehler noch einmal zu begehen.

Ein Orden vom Sozialistischen Jugoslawien (1987)

Im Jahr 1987 wurde ich in die jugoslawische Botschaft gebeten, weil ich wegen meiner Tätigkeit als Partisanin eine Auszeichnung erhalten sollte. Ich war natürlich geehrt und nahm gerührt das Dekret und den Orden entgegen. Aber in meiner Dankesrede war es mir ein Bedürfnis, einiges zu berichtigen:

»Ich wurde oft gefragt, wie ich es über mich bringen konnte, auf meine eigenen Landsleute zu schießen. Meine Antwort war: Die deutsche Wehrmacht war schon beim Einmarsch in Österreich eine Okkupationsarmee, auch wenn Österreicher in ihr dienten. Ich habe auch keinen einzigen Schuss abgegeben. Ich wollte nur durch meine Tätigkeit bei den Partisanen zu einem rascheren Kriegsende beitragen.

Von meinen Kindern wurde ich gefragt: ›Warum hast du damals freiwillig Gefahren auf dich genommen und dich in Lebensgefahr begeben?‹

Diese Frage ist leicht zu beantworten. Ich hatte mich nicht zwischen einem angenehmen und einem gefährlichen Leben zu entscheiden, sondern nur darüber, entweder in der faschistischen oder in einer antifaschistischen Armee meinen Kopf zu riskieren. Und da ist mir die Entscheidung leicht gefallen. Der Kampf gegen den Faschismus war, egal an welcher Front er geführt wurde, gleichzeitig ein Kampf für die Befreiung Österreichs.

Sie haben mich heute mit einer Auszeichnung bedacht, die mich sehr ehrt. Es hat vielleicht ein wenig Mut dazu gehört, als ich damals, vor mehr als 42 Jahren, als 21-jähriges Mädchen in ein Land gegangen bin, dessen Sprache ich nicht verstand. Aber ich habe dort gewiss keine Heldentaten vollbracht. Ich habe nur für eine kurze Zeit das unvorstellbar harte Leben eines Volkes geteilt, das sich gegen Fremdherrschaft zur Wehr setzte.

Doch dieses Jahr bei den Partisanen war bestimmend für mein weiteres Leben. Ich habe erlebt, wie der Krieg Menschen aus falsch verstandener Vaterlandsliebe in wahre Bestien verwandeln kann. Ich habe mitangesehen, auf welche Weise sich das faschistische Deutschland ›Raum‹ verschaffen wollte. Durch Aussiedlung und Ausrottung der Bevölkerung in den besetzten Gebieten. Ich sah noch die Geiseln an den Galgen hängen, wenn wir durch eroberte Dörfer kamen.

Ich war seither bemüht, meine ganze Kraft dafür einzusetzen, meinen Kindern und meinen Enkelkindern eine solche ›Zeit ohne Gnade‹ zu ersparen.«

Siebzig Jahre Buchengasse 100 (1908–1978)

Als die Tanten nach 46-jähriger Arbeitszeit endlich in den wohlverdienten Ruhestand traten, wurden sie als Großeltern für meine Kinder gebraucht. So kamen auch meine Kinder in den Genuss ihrer liebevollen Betreuung. Die Tanten holten sie täglich zu

Fuß vom Kindergarten und von der Schule ab, brachten sie zu sich in die Buchengasse, kochten für sie, betreuten ihre Hausübungen und verbrachten den ganzen Tag mit ihnen, bis mein Mann und ich sie nach der Arbeit abholen konnten.

Den Kindern gefiel es bei den Tanten, obwohl es weder Fernsehen noch Kinobesuche gab. Der Alltag mit ihnen war spannend genug. Die gemeinsamen Wege zur Putzerei, zum Strumpf-Repassierer oder zum Mieterschutzverein, überall gab es Stoff für spätere Rollenspiele in der Buchengasse. Auch zum Greißler, zur Milchfrau und zum Kräutler gingen sie gerne mit, bastelten danach Papierstanitzel oder spielten Milchfrau: »Flascherl hamma g'habt?« Sogar auf das monatelange »Essentragen« freuten sich meine Kinder, wenn sie die Tanten von der Buchengasse bis in die »Rasenstadt« begleiteten, um der kranken Tante Hermine täglich das frisch gekochte Essen zu bringen.

Die Nachmittage in der Buchengasse fanden sie besonders heimelig: Wenn sie den »zammg'schenkten Milchkaffee« und das »Schusterlaberl« zur Jause bekamen und den Tanten beim »Mascherln machen« zusehen konnten. Um sich die Pension ein bisschen aufzubessern, fabrizierten die Tanten in Heimarbeit zarte Gebilde aus bunten Bändern für Bonbonniereschachteln und die Kinder durften kleine Hilfsdienste leisten. Das gemeinsame »Liefern gehen« zur Fabrik der Firma Heller gehörte genauso dazu wie der Weg danach zum Zuckerlgeschäft, wo es die Belohnung für die kleinen Helferinnen gab.

Und jeden Tag freuten sich meine Töchter auf das Zusammensein mit ihren »Tanten«, auf die lustigen und traurigen Geschichten, die sie aus ihrem Leben erzählten und auf ihre Hilfsbereitschaft in allen Situationen. Auch für die Kinder waren die Tanten ihr »Leo« und die Buchengasse der Inbegriff von Sicherheit und Vertrauen.

Hier in der Buchengasse lernten meine Kinder die Geschichte ihrer Familie kennen, die ein Stück der Geschichte der Arbeiterbewegung ist. Sie begann schon bei ihrem Urgroßvater, der dreizehn Kinder zu ernähren hatte und trotz 16-stündiger Arbeitszeit unermüdlich politisch tätig war. Sie setzte sich fort in der politischen Arbeit der Tanten und des Onkels, die im Kampf gegen den Faschismus mit dem Einsatz des Lebens verbunden war.

Lehrmeister wie meine Tanten gibt es leider nicht viele. Es war ihnen gar nicht bewusst, wie vorbildhaft sie unser Leben begleiteten. Und wie vielen Verwandten und Freunden sie den richtigen Weg wiesen, politisch und menschlich.

Tante Hilda starb 1973 mit 76 Jahren und Tante Wicki 1978 mit 80 Jahren. Bis zuletzt versorgten sie ihren Haushalt selbst und wollten nie woanders wohnen als in der kleinen Zimmer-Küche-Kabinett-Wohnung mit Bassena und Klosett am Gang. Denn hier lebten sie schon seit 1908, hier waren die Erinnerungen an ihre Kindheit, an ihre Eltern und Geschwister, hier wurden sie vom Vater zu politischen Menschen erzogen und hier zogen sie die Kinder und Enkelkinder ihres verstorbenen Bruders auf. Hier hatten sie im wahrsten Sinne des Wortes »für andere« gelebt.

»Die Tanten« (Ossy 1945, im Alter von 23 Jahren)

»Ihr seid der Brunnen, aus dem alle schöpfen,
die um euch sind, und der niemals versiegt.
Wir suchen euch und euren Trost im Leiden
Wer denkt an euch, wenn uns das Glück umgibt?

So selbstverständlich ist uns euer Handeln,
dass ihr uns Wünsche ablest vom Gesicht.
Und niemals fragen wir nach euren Herzen
und kennen eure ei'gnen Wünsche nicht.

Dass wir euch lieben, sagen wir zu selten,
wir brauchen euch und können euch nicht missen.
So viele Sorgen, die wir euch bereiten,
und doch drückt keine Schuld unser Gewissen.

Nie hörten wir noch eure Lippen klagen,
wenn selber euch einmal ein Kummer traf.
Doch uns're Sorgen waren stets die euren
und störten euch noch euren leisen Schlaf.

Welch großes Unrecht müssen wir begehen,
das ihr nicht doch verstehen könnt, verzeih'n.
So groß kein Schmerz, so tief kein Leiden,
dass ihr nicht dennoch könntet Tröster sein.

Es mag nicht reich erscheinen euer Leben,
denn ihr legt keinen Wert auf äußren Schein.
Für uns jedoch seid ihr die liebsten, besten.
Es gibt nichts Schönres, als bei euch zu sein.«

»Die Tanten« Hilda (links) und Wicki (rechts) bei der Hochzeit von Ossy und Adolf Tonka am 8. Dezember 1951.

»Erinnern« heißt »Nicht vergessen«!

Ich erinnere mich an das einzige Vergnügen der Tanten, das »Fensterschauen«. Bei offenem Fenster am breiten Fensterbrett aufgestützt, konnten sie oft stundenlang alles, was in der Buchengasse passierte, beobachten und kommentieren. Obwohl sie nie in der Sonne lagen, hatten sie durch dieses »Fensterschauen« immer eine gute Gesichtsfarbe. Oft kam ein Bekannter auf ein Plauscherl vors Haus. Und wenn sie einen von uns erwarteten, dann taten sie das gern vom Fenster aus. Da winkten wir ihnen immer schon aus der Ferne zu und sie winkten zurück.

Dieses Bild hat sich bei mir und meinen Töchtern so stark eingeprägt, dass wir bis heute nicht durch die Buchengasse gehen können, ohne sehnsuchtsvoll zu den beiden Fenstern im Parterre hinaufzublicken.